国家民族事务委员会人文社会科学重点研究基地
西南民族大学中国西部民族经济研究中心

KUA YUE DE 70 NIAN

# 跨越的70年

## 广西经济发展研究

涂裕春　韩佩玉　著

中国经济出版社
CHINA ECONOMIC PUBLISHING HOUSE
北　京

图书在版编目（CIP）数据

跨越的70年．广西经济发展研究／涂裕春，韩佩玉著．--北京：中国经济出版社，2019.10
ISBN 978-7-5136-5968-0

Ⅰ.①跨… Ⅱ.①涂… ②韩… Ⅲ.①区域经济发展-研究-广西 Ⅳ.①F127

中国版本图书馆CIP数据核字（2019）第221513号

项目统筹　李煜萍
责任编辑　郭国玺
责任印制　巢新强

出版发行　中国经济出版社
印 刷 者　北京富泰印刷有限责任公司
经 销 者　各地新华书店
开　　本　710mm×100mm 1/16
印　　张　17.75
字　　数　260千字
版　　次　2019年10月第1版
印　　次　2019年10月第1次
定　　价　68.00元
广告经营许可证　京西工商广字第8179号

中国经济出版社　网址 www.economyph.com　社址 北京市西城区百万庄北街3号　邮编 100037
本版图书如存在印装质量问题，请与本社发行中心联系调换（联系电话：010-68330607）

1949—2019

## “跨越的70年——民族地区经济发展研究”

# 编 委 会

# FOREWORD 总　序

2019年，是新中国成立70周年。70年来，特别是改革开放以来，作为全国宏观区域经济重要战略组成部分的民族地区，在党中央、国务院的亲切关怀和党的民族政策光辉照耀下，各少数民族和民族地区与全国一道，发生了历史上最伟大、最深刻的社会变革，从封闭落后迈向开放进步，从温饱不足迈向全面小康，迎来了从站起来、富起来到强起来的伟大飞跃，正阔步走在中华民族伟大复兴的新征程上。

## 一

70年来，在党中央、国务院的系列政策支持、大幅度的资金和人才支援下，在全国人民的大力支援下，民族地区各级政府、各族人民坚定不移地坚持中国共产党领导，坚定不移地贯彻执行党的民族政策，坚持和完善民族区域自治制度，始终坚持以发展为第一要务，把自力发展与中央关心、发达地区支援结合起来，经济发展取得了历史性成就，各族人民生活有了历史性改善。今日的民族地区，社会稳定、经济发展、民族团结、宗教和顺，各族人民安居乐业，各项事业欣欣向荣，处于历史上最好的繁荣发展时期。

**经济总量的巨大飞跃。**1952年民族八省区地区生产总值总量为57.89亿元，2018年增长到90576.42亿元，是1952年的1566倍，扣除物价上涨因素，增长了250多倍，年均增长8.72%。分省区看，1952—2018年，地区生产总值年均增长率分别为：内蒙古9.31%、广西8.61%、贵州8.06%、云南 8.42%、西藏 8.74%、青海 8.75%、宁夏 9.42%、新疆 8.45%。2018 年民族八省区中经济总量超过 2 万亿元的为广西，在万亿元以上的有内蒙古、云南、贵州和新疆（见表 1）。

表 1　新中国成立 70 年来民族八省区经济总量的增长　　单位：亿元

| 年份 | 内蒙古 | 广西 | 贵州 | 云南 | 西藏 | 青海 | 宁夏 | 新疆 | 民族八省区 |
|---|---|---|---|---|---|---|---|---|---|
| 1952 | 12.16 | 12.81 | 8.55 | 11.78 | 1.32 | 1.63 | 1.73 | 7.91 | 57.89 |
| 1978 | 58.04 | 75.85 | 46.62 | 69.05 | 6.65 | 15.5 | 13.00 | 39.07 | 323.78 |
| 2000 | 1539.12 | 2080.04 | 1029.92 | 2011.19 | 117.46 | 263.6 | 295.02 | 1363.56 | 6688.72 |
| 2005 | 3905.03 | 3984.10 | 2005.42 | 3462.73 | 248.80 | 543.32 | 612.61 | 2604.14 | 13903.42 |
| 2010 | 11672.00 | 9604.01 | 4602.79 | 7224.18 | 507.46 | 1350.43 | 1696.39 | 5397.27 | 34830.35 |
| 2011 | 14359.88 | 11764.97 | 5725.99 | 8893.12 | 606.13 | 1670.44 | 2111.43 | 6577.41 | 42816.25 |
| 2012 | 15880.58 | 13090.04 | 6878.59 | 10309.47 | 701.65 | 1893.54 | 2352.71 | 7457.64 | 48254.75 |
| 2013 | 16916.50 | 14511.70 | 8116.34 | 11832.31 | 816.57 | 2122.06 | 2590.34 | 8380.25 | 53453.76 |
| 2014 | 17770.19 | 15742.62 | 9300.52 | 12814.59 | 921.73 | 2303.32 | 2766.76 | 9195.96 | 58001.10 |
| 2015 | 17831.51 | 16870.04 | 10541.00 | 13619.17 | 1027.43 | 2417.05 | 2927.01 | 9235.57 | 60849.61 |
| 2016 | 18632.57 | 18317.64 | 11792.35 | 14719.95 | 1151.41 | 2572.49 | 3167.99 | 9511.93 | 65146.38 |
| 2017 | 16096.21 | 20396.25 | 13540.83 | 16376.34 | 1310.92 | 2624.83 | 3443.56 | 10881.96 | 68294.56 |
| 2018 | 17389.22 | 20352.51 | 14806.45 | 17881.12 | 1477.63 | 2865.23 | 3705.18 | 12199.08 | 90576.42 |
| 年均增长率（1952—2018 年，%） | 9.31 | 8.61 | 8.06 | 8.42 | 8.74 | 8.75 | 9.42 | 8.45 | 8.72（算术平均） |

数据来源：根据《新中国六十年统计资料汇编》《中国统计年鉴》和各省区统计公报数据整理。

**经济结构的根本性转变。**新中国成立 70 年来，民族地区产业结构不断优化，从以依赖单一产业为主转向三次产业共同带动。新中国成立初期，民族八省区地区生产总值的结构中，农业占比较高，工业和服务业相对薄弱，部分地区还处于现代工业的空白区。1952 年，民族八省区第一、第二、第三产业增加值占地区生产总值的比重（算术平均）分别为 73.1%、12.8% 和 14.1%。20 世纪 50—70 年代，随着民族地区工业化建设的推进，第二产业比重不断提升。1978 年，第一、第二、第三产业比重（算术平均）分别为 36.5%、41.8% 和 21.8%。改革开放以来，随着工业化、城镇化快速发展，工业和服务业发展水平不断提高，20 世纪 90 年代初民族地区第一产业产值比重稳定地低于第二产业和第三产业。党的十八大以来，民族地区第一、第二、第三产业协同发展，各省区第三产业增加值超过第二产业，成为国民经济第一大产业，2018 年，民族八省区第一、第二、第三产业比重分别为 11.7%、41% 和 47.4%。（各省区产业结构演变的基本态势如表 2 所示）随着生产结构的变化、现代产业的发展，传统产业比重下降必然会导致劳动力在部门间的重新配置，引起就业结构的变化。这种变化的一个基本趋势是，随着经济的发展，劳动力逐渐由农业部门向非农业部门转移，第二产业和第三产业成为劳动力就业的主要领域。民族地区劳动力就业结构的变化是符合这一基本趋势的。1978 年，民族八省区各产业劳动力就业份额比例为 79.41∶11.41∶9.17，到 2016 年该比例为 49.16∶15.92∶34.96。

**表 2　新中国成立 70 年来民族八省区产业结构的变化**　　%

| 省区 | 1952 年 | | | 1978 年 | | | 2018 年 | | |
|---|---|---|---|---|---|---|---|---|---|
| | 第一产业 | 第二产业 | 第三产业 | 第一产业 | 第二产业 | 第三产业 | 第一产业 | 第二产业 | 第三产业 |
| 内蒙古 | 71.1 | 11.3 | 17.7 | 32.7 | 45.4 | 21.9 | 10.1 | 39.4 | 50.5 |
| 广西 | 65.1 | 23.0 | 11.9 | 40.9 | 34.0 | 25.1 | 14.8 | 39.7 | 45.5 |
| 贵州 | 68.4 | 18.6 | 13.0 | 41.7 | 40.2 | 18.2 | 14.6 | 38.9 | 46.5 |
| 云南 | 61.7 | 15.4 | 22.8 | 42.7 | 39.9 | 17.4 | 14.0 | 38.9 | 47.1 |
| 西藏 | 97.3 | 0.1 | 2.6 | 50.7 | 27.7 | 21.7 | 8.8 | 42.5 | 48.7 |
| 青海 | 73.6 | 7.4 | 19.0 | 23.6 | 49.6 | 26.8 | 9.4 | 43.5 | 47.1 |
| 宁夏 | 82.7 | 4.6 | 12.7 | 23.5 | 50.8 | 25.6 | 7.6 | 44.5 | 47.9 |
| 新疆 | 64.7 | 22.0 | 13.3 | 35.8 | 47.0 | 17.3 | 13.9 | 40.3 | 45.8 |

数据来源：根据《新中国六十年统计资料汇编》和各省区 2018 年统计公报数据整理。

**人民生活蒸蒸日上。**从人均地区生产总值来看：1952 年民族八省区人均地区生产总值分别为内蒙古 173 元、广西 67 元、贵州 58 元、云南 70 元、西藏 115 元、青海 101 元、宁夏 126 元、新疆 166 元；到 1978 年分别增加到内蒙古 317 元、广西 225 元、贵州 175 元、云南 226 元、西藏

375 元、青海 428 元、宁夏 370 元、新疆 313 元；到 2018 年分别达到内蒙古 68302 元、广西 41489 元、贵州 41244 元、云南 37136 元、西藏 43397 元、青海 47689 元、宁夏 54094 元、新疆 49475 元（见表 3）。可以看出，新中国成立 70 年来，民族八省区人均收入上了好几个台阶。

**表 3　新中国成立 70 年来民族八省区人均地区生产总值的变化**　　单位：元

| 年份 | 内蒙古 | 广西 | 贵州 | 云南 | 西藏 | 青海 | 宁夏 | 新疆 |
|---|---|---|---|---|---|---|---|---|
| 1952 | 173 | 67 | 58 | 70 | 115 | 101 | 126 | 166 |
| 1978 | 317 | 225 | 175 | 226 | 375 | 428 | 370 | 313 |
| 1985 | 809 | 471 | 420 | 486 | 894 | 808 | 737 | 820 |
| 1990 | 1478 | 1066 | 810 | 1224 | 1276 | 1558 | 1393 | 1713 |
| 1995 | 3772 | 3304 | 1826 | 3083 | 2358 | 3513 | 3448 | 4701 |
| 2000 | 6502 | 4652 | 2759 | 4770 | 4572 | 5138 | 5376 | 7372 |
| 2005 | 16331 | 8788 | 5052 | 7835 | 9114 | 10045 | 10239 | 13108 |
| 2010 | 40282 | 16045 | 10309 | 13539 | 15295 | 19454 | 21777 | 19942 |
| 2015 | 71101 | 35190 | 29847 | 28806 | 31999 | 41252 | 43805 | 40036 |
| 2016 | 72064 | 38027 | 33246 | 31093 | 35184 | 43531 | 47194 | 40564 |
| 2017 | 63764 | 38102 | 37956 | 34221 | 39267 | 44047 | 50765 | 44941 |
| 2018 | 68302 | 41489 | 41244 | 37136 | 43397 | 47689 | 54094 | 49475 |

数据来源：根据《新中国六十年统计资料汇编》《中国统计年鉴》和各省区统计公报数据整理。

从城乡居民收入变化来看，1978 年民族八省区居民人均收入（城镇居民人均可支配收入和农村居民家庭人均纯收入用城乡人口比例加权）只有 260 多元，1999 年达到 2900 多元，2010 年突破 8500 元。2017 年民族八省区全体居民人均收入为 19520 元。2018 年民族八省区居民人均可支配收入分别为：内蒙古 28376 元、广西 21485 元、贵州 18430 元、云南 20084 元、西藏 17286 元、青海 20757 元、宁夏 22400 元、新疆 21500 元。

**基础设施得到根本性改善。**新中国成立以来，经过对民族地区基础设施的大规模投资，特别是西部大开发以来的重点工程项目 80% 以上布局在民族地区，民族地区基础设施得到根本性改变。以运输线路长度为例：1952 年民族八省区铁路营业里程 3208 千米，贵州、西藏、青海、宁夏和新疆还是铁路的空白区，公路里程 27868 千米，西藏尚无现代意义上的公路；到 1978 年分别增加到 10560.5 千米和 193650 千米；到 2017 年分别达到 35266 千米和 1149744 千米。（各省区的运输线路发展如表 4 所示）2013 年 10 月 30 日，西藏墨脱公路通车，正式结束其作为中国最后一个不通公路县的历史。民族地区不仅运输线路长度举世瞩目，各种交通线路连接成网，而且线路质量显著提高，铁路复线、高速铁路和高等级公路从无到有，覆盖范围逐年扩大。

**表 4　新中国成立 70 年来民族八省区运输线路的变化**　单位：千米

| 省区 | 1952 年 | | 1978 年 | | 2017 年 | |
|---|---|---|---|---|---|---|
| | 铁路营业里程 | 公路里程 | 铁路营业里程 | 公路里程 | 铁路营业里程 | 公路里程 |
| 内蒙古 | 1574 | 4821 | 3803 | 37535 | 12675 | 199423 |
| 广西 | 978 | 5068 | 1715 | 29773 | 5191 | 123259 |
| 贵州 | — | 4027 | 1366 | 25954 | 3285 | 194379 |
| 云南 | 656 | 5339 | 1705 | 41816 | 3682 | 242546 |
| 西藏 | — | — | — | 15852 | 785 | 89343 |
| 青海 | — | 1346 | 503 | 13675 | 2349 | 80895 |
| 宁夏 | — | 1202 | 438 | 5227 | 1352 | 34561 |
| 新疆 | — | 6065 | 1030.5 | 23818 | 5947 | 185338 |
| 民族八省区合计 | 3208 | 27868 | 10560.5 | 193650 | 35266 | 1149744 |

数据来源：根据《新中国六十年统计资料汇编》《中国统计年鉴》数据整理。

**对外开放成效显著。**我国对外开放的格局是采取分步骤有层次、逐步推进的战略格局，经历了一个不断扩大和深化发展的过程。到目前为止，我国已形成了全方位、多层次、宽领域的对外开放格局。我国民族地区大多处于边疆地区，邻国较多，也是“一带一路”建设的核心地区和重要依托。“一带一路”倡议实施以来，民族地区从对外开放的末梢一跃成为前沿。2018 年，内蒙古海关进出口总额 1034.4 亿元，其中，出口总额 378.6 亿元，进口总额 655.7 亿元；广西货物进出口总额 4106.71 亿元，其中，出口总额 2176.14 亿元，进口总额 1930.57 亿元；贵州进出口总额 500.96 亿元，其中，出口总额 337.58 亿元，进口总额 163.38 亿元；云南外贸进出口总额达 298.95 亿美元，其中，出口总额 128.12 亿美元，进口总额

170.83 亿美元；西藏全年进出口总额 47.52 亿元，其中，出口总额 28.57 亿元，进口总额 18.95 亿元；青海货物进出口总额 46.00 亿元，其中，出口总额 31.11 亿元，进口总额 14.89 亿元；宁夏货物进出口总额 249.16 亿元，其中，出口总额 180.48 亿元，进口总额 68.68 亿元；新疆货物进出口总额 200.10 亿美元，其中，进口总额 35.91 亿美元，出口总额 164.19 亿美元。

**脱贫攻坚取得决定性进展。**民族地区是中国贫困人口最集中、贫困程度最深的地方。全国 832 个贫困县（包括国家扶贫开发工作重点县和片区县）中，民族自治地方县有 421 个，占 51%。全国贫困人口的 1/3、14 个集中连片特困地区的 11 个以及深度贫困的“三区三州”都在民族地区。新中国成立以来，在中央的高度重视和社会各界的大力支持下，经过民族地区广大干部群众的艰苦努力，民族地区农村贫困人口大幅减少，特别是《中共中央 国务院关于打赢脱贫攻坚战的决定》颁布实施以来，中央和地方密集出台支持贫困地区特别是深度贫困地区脱贫攻坚的各项过硬政策措施，聚焦短板、精准发力，民族地区扶贫力度进一步加大，贫困人口脱贫明显加快。到 2018 年，民族八省区中，内蒙古、青海、宁夏农村贫困发生率降至 3% 及以下，广西、贵州、云南、西藏、新疆农村贫困发生率下降至 6% 以下。

**表 5 民族八省区农村贫困人口数**

单位：万人

| 省区 | 2010年 | 2011年 | 2012年 | 2013年 | 2014年 | 2015年 | 2016年 | 2017年 | 2018年 | 减贫人数（2010—2018年） |
|---|---|---|---|---|---|---|---|---|---|---|
| 全国 | 16567 | 12238 | 9899 | 8249 | 7017 | 5575 | 4335 | 3046 | 1660 | 14907 |
| 内蒙古 | 258 | 160 | 139 | 114 | 98 | 76 | 53 | 37 | 15 | 243 |
| 广西 | 1012 | 950 | 755 | 634 | 540 | 452 | 341 | 246 | 140 | 872 |
| 贵州 | 1521 | 1149 | 923 | 745 | 623 | 507 | 402 | 295 | 173 | 1348 |
| 云南 | 1468 | 1014 | 804 | 661 | 574 | 471 | 373 | 279 | 179 | 1289 |
| 西藏 | 117 | 106 | 85 | 72 | 61 | 48 | 34 | 20 | 1.9 | 115.1 |
| 青海 | 118 | 108 | 82 | 63 | 52 | 42 | 31 | 23 | 5.4 | 112.6 |
| 宁夏 | 77 | 77 | 60 | 51 | 45 | 37 | 30 | 19 | 12 | 65 |
| 新疆 | 469 | 353 | 273 | 222 | 212 | 180 | 147 | 113 | 59.3 | 409.7 |

数据来源：国家统计局住户收支与生活状况调查。

# 二

新中国成立 70 年来，在中国共产党领导下，坚持走中国特色解决民族问题的正确道路，全面贯彻落实党的民族政策，民族地区经济发展取得了历史性的伟大成就。70 年的伟大跨越表明：

**党对民族工作的领导是民族地区经济发展的根本保证。**新中国成立 70 年来，民族地区总体上呈现出民族团结、经济进步、宗教和顺、社会和谐的大好局面，根本在于党中央的坚强领导，这是我们行稳致远的政治前提。对民族地区的经济发展而言，必须坚持以习近平新时代中国特色社会主义思想为指导，坚持新发展理念，坚定不移贯彻创新、协调、绿色、开放、共享的发展理念。

**以推动少数民族和民族地区高质量发展作为民族工作的第一要务。**“发展是解决民族地区各种问题的总钥匙。”70 年来，特别是改革开放以来，民族地区认真贯彻落实党的方针、政策，始终坚持以经济建设为中心，经济体量以几何级数增加，实现了“一步跨千年”，民族地区从来没有像今天这样朝气蓬勃、日新月异，民族团结进步事业也从来没有像今天这样春意盎然、充满活力。进入新时代，我国经济已由高速增长阶段转向高质量发展阶段，社会的主要矛盾已经发生变化。发展不平衡不充分主要表现在民族地区，民族地区 2020 年前要消除农村绝对贫困和全面建成小康社会，到 2035 年要与全国同步基本实现现代化，必须加快发展，实现跨越式发展。

**加大力度支持和帮助民族地区发展。**70 年来，党和政府高度重视民族地区的发展，制定、实施了一系列倾斜性的发展援助和扶持政策与措施，决定性地推动了民族地区经济社会跨越式发展和脱贫奔康。支持民族地区加快经济社会发展，是中央的一项基本方针。党的十九大报告指出：“实施区域协调发展战略。加大力度支持革命老区、民族地区、边疆地区、贫困地区加快发展，强化举措推进西部大开发形成新格局，……加快边疆发展，确保边疆巩固、边境安全。”因此，新时代民族地区的发展在全国发展大格局中的战略地位更加重要，加大力度支持民族地区加快发展是习近平新时代中国特色社会主义思想的重要组成部分。

**始终坚持发展必须以保障和改善民生为着眼点和落脚点**。70年来，民族地区坚持“以民为本、民生优先”，教育、医疗等基本公共服务能力不断提高。全面推进九年义务教育、十五年免费教育、“9+3”免费职业教育、“一村一幼”计划，完整配套的教育体系基本形成。通过全面建立新型合作医疗制度，健全州（盟、市）、县、乡、村四级医疗网络。但与各族人民的需要相比较，与发达地区相比较，民族地区的基本公共服务供给还有待大幅提高。习近平总书记指出：“发展经济的根本目的就是要让各族群众过上好日子。既要坚持不懈抓发展，不断扩大经济总量，为民生改善提供坚实基础，也要大力推进基本公共服务均等化，促进社会公平。”要坚持发展，必须以保障和改善民生为着眼点和落脚点，确保各民族共享发展机遇和发展成果，确保发展成果惠及当地、改善民生、增强团结、促进和谐。

**坚持绿色发展，守好民族地区发展的底色和价值**。从地缘生态位置看，民族地区是中国最重要的生态平衡与保障区，是我国重要的生态安全屏障，具有重要的生态战略地位。民族地区最大的价值在生态、最大的责任在生态、最大的潜力也在生态，因此，民族地区的发展必须把生态文明建设放在突出位置，走以生态优先、绿色发展为导向的高质量发展之路，尊重自然、顺应自然、保护自然，筑牢国家生态安全屏障，实现经济效益、社会效益、生态效益相统一。

**大力加强少数民族干部和人才队伍建设**。70年来，中央和各民族地区把少数民族干部培养使用作为落实党的民族政策的一项重要内容和管长远、管根本的大事来抓，培养和造就了一支明辨大是大非的立场特别清醒、维护民族团结的行动特别坚定、热爱各族群众的感情特别真诚的少数民族和民族地区干部队伍，为坚持和完善民族区域自治制度、加快经济社会发展、维护祖国统一和边疆稳固提供了坚强保证。在新时代，必须继续加强少数民族干部和人才队伍建设。

## 三

为庆祝新中国成立 70 周年，反映新中国成立以来特别是党的十八大以来我国民族地区经济发展的辉煌成就和宝贵经验，国家民族事务委员会人文社会科学重点研究基地（培育）——西南民族大学中国西部民族经济研究中心组织编写了《跨越的 70 年——民族地区经济发展研究》丛书，分别对内蒙古、广西、西藏、宁夏和新疆五个自治区和贵州、云南、青海三个多民族省份 70 年来的经济发展取得的历史性成就进行了系统的梳理、分析和总结。

本套丛书的出版得到"中央高校建设世界一流大学（学科）和特色发展引导专项资金"和"国家民委人文社科重点研究基地——西南民族大学中国西部民族经济研究中心 2019 年项目'跨越的 70 年——民族地区经济发展研究'"的资助。时任西南民族大学发展规划与学科建设处处长刘兴全教授对丛书的出版给予了大力支持。本套丛书的顺利出版得到了中国经济出版社李煜萍编审的努力和付出。在此一并表示感谢！

本套丛书的主要编撰人员是西南民族大学经济学院 / 中国西部民族经济研究中心的部分研究生同学和研究人员。本套丛书政治要求高、任务重、时间紧，编写者还是按要求完成了各书的编写任务，你们辛苦了！各书的质量概由各书的主编负责。虽然编写人员很努力，但难免存在瑕疵和不足，敬请读者批评指正。

编委会

2019 年 7 月

# PREFACE 前　言

70 年，在历史的长河中不过是弹指一挥间，但对于个体生命而言，70 年几乎就是我们所能经历的一生了。回顾历史，中华民族历经沧桑与磨难，尤其近代晚清与民国时期，内忧外患、积贫积弱、山河破碎、民不聊生，民族与国家几近覆亡，百年耻辱，实不能忘。

70 年前，新中国成立了，中国人民从此站起来了。身为古老民族的后裔子孙，我们有幸，生于伟大的时代，在党和政府的领导下，作为参与者与建设者，共同创造并见证了民族与国家的伟大复兴。我们也曾走过弯路，有过迷茫与彷徨，但在解放思想、实事求是的旗帜下，我们找到了改革开放的发展方向。今天，国家的建设成就表明，改革开放的道路走对了。我们民族与国家，正在发生历史上最伟大深刻的变革，从站起来、富起来到强大起来，国家强盛、民族复兴，古老的中国正以开放包容自信的态度，屹立于世界民族之林。

改革开放的奇迹是这片古老土地上的全体国民共同创造的。中华民族是五十六个民族组成的大家庭，每一个民族都是参与者与建设者，同样，也是受益者。作为研究民族区域经济的学者，我们关注的重点是民族地区经济发展的状态、结构与质量。我们试图通过研究民族地区宏观经济状态，统计分析相关方面的经济指标，总结经验，寻找比较优势，发现问题，分析相对弱项，查漏补缺，扬长避短，为相关方面人士研究制订经济规划、经济政策提供参考，从而有利于国家和地区更加长远稳健的发展。本书针对广西壮族自治区开展专题研究。

广西，苍梧古国，百越旧地，是中华民族大家庭中重要的一分子，具有悠久的历史文化、光荣的革命传统，加之特殊的地理位置，在国家安全与经济发展中有着重要的地位和作用，是中国面向东盟和世界各地的陆上、海上南大门，海上丝绸之路的起点之一。广西多民族共居，人民勤劳淳朴，善良而不失英雄本色，具有热爱家乡、不惧强敌、敢于拼搏、独立自信的优秀民族精神，在抗击外国侵略者及开展红色革命、建立新中国过程中立下了不朽功勋。

改革开放初期，由于周边复杂多变的国际环境制约，广西更多承担了保卫国家安全的重任，为国家发展大局作出了贡献，但自身发展受到了影响。20世纪90年代以后，随着外部国际环境的缓和，广西人民抓住和平建设的时机，大踏步追赶式发展。国家西部大开发、兴边富民、沿边开放战略的实施，“一带一路”倡议，东盟自贸区的建立，为新时期广西的发展注入了新的活力。近年来，广西地区经济实力不断增强，经济结构、产业结构不断调整，各民族群众的生活质量和幸福感不断增强，经济发展内生动力强劲，形成了和谐有序、持续发展的良好格局。目前，在西部沿边民族地区中，广西的综合发展水平已居于前列。

随着沿边开放城市、边境经济合作区、沿边金融综合改革试验区、国家重点开发开放试验区等系列重大工作项目建设的推进，广西已成为全国开放发展的试验田和最前沿。我们相信，随着广西着力打造“南向、北联、东融、西合”全方位开放发展新格局，在“建设壮美广西 共圆复兴梦想”的新征程中，广西人民必能以无畏的勇气，开放包容、踏实苦干的精神，以大开放赢得大发展，以合作共赢实现大跨越，续写祖国南疆经济高质量繁荣发展的新篇章。

涂裕春<br>2019年7月于蓉城

CONTENTS 目录

# 导　论

广西具有悠久的民族文化、光荣的红色革命传统，加之特殊的地理位置与区位优势，在国家安全与经济发展中有着举足轻重的地位和作用，是中国面向东盟和世界各地的陆上、海上南大门，海上丝绸之路的起点之一。改革开放以来，广西的基础设施和公共服务设施有了突飞猛进的改善，广西人民的生活水平与生活质量均发生了翻天覆地的变化。分析经济发展的要素禀赋有利于我们客观地研究广西 70 年的经济发展。

## 0.1　广西概况

广西，简称桂，地处祖国的南部，东邻广东，西接云南，南濒北部湾，东南与海南相望，西南与越南交界，东北与湖南相连，西北与贵州接壤，区位优势明显，具有独特的经济意义。广西是中国五个少数民族自治区之一，也是中国唯一沿海的自治区，临海沿边的特殊地理位置，使得广西成为西南地区最便捷的出海通道。在全球化的潮流中，随着地区经济的发展、交通的改善，广西将成为对外开放的重要门户，成为祖国大西南物资进出口的重要通道。

广西是我国四个多民族聚居的沿边自治区之一，有壮族、苗族、瑶族、侗族、仫佬族、毛南族、回族、京族、彝族、水族、仡佬族、汉族 12 个世居民族，也是我国少数民族人口最多的省区。2018 年末，广西户籍总人口为 5600 多万人，其中少数民族人口约 2180 万人。广西集“老少边山穷”于一身，贫困人口数位居全国前列。广西少数民族人口数量多，民族区域自治形式多样，有12个自治县、3个享受自治县待遇县，还有59个民族乡，实行民族区域自治的8个少数民族占全区少数民族人口92%以上。广西的8个边境县（市、区）与越南的3个省17个县毗邻，主要有壮、瑶、苗、京、汉等5个跨境民族，在边境地区的260余万人中，少数民族人口占81%。主要年份广西少数民族人口占总人口比例详见图0-1。

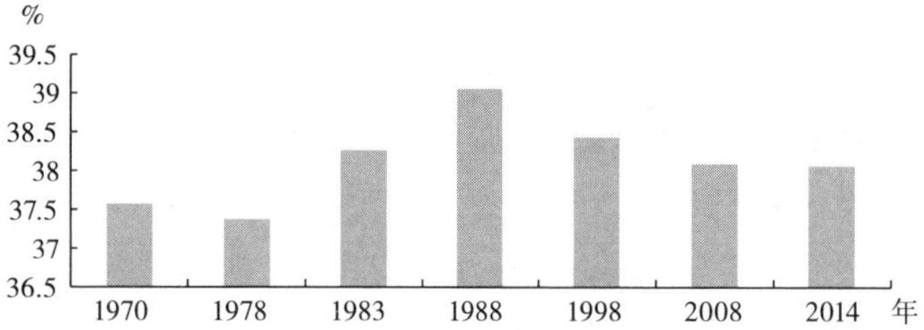


**图0-1 主要年份广西少数民族人口占比示意图**

数据来源：《广西统计年鉴》（1984年、2001年、2015年）。

注：1970年以前年份无此指标。

由于地处低纬度，北回归线横贯广西中部，属亚热带季风湿润气候。全区大部分地区气候温暖，热量较丰富，雨量充沛，干季湿季分明，有利于动植物的生长。广西是我国东南丘陵的一部分，它和广东一起合称为“两广丘陵”。但广西山岭绵亘、岩溶广布、丘陵错综、平原狭小、盆地大小相杂、自然资源丰富，具有独特性。广西河流众多，水力资源丰富，且广西濒临南海的北部湾，属我国沿海省区之一。海岸曲折，港湾多，沿海地区有天然优良港群，海洋生物种类繁多，海洋资源丰富。广西不仅水能资源丰富，而且矿产资源也很丰富，在全国占有重要地位。矿产资源有锡、铝、锌、锰、钛、铁等，有色金属矿产是广西自然资源的一大优势，其中锰、铝、锡、锌、铅、水晶的储量在全国名列前茅。此外，海洋矿产也多达20余种。

新中国成立以来，广西经济发生了巨大变化。70年的发展历程，大致可以分为两个阶段。前30年，由于各种因素的影响和主、客观条件的限制，广西经济的发展经历了许多波折。新中国成立初期，广西各级党委和政府在中共中央的领导下，逐步恢复了工商业的发展，出现了经济稳定增长的良好局面。“一五”期间，广西的农业生产取得丰硕成果，工商业的增长速度较快，既实现了公有制的主体地位，又较好地发挥了商品经济的作用。在“大跃进”、人民公社时期，广西同全国其他地区一样，陷入了经济最困顿的“多快好省”的高速度超标建设时期，由此导致经济停滞不前，人民生活水平降低。“文化大革命”期间，广西经济遭受严重挫折。

改革开放以来，随着我国改革开放事业的推进和国民经济的不断发展，广西经济建设的发展速度从比较缓慢到逐步加快，经济实力不断加强，社会经济面貌发生了深刻变化。通过推行家庭联产承包责任制，广西完成了新中国成立后农业领域最深刻的经济体制改革，农业生产获得前所未有的巨大丰收。1979—1985 年，广西不断加大改革开放力度，工商业、对外贸易、城乡交通等稳步发展，取得显著成效，但同全国其他省（区、市）相比，广西经济的发展速度和发展水平仍相对落后。1986—1998 年，在中央和地方各级政府的重视和支持下，广西的交通基础设施建设上了一个新台阶。同时，广西因地制宜，构建了包括以蔗糖为首的食品加工业，以铝、锡为首的有色金属业，以汽车、工程机械为首的机械制造业的工业体系，促进了广西工业高效、稳步的发展。这一时期，广西的城乡市场得到快速发展，商品供应数量不仅增多，商品需求量也不断上涨，民众消费结构发生明显变化。进入 21 世纪，随着西部大开发、兴边富民、中国－东盟自由贸易区、泛北部湾、泛珠三角、大湄公河次区域开发等政策的逐步推进，广西经济步入快速发展的黄金时期。

广西既是西部唯一拥有出海口的省区，也是中国唯一与东盟陆海相邻的省区。随着“一带一路”建设的开展，广西已经成为改革开放的前沿。“广西发展的潜力在开放，后劲也在开放，有条件在‘一带一路’建设中发挥更大作用”①，习近平总书记要求广西立足“一湾相挽十一国，良性互动东中西”的独特区位优势，并赋予广西“三大定位”的新使命，即构建面向东盟的国际大通道、打造西南中南地区开放发展新的战略支点与形成

① 2017 年 4 月，中国国家主席习近平视察广西时的指示。

“一带一路”有机衔接的重要门户。“建设壮美广西，共圆复兴梦想”，承载着以习近平同志为核心的党中央对广西在新的历史起点上扬帆起航、再创辉煌的希望，凝结着广西各族人民群众对美好生活的期盼。围绕“三大定位”新使命，着力打造“南向、北联、东融、西合”全方位开放发展新格局，更深层次地融入全国的改革开放、走向东盟国家、拥抱世界，实现经济社会跨越式发展。

## 0.2 基础设施和公共服务设施

在解放战争中，国民党败逃时对基础设施和公共服务设施进行了大肆破坏，广西境内的公路、铁路、航道等几乎无法使用。中华人民共和国成立后，各级党委和人民政府依靠和组织人民群众，对铁路、公路、内河航道进行抢修、恢复，1950 年 8 月底，铁路恢复通车里程达 720 千米，公路通车里程恢复到 3200 千米。郁江、黔江、浔江等内河航线也先后恢复通航。同时，国营商业、供销合作商业也逐步建立，省、地、市、县先后建立了国营粮食、油脂、石油、贸易、百货、盐业、花纱布等专业公司，供销合作社 1950 年开始试点，1951 年扩大试点，1952 年全区建立基层社 418 个，零售店 854 个。以国营商业为领导，以供销合作社为助手的全区性商业网已基本形成。基础设施和公共服务设施的恢复，大大方便了人民的生活。

此后，广西基础设施和公共服务设施逐步得到改善，但由于边境地区战争威胁等因素的影响，一直到 20 世纪 90 年代，发展都较慢。1989 年，广西铁路通车里程才达到 2291 千米，其中，中央铁路通车里程为 1809 千米，地方铁路通车里程为 482 千米；公路里程达到 35945 千米；内河航道甚至从 1950 年的 8659 千米缩减到 4521 千米；民用航空里程达到了 47292 千米；铁路形成的运输能力达到客运量 28574 万人，货运量达到 22162.22 万吨。此外，6 个内河港口和 2 个沿海港口形成了运输能力，内河港口吞吐量合计达 723 万吨，沿海港口吞吐量合计达 208 万吨。

20 世纪 90 年代以来，广西基础设施和公共服务设施得以大大提升，特别是 2007 年以来，广西通过进一步加大财政投入力度来大力支持基础设施建设，2007—2011 年，各级财政预算投入城乡的公共设施（城乡社区道路、燃气、公共交通、道路照明等）、交通、水利、污染防治（垃圾处理、污水处理、水污染治理等）基础设施的支出分别为 255. 13 亿元、135. 82 亿元、119. 99 亿元、60. 19 亿元。政府加大对基础设施的投入，不仅能直接拉动广西钢铁、水泥等行业的发展，增加了相关行业的就业，还极大地改善了生产生活环境，对经济发展起到了长远的促进作用。国家于 2008 年 1 月批准实施《广西北部湾经济区发展规划》，为了支持北部湾经济区加快发展，广西壮族自治区本级财政设立北部湾经济区重大产业发展专项资金，从 2008 年起连续 5 年每年安排 10 亿元，用于支持与系列重大产业项目相关的基础设施建设。

通过加强公路、铁路、水运、航空等基础设施网络建设，交通基础设施建设取得新的突破。截至 2018 年底，高速公路通车里程超过 5500 千米，“县县通”高速率达到 91%；高铁动车营运里程达到 1771 千米；水运建设蓬勃发展；民航运输开通航线达 298 条，为旅游业等行业的跨越式发展提供了基础支撑。交通运输能力更是大幅增长，2018 年沿海和内河港口吞吐量分别达近 2. 4 亿吨和 1. 4 亿吨，总体客运量达 5. 07 亿人；货运量达 19. 07 亿吨；邮电业务总量高达 2178. 27 亿元。

边境地区是展示中国形象的窗口，广西不断加强边境地区的基础设施建设，既改善了边境地区及跨境民族群众的生产生活条件，又促进了跨境民族生活地区的经济社会发展，跨境民族群众的幸福感与自豪感明显提升，守边固边动力不断增强。截至 2018 年底，边境地区的公路总里程达到 8287 千米，实现了边境 8 个县（市、区）“县县通高速”“乡乡通沥青（水泥）路”“村村通公路”的目标。边境地区乡镇和建制村通硬化路率已经达到了 100%，所有乡镇均已开通客车。农村自来水普及率达到 81. 3%。已经实现了边境地区（0—20 千米范围内）广电数字化、双向宽带化。

广西其他公共服务设施也得到极大发展，据统计，1990 年供水总量仅为132000万吨，到2017年已增长为2849000万吨，翻了4.43番；1985年，城市道路长度、城市公园面积和城市用气普及率分别为722千米、735公顷和28.3%，到2017年分别增长到9064千米、10296公顷和98%，分别翻了3.65倍、3.8倍和1.79倍；城市天然气供气量从2004年的168万立方米增长到2017年的69676万立方米，平均每年增长近60%；1996年城市供水管道为3895千米，到2017年增长到18528千米，增长3.76倍，1990年城市排水管道为782千米，2017年已达12305千米，增长近15倍。

## 0.3 民生发展

发展为要，民生为本。1949年12月22日，广西全境解放。新中国成立初期，由于连年战争影响，广西和全国其他地区一样，经济濒临崩溃边缘，人民主要为吃饱穿暖而奋斗，只能保证基本的生活需求。随着社会主义经济不断发展，人民生活逐渐得到改善。然而，在改革开放前，物资还处于匮乏状态，很多物资采用计划供应方式，人们购买粮食需要粮票，购买布匹需要布票……

改革开放后，广西经济发展速度逐渐加快，特别是20世纪90年代以后，经济取得了突飞猛进的发展，人民生活水平也得到极大的提高。

据统计，1980年，广西城镇居民人均可支配收入为455元，恩格尔系数达到57.3，农村居民人均纯收入为173元，恩格尔系数更是高达63.5；1990年，收入有所增加，城镇居民人均可支配收入达到1448元，农村居民人均纯收入也达到639元，但城乡家庭的恩格尔系数不降反升，城镇和乡村家庭分别达到58.6和64.4。说明这期间经济增长带来的收入增加主要用于吃穿的改善。此后，城乡家庭恩格尔系数开始下降，到2017年，城镇居民人均可支配收入增加到30502元，恩格尔系数降低到33.2，农村居民人均纯收入增加到11325元，恩格尔系数更是降低到32.2。2018年，城镇和农村居民人均可支配收入分别达到32436元和12435元，是1958年的175倍和210倍，民生得以极大提高。

在70年的发展中，人民收入不断增加，消费结构不断改善，这主要得益于物质的不断丰富。据统计，1978年，广西社会消费品零售总额为335918万元；1990年，该指标跃升到1754369万元，增长4.22倍；到2017年更是增加到78130335万元，是1990年的44.53倍，是1978年的232.59倍。坚持把改善人民生活作为重中之重，2018年财政支出的80.5%用于民生领域。结合恩格尔系数的降低，可见社会消费品零售总额的变动不仅是价值量的增加，更是消费品种类的增多和消费结构的调整。完善和落实促进城乡居民增收的政策措施，才能增强居民消费能力。

就业是最大的民生，重点解决大专院校的毕业生、农民工、退役军人等重点群体的就业工作，进一步加大稳岗支持力度，帮扶下岗失业群众。通过构建终身职业培训制度、完善职业教育体系、探索职业技能培训新思路等途径，帮助广大劳动者拥有更稳定的工作、更满意的收入，努力实现高质量和更充分的就业。2018年，全区贫困劳动力实现就业70.94万人，同比增长63.95%。2019年，全区投入3.3亿元，力争全年培训劳动者33万人次。

当然，目前我国社会的主要矛盾已经发生根本性转变，过去的矛盾主要是人民物质文化生活需要与落后生产力之间的矛盾，现在变为人民日益增长的美好生活需要和不平衡不充分发展之间的矛盾。因此，在今后民生发展中要更加重视产业结构调整，避免生产和消费之间的匹配错位，更好地满足人民追求美好生活的需要。2018年，南宁市民生支出占比达83.5%，以排名广西第一位的成绩入选“2018年中国地级市民生发展100强”。广西忻城县“易地搬迁拔穷根”工程和南宁市江南区“菜篮子”工程分别荣获全国“2018民生示范工程奖”。

## 0.4 经济发展要素禀赋

区位优势是广西经济发展的最大优势，广西既沿海又沿边、沿江，是中国唯一与东盟既有海上通道，又有陆路相连的省区，在全国具有独一无二的地位。同时，广西位于我国大陆东部、中部、西部三大地带的交汇处，把华南、西南和东盟等三大经济圈有机结合在一起，是我国西南乃至西北地区最便捷的出海通道，目前，西南和西北地区从广西出海的高速公路网和铁路网均已开通运营，其重要地位更加凸显。广西还是连接粤港澳与西部地区的重要通道。

广西具有生态优势，城市生态环境状况指数较高，生态环境质量为优等级的城市较多；县域生态环境状况指数也较高，生态环境质量为优等级的城市占 1/3 以上，其他城市均为良等级。2017 年底，森林面积达到 2.22 亿亩，森林覆盖率达 62.31%，活立木总蓄积量达 7.75 亿立方米，广西人工林面积居全国第一位，植被生态质量和植被生态改善程度均居全国第一位。在保持森林覆盖率增长的同时，广西也积极开发林业产品，2017 年，林业产业总产值达到 5200 亿元，近 5 年来林业产业总产值年均增长 24.1%，年木材产量占全国木材产量的 1/3 以上，为维护国家木材安全作出重要贡献。

广西的矿产资源十分丰富，种类多，矿种 145 种，占全国现有矿种的 45.8%，是全国十大重点有色金属产区之一。矿产资源储量大，97 种矿藏中有 64 种储量居全国前十位，其中有 12 种居全国第一位，还有 35 种是国民经济发展支柱性的矿藏。

广西的水力资源特别丰富，拥有珠江、长江等四大水系，其中以珠江水系为主。珠江水系在广西的流域面积 20.24 万平方千米，占广西总面积的 85.2%，滩多水急，水能资源丰富，水力资源蕴藏量 2133 万千瓦。2017 年，全区水资源总量 2377.3 亿立方米，年平均降水量 1806 毫米，全区监测的 58 座大型水库蓄水总量 289.2 亿立方米，比上年增长 1.4%。

广西山川秀丽，风光旖旎，旅游资源得天独厚，是旅游资源大省。旅游景点丰富多彩，景区品质不断提高。拥有大桂林山水文化休闲度假旅游区、滨海旅游区，乐业大石围天坑群旅游区、桂东宗教名胜历史文化旅游区、桂中壮瑶苗侗民族风情生态旅游区、南国边关风情旅游区等主要精品景区。现拥有国家 5A 级旅游景区 6 个、4A 级旅游景区 173 个，广西 14 个地级城市均有著名景区的分布。

# 第1章 广西70年经济发展的支持政策

## 1.1 财政支持政策

1950年2月8日，广西人民政府正式成立，随后，财政厅、税务局相继成立。各地财政税务机构也随着各市县和基层人民政权的建立而先后建立。在中国共产党和人民政府领导下，财政税务干部肩负重任，认真实行政务院颁发的《关于统一国家财政经济工作的决定》，抓紧组织征税，特别是加强工商税和农业税的征收管理，认真贯彻税收政策，实行合理负担；支持和发展国营经济，增加企业收入；整顿地方财政，扩大地方收入，在短短3年内，财政收入逐年增长；财政支出注意厉行节约，妥善安排，保证重点，兼顾一般；建立预算管理和各项财务制度，逐步加强财政监督。3年均做到收支平衡，并略有结余，实现了财政状况的根本好转。

为统一财政税收管理，克服混乱现象，广西人民政府宣布从1950年4月1日起实施全国统一税政，一律执行中华人民共和国政务院与中原临时人民政府已颁布的新税制。当时征收的税种有货物税、工商业税、盐税、利息所得税、印花税、屠宰税、交易税、关税、房产税、地产税、使用牌照税、特种消费行为税、遗产税和薪给报酬所得税等。经过共同努力，4市10专区都超额完成任务，1950年全区共收2726万元。国家决定自1951年起对国家财政收支系统采取“统一领导、分级负责”的方针，由统收统支改为划分收支，分级管理；由收支两条线改为收支挂钩。广西的财政收支，每年由中央核定一次。其支出首先由省固定收入开支，不足部分由比例留成收入抵补，这一体制一直实行到1952年。

在生产资料所有制社会主义改造基本完成以后，由以资本主义工商业为征税重点，转为以社会主义全民所有制和集体所有制企业为征税重点，原来的税收制度已不再适用。1958年9月，广西贯彻执行国务院颁发的《中华人民共和国工商统一税条例（草案）》，对原税制进行了改革。1966—1972年，广西继续执行1958年改革的税制，征收的税种有工商统一税、盐税、工商所得税、屠宰税、牲畜交易税、城市房地产税，车船使用牌照税。1973年起执行国务院颁发的《中华人民共和国工商税条例（草案）》，在基本保持原税负的情况下，合并税种，简化征税办法。1974年和1976年，先后对农村社队企业所得税作出规定：减征50%，免税5年，起征点为年所得额2000元以上。

对少数民族地区征收的工商税，新中国成立以来都有照顾。"文革"期间，在"反四旧""破迷信"的借口下，不少地区对散居在一般地区的少数民族特有节日的纳税照顾一度被取消。1973年，对二类照顾区及散居在一般地区的少数民族在其主要节日宰杀的猪羊屠宰税给予减半征税的照顾。

1980—1983年，先后开征中外合资经营企业所得税、个人所得税、外国企业所得税、燃油特别税、建筑税；1984年，开征资源税、国营企业奖金税等；1985年，开征城市维护税、集体企业所得税。为了贯彻合理负担，调节各阶层收入，调控宏观经济，1986—1990年，还先后开征城乡个体工商业户所得税、个人收入调节税、私营企业所得税、印花税、城镇土地使用税、特别消费税，恢复征收房产税、车船使用税，停征工商所得税、中外合资经营企业所得税、外国企业所得税。1994年，为了适应社会主义市场经济的要求和配合实行分税制财政体制，对工商税制进行了较大改革，到1994年底征收的税种有18个。

2008年以来，广西财政厅坚决执行中央税收政策，减轻了企业的税收负担。连续4年，全区财政安排财政资金大力支持企业的发展，主要有投入企业技术改造，投入节能技术改造，投入产业园区基础设施建设，投入中小企业发展专项建设，投入资源勘探开发和服务。2011年，广西财政厅出台了《关于印发广西新办微型企业资本金补助资金管理办法的通知》（桂财企〔2011〕53号），“十二五”规划期间的各级财政给予自治区境内工商登记注册并标注“微型企业”的新办微型企业进行资本金的补助，补助比例不高于企业实缴到位注册资本或出资数额的30%。

2009—2012年，经过5次调整，广西营业税与增值税的起征点均有大幅度的提高，大大减轻了企业负担。调整幅度见表1－1。

**表1－1 2008—2012年广西营业税、增值税调整幅度**

| 项目 | | 2008年起征点 | 2012年起征点 | 2012年起征点/2008年起征点 |
|---|---|---|---|---|
| 营业税 | 按期纳每月营业额 | 1000元 | 20000元 | 20倍 |
| 营业税 | 按次纳每次（日）营业额 | 100元 | 500元 | 5倍 |
| 增值税 | 销售货物的月销售额 | 2000元 | 20000元 | 10倍 |
| | 销售应税劳务的月销售额 | 1500元 | 20000元 | 13.3倍 |
| | 按次纳每次（日）营业额 | 150元 | 500元 | 3.3倍 |

数据来源：广西财政厅。

越是经济困难时期，广西越是优先发展民生。“十一五”规划期间，各级财政支农投入就达772.12亿元，年均增长37.5%。2008年，政府提出每年集中资金和力量为人民群众办好一批实事，切实解决人民群众的切身利益问题。2008—2012年，财政累计投入3990多亿元用于保障和改善民生，是1997—2007年总和的1.86倍。2008—2011年，财政社会保障累计支出就达到1393.6亿元。广西财政对市县革命老区转移支付范围不断扩大，补助对象由88个增加为96个。广西壮族自治区对市县革命老区转移支付分配对象扩大至1993年中国老区建设促进会确定的革命老区县、2013年印发的《广西壮族自治区人民政府办公厅关于认定革命老区县（市、区）的通知》、2015年印发的《广西壮族自治区人民政府办公厅转发国家发展改革委关于印发左右江革命老区振兴规划的通知》等文件确定的革命老区县。

《广西北部湾经济区发展规划》从2008年1月被国家批准实施起，除国家限制和禁止的行业外，广西开展了一系列税收优惠政策。2012年11

月，广西出台《关于进一步鼓励和引导金融支持中小微企业等实体经济加快发展的若干意见》，支持处于加快转变经济发展方式和产业结构转型升级关键时期的实体经济，财政资金撬动的“源头活水”流进小微企业。

广西财政采取了多项有效措施，全力盘活财政存量资金。自治区人民政府出台了《广西壮族自治区人民政府关于进一步加强和完善预算执行管理工作的通知》（桂政发〔2014〕21 号）等文件，同时要求各市县针对本地情况研究制定盘活财政存量资金的制度规定，为全面盘活财政存量资金奠定了坚实的制度基础，建立起了事前预防、事中监控、事后督查问责的长效机制。根据财政部相关统计口径，2015—2017 年，广西全区各级财政累计分别盘活财政存量资金 1059. 37 亿元、900. 4 亿元和 971. 55 亿元。2015 年 11 月 25 日，自治区人民政府印发《关于印发推进各级财政资金统筹使用实施方案的通知》（桂政发〔2015〕58 号），广西财政厅根据《推进各级财政资金统筹使用实施方案》抓好贯彻落实，加快推进财政资金统筹使用，进一步优化财政资源配置，提高财政资金使用效益，促进经济社会持续健康发展。为促进中央和自治区新形势下各项就业创业政策措施落实，截至 2016 年 3 月，广西财政累计筹措就业资金 10. 15 亿元，其中中央财政 5. 17 亿元、自治区财政 4. 98 亿元，用以支持各地开展就业创业工作。

严控扶贫资金监管环节，全力确保脱贫攻坚成效。2017 年，广西政府安排财政专项扶贫资金 36 亿多元支持确立的 20 个深度贫困县、30 个深度贫困乡镇及 1490 个深度贫困村。《广西壮族自治区扶贫开发办公室关于印发广西财政专项扶贫资金管理细则的通知》（桂财农〔2018〕192 号）明确指出，自治区财政专项扶贫资金重点支持深度贫困和极度贫困脱贫攻坚事业发展，每年新增额度分配到深度贫困地区的比例不低于 50%；每年按深度贫困因素分配的资金，分配到深度贫困县的标准不低于2000 万元/县，深度贫困村不低于 50 万元/村；每年按极度贫困因素分配的资金，分配到极度贫困县的标准不低于 5000 万元/县，极度贫困村不低于200 万元/村。2019—2020 年，广西政府将投入 32 亿多元支持 4 个极度贫困县与 100 个极度贫困村的脱贫攻坚任务，用于道路建设、解决饮水问题、农村危房改造、教育扶贫及健康扶贫问题。

广西按照财政部有关文件要求牵头制定了《广西壮族自治区工业结构调整资金管理操作细则》，2016—2017 年，广西获得工业企业结构调整中央财政专项奖补资金 5.5 亿元，多举措化解钢铁、煤炭行业过剩产能，取得显著成效。2016—2020 年，钢铁行业化解过剩产能任务已全部在 2016 年完成；2016—2018 年，煤炭行业化解过剩产能任务提前在 2017 年完成。

广西减税降费让企业轻装前行，将制造业等行业的税率从 16% 降至 13%，将交通运输业、建筑业等行业的税率从 10% 降至 9%。广西财政积极支持汽车产业发展驶入高质量绿色发展"快车道"。为加快培育汽车产业发展新业态、新动能，广西财政充分发挥职能优势，2017 以来多措并举筹集资金 63.81 亿元，通过贷款贴息、以奖代补、风险补偿、财政补助等多种形式，支持汽车产业发展，坚持汽车产业发展与推广应用并举，以构建广西特色现代汽车产业体系为目标，重点发展新能源汽车，加快汽车产业结构调整和转型升级，形成较完整的产业格局和配套体系，打造一批优势的企业生产具有竞争力的产品。2018 年，广西全年汽车产量 248.61 万辆，整车产量占全国的 8.6%，成为我国重要的汽车生产基地，也成为广西的重要支柱产业。

广西出台了《广西壮族自治区乡村振兴补助资金管理暂行办法》（桂财规〔2018〕6 号），明确了乡村振兴补助资金范围和来源，确定了资金管理原则和职责分工，规定了资金支出范围和支持方式，并从申报、分配、下达、拨付、收回、绩效管理、监督检查等全过程对乡村振兴补助资金进行了全面、具体、明确的规范。为贯彻落实中央和自治区决策部署，广西财政厅通过优化财政支出结构，统筹安排自治区本级财政补助资金 70 亿元，全力支持乡村振兴战略的实施。

广西实施加力提效的积极财政政策，推动更大规模减税降费政策落地见效，为经济社会持续健康发展提供了坚实保障。2018 年，广西财政厅出台减税降费等 10 条积极财政政策，新发行政府债券 1403 亿元。广西财政系统通过支持珠江—西江经济带交通基础设施建设、推进产业创新平台建设、落实粤桂扶贫合作等具体财政资金的支持，以"调控型"财政为切入点，狠抓落实，突出亮点，精准发力，全力支持全面对接粤港澳大湾区建设。

广西积极争取国际金融组织的优惠贷款，缓解了财政资金压力，通过贷款项目的实施，引进和吸收了国际先进的管理技术和理念，进一步提高了对外开放的水平。截至2018年底，全区利用国际金融组织贷款项目达到76个，国际金融组织贷款净签约额累计43.53亿美元，折合人民币298.75亿元。

广西积极争取中央资金支持，及时下达资金预算，督促项目主管部门加快项目建设进程、加快预算执行、促进重大项目建设、切实发挥财政资金效益。党的十八大以来，中央财政下达广西转移支付资金超过1万亿元，中央投资项目落户数超过5万项，这些大力支持是广西取得辉煌成就的关键。2019年7月，财政聚焦重大项目攻坚突破，通过积极争取中央支持、统筹整合资金、增量资金倾斜安排等渠道，截至2019年，共筹措资金304.86亿元，均被用来支持全区重大项目建设，其中，筹措103.06亿元支持产业项目攻坚突破，筹措201.8亿元支持基础设施项目攻坚突破。

## 1.2 金融贸易支持政策

### 1.2.1 金融支持政策

（1）一般金融政策。广西一般金融政策支持主要从2017年开始，广西积极执行国家相关金融支持政策，并出台了一系列文件，全面支持农业、工业、民营企业、小微企业等实体经济的发展。同时，支持绿色产业发展，为广西经济健康、可持续发展提供了有力支撑。详见表1-2。

表1-2 一般金融支持政策一览表

| 时间 | 文件名称 | 内容要点 |
| --- | --- | --- |
| 2019年2月 | 广西人民政府办公厅印发《关于金融支持工业高质量发展若干措施的通知》 | 助力传统产业；助力战略性新兴产业；支持产业集群发展；拓宽工业融资渠道；营造良好工业融资环境 |

续表

| 时间 | 文件名称 | 内容要点 |
|---|---|---|
| 2019 年 2 月 | 中共中央办公厅、国务院办公厅印发《关于加强金融服务民营企业的若干意见》 | 加大金融政策支持力度；积极支持民营企业融资纾困 |
| 2019 年 2 月 | 中国人民银行、农业农村部等《关于金融服务乡村振兴的指导意见》 | 通过农村金融改革发展，健全适合乡村振兴发展的金融服务组织体系 |
| 2019 年 1 月 | 中国银保监会办公厅《关于推进农村商业银行坚守定位强化治理提升金融服务能力的意见》 | 坚持正确改革发展方向，坚守服务“三农”和小微企业市场定位；<br>建立监测考核指标体系，确保农村商业银行金融服务可监测可考核可评价 |
| 2019 年 1 月 | 广西政府办公厅《支持全区地方法人金融机构向县域下沉机构网点实施方案的通知》 | 支持广西北部湾银行市县分支机构全覆盖；支持柳州银行市县分支机构全覆盖；支持桂林银行市县分支机构全覆盖；支持村镇银行县域全覆盖；支持其他地方金融机构市县分支机构全覆盖 |
| 2018 年 12 月 | 国务院批准《广西壮族自治区建设面向东盟的金融开放门户总体方案》 | 这是党的十九大后国家批复的重要的省区级全域金融开放战略，也是重要的面向东盟的金融开放战略 |
| 2018 年 12 月 | 广西地方金融监督管理局关于印发《融资担保公司设立行政许可裁量权基准》《融资担保公司变更行政许可裁量权基准》的通知 | 融资担保公司设立行政许可裁量权基准，融资担保公司变更行政许可裁量权基准 |
| 2018 年 8 月 | 中国银保监会办公厅《关于进一步做好信贷工作提升服务实体经济质效的通知》 | 进一步疏通货币政策传导机制，满足实体经济有效融资需求；<br>大力发展普惠金融，强化小微企业、“三农”、民营企业等领域金融服务 |
| 2018 年 8 月 | 中国人民银行等七部委《关于构建绿色金融体系的实施意见》 | 大力发展绿色信贷；拓宽绿色产业直接融资渠道 |
| 2018 年 6 月 | 广西金融工作办公室关于印发《广西农村金融改革 2018 年工作要点的通知》 | 优化三大资源配置，增强农村金融供给（优化银行信贷资源配置、优化资本市场资源配置、优化保险资源配置） |

续表

| 时间 | 文件名称 | 内容要点 |
|---|---|---|
| 2018年6月 | 《关于加大金融支持实体经济发展的若干措施》 | 加大信贷资金投放力度；强化对重大战略信贷支持。<br>加强考核引导 |
| 2018年5月 | 广西金融工作办公室《关于发挥多层次资本市场作用服务脱贫攻坚战略的通知》 | 加强资本市场宣传培育工作；强化政策支持和奖励 |
| 2018年3月 | 《广西推进普惠金融发展实施方案》 | 提高金融服务覆盖率、提高金融服务可得性、提高金融服务满意度；<br>建立健全普惠金融体系 |
| 2018年1月 | 广西金融工作办公室、广西财政厅《关于撬动资本市场资源服务实体经济发展的通知》 | 鼓励企业股改；鼓励企业上市 |

数据来源：根据 www. gov. cn、www. gxzf. gov. cn 等政府网站搜集整理。

（2）沿边金融政策。除了一般金融政策支持外，根据广西地理区位状况，为充分发挥沿边优势，还出台了有关沿边金融支持政策。处在“一带一路”国家交汇对接处和陆海统筹的重要节点和关键区域，广西在中国对外开放格局中地位突出。建设沿边金融综合改革试验区，是广西更好服务国家周边外交战略、深化中国－东盟开放合作、融入参与“一带一路”建设的有效载体。

金融是现代经济的核心，经济要合作，金融须先行。2013 年 11 月，国务院批准实施“滇、桂沿边金融综合改革试验区”。借此发展机遇，广西扎实推进各项金融改革政策（见表 1－3），完善金融组织体系、重点推动跨境人民币业务创新、培育发展多层次资本市场、推进保险市场发展、加快农村金融产品和服务方式创新、促进贸易投资便利化、加强金融基础设施建设的跨境合作、建立金融改革风险防范机制、健全跨境金融合作交流机制等“十项任务”。

表 1-3 广西沿边金融支持政策一览表

| 时间 | 文件名称 | 内容要点 |
|---|---|---|
| 2017 年 6 月 15 日 | 《广西建设沿边金融综合改革试验区 2017 年工作要点》 | 巩固和提升跨境人民币结算业务、推动沿边地区和跨境经济区先行先试；深化跨境金融开放合作创新 |
| 2014 年 4 月 | 《广西壮族自治区沿边金融综合改革试验区个人跨境贸易人民币业务管理办法》 | 将个人跨境贸易人民币结算试点区域拓展至整个沿边金融综合改革试验区，将业务种类拓展至跨境电商结算业务，并进一步简化结算手续 |
| 2013 年 11 月 | 《云南省广西建设沿边金融综合改革试验区总体方案》 | 广西沿边金融综合改革试验区范围：广西的南宁市、钦州市、北海市、防城港市、百色市、崇左市 6 个市，区域面积 31. 77 万平方千米，人口 4419 万人 |
| 2013 年 7 月 | 《广西边境个人跨境贸易人民币结算业务管理办法》 | 在东兴国家重点开发开放试验区先行开展个人跨境贸易使用人民币结算业务 |

数据来源：根据 www. gov. cn、www. gxzf. gov. cn 等政府网站搜集整理。

广西加快金融开放步伐，与东盟金融合作不断深化，沿边金融改革创新可圈可点，并不断向“深水区”迈进。广西积极加强金融基础设施建设的跨境合作，搭建了区域性跨境人民币业务平台（南宁），并编制发布中国-东盟（南宁）货币指数。为了让沿边金融改革试验区的企业与境外低成本的资金“牵手”，利用国内外两个市场、两种资源，节约资金成本，提升资源配置效率。沿边金融改革出台了最具“含金量”的政策之一的跨境人民币贷款政策。2014 年 11 月，人民银行总行正式批准同意：允许在沿边金融改革试验区注册成立并在试验区实际经营或投资的企业从东盟和南亚国家的银行业等金融机构借入人民币资金，用于实体经济的发展。目前，以广西为枢纽，辐射港澳、东盟和南亚国家的广西-东盟跨境人民币资金汇划高速路已经基本建成。

### 1.2.2 贸易支持政策

广西是我国唯一同东盟陆海相连的省区，广西凭沿海、沿江、沿边的独特区位抓住市场机遇，扩大对外开放格局。2004 年以来，中国-东盟博览会、中国-东盟商务与投资峰会已连续成功举办 14 届，成为广西亮丽的名片，也成为中国－东盟重要的开放合作平台。自2010年1月1日中国－东盟自由贸易区成立以来，中国与东盟经济一体化建设进入黄金发展时期。中国－东盟自贸区建设在货物贸易、服务贸易和双向投资方面取得了丰硕成果。2018年是中国－东盟建立战略伙伴关系15周年，双方经贸合作发展迅速，成果丰硕，贸易规模大幅提升，投资合作卓有成效，“一带一路”建设合作成果显著，区域经济一体化建设较快发展。“十二五”期间，广西与东盟的贸易额从2011年的95.6亿美元增长至2015年的290.1亿美元，年均增长34.7%，东盟连续15年成为广西最大贸易伙伴。据中方统计，截至2017年，双方累计投资额达到2000亿美元。

2018年10月，作为中国－东盟博览会系列高端论坛之一，由国家发展和改革委员会为支持单位、广西人民政府与国开行共同举办的2018年中国－东盟基础设施互联互通金融论坛在南宁召开。各方围绕“打造面向东盟的金融开放门户，推动基础设施互联互通建设”和“打造金融服务平台，助力企业参与东盟基础设施互联互通建设”等议题展开深入研讨，就加强各国金融主管部门、金融机构之间的交流、发挥好开发性金融、政策性金融在基础设施项目融资中的重要作用、加强金融创新等达成共识。

广西沿海、沿江、沿边，是东盟国家进入中国市场的重要海陆通道。目前，广西已与东盟8个国家建立了中国—马来西亚（钦州）和关丹“两国双园”、中国—印尼经贸合作区等国际合作园区。按照中越两国政府协定，推进中越德天—板约跨境旅游合作区建设，建设全国首个国际旅游合作试验区。广西实施的贸易政策详见表1－4。

**表1－4 广西实施贸易支持政策一览表**

| 时间 | 文件名称 | 内容要点 |
|---|---|---|
| 2019年4月24日 | 《2019广西商务市场秩序工作要点的通知》 | 深入推进商务信用建设，不断提升行业管理水平 |
| 2019年3月30日 | 《关于印发广西2019年产业大招商攻坚突破年活动方案的通知》（桂政办发〔2019〕31号） | 2019年，招商引资到位资金目标任务是8210亿元人民币 |

续表

| 时间 | 文件名称 | 内容要点 |
|---|---|---|
| 2019 年 2 月 1 日 | 《西部陆海新通道重点铁路项目建设实施方案》 | 黄桶至百色铁路项目、南昆线百色至威舍段增建二线、湘桂线南宁至凭祥段扩能改造工程、沿海铁路钦州至防城港段扩能改造工程、黔桂铁路扩能改造工程、云桂沿边铁路、柳州经梧州至广州铁路 |
| 2018 年 12 月 26 日 | 《推动广西“走出去”高质量发展三年行动计划（2019—2021 年)》 | 力争“走出去”规模上新台阶、打造中新互联互通项目陆海新通道境外“两大”链条、建设“三大”公共平台、编制“四大”服务网络、培育“六大”行业品牌，进一步提升对“走出去”综合服务水平 |

数据来源：根据 www. gov. cn、www. gxzf. gov. cn 等政府网站搜集整理。

在外贸政策促进下，广西外贸进出口增长明显，2010—2015 年，按年均超过 63 亿美元的幅度增长，详见图 1 – 1。

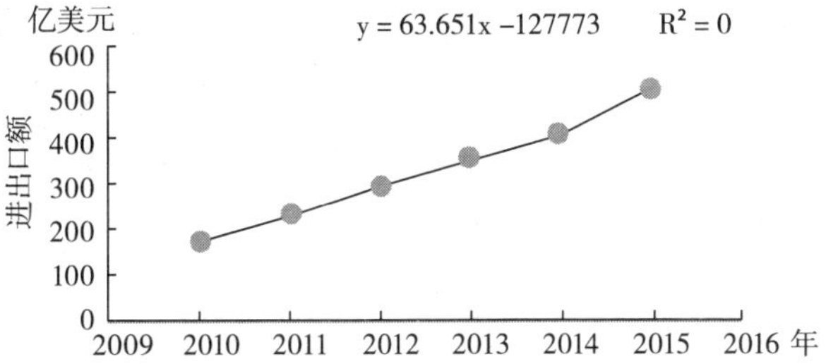


**图 1 – 1　2010—2015 年广西外贸进出口增长的趋势**

数据来源：广西对外贸易发展“十三五”规划。

“十二五”期间，广西提出并完善“贸易强桂”战略设想，推动建立广西外贸可持续发展的政策体系，推进“3511 工程”“加工贸易跨越式发展工程”建设。2015 年，广西外贸进出口总额 512. 6 亿美元，年均增长 23. 7%，比 2010 年贸易额 177. 1 亿美元翻一番以上。2015 年，广西外贸进出口额在全国的占比提高到 1. 3%，比“十一五”末提高 0. 7 个百分点。2010 年，广西外贸进出口总额在全国排第 17 位；2015 年，广西外贸进出口总额在全国排第 14 位，比“十一五”末提高 3 个位次。

民营企业成为广西外贸发展的重要力量，在广西外贸进出口中的比重由2010年的10.3%提高到2015年的52%，提高了41.7个百分点。截至2015年，广西累计评选出42家“广西出口名牌”企业，品牌出口便利化水平不断提高，外贸企业创新能力、品牌建设、营销能力不断增强。

广西出口商品结构进一步优化，机电产品比重由37.2%提高到39.3%，高新技术产品比重由8.1%提高到13.2%，加工贸易占比由2010年的9.9%提高到2015年的20.6%。国际市场全面开拓，其中与东盟贸易额达290.1亿美元，占广西外贸总额比重增至56.6%。外贸经营主体多元化发展，其中民营企业成为外贸第一大主体。广西开展加工贸易精准招商，主动承接加工贸易产业转移，支持加工贸易新增项目、新增产能、新增产量。2015年，广西加工贸易进出口额达到105.7亿美元，同比增长26.1%，增幅在全国排第4位，提前1年完成倍增目标。

广西提出了边贸转型升级，发展大边贸的思路，加快推进重点沿边市场建设，通过边贸市场发展吸引产业落地，带动沿边开发开放。稳定广西边境小额贸易支持政策，支持边贸企业能力建设。探索边民互市贸易改革，建立边民互市贸易互助组，引导互市商品从“穿岸而过”变为“就地加工”。发展边境加工业，做实口岸经济。2015年，广西边境小额贸易170亿美元，贸易总额在全国各边境省区排第1位。各种贸易方式增长情况见图1-2。

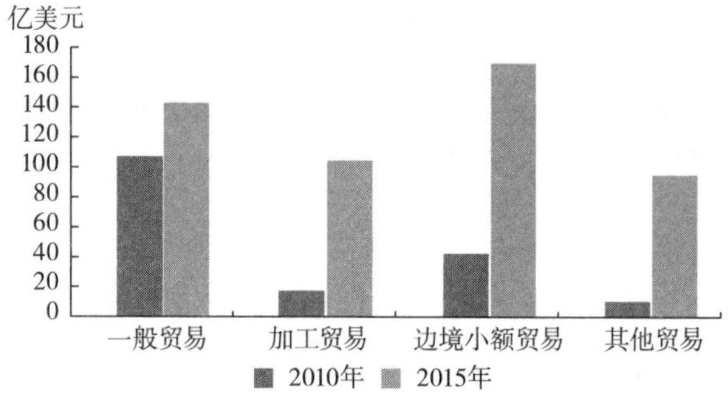


**图1-2　2010与2015年广西不同贸易方式外贸额的对比**

数据来源：广西对外贸易发展“十三五”规划。

广西在实施扩大开放战略进程中，经济开放度不断增强，外贸依存度由2010年的12.6%提升到2015年的19%。据估算，外贸直接或间接带动就业人数达2614万左右，约占广西就业人员总数的18.5%。先进技术设备的大量引进、高端产品出口的快速增加，对广西经济的提质增效发挥了重要作用。广西进一步完善外贸考核机制，对广西14个地市的外贸发展提出工作要求，联合广西绩效办下达设区市外贸考核绩效评分办法，有力地推动了广西外贸稳定较快发展。加强广西外贸稳增长协调工作组职能作用，不定期召开外贸形势分析会，解决企业反映的突出问题，为企业减负助力，营造良好的营商环境。

在“十二五”快速发展的基础上，《广西对外贸易发展“十三五”规划》提出建立28个广西外向型经济集聚区，具体情况见表1－5。

**表1－5　广西外向型经济集聚区一览表**

| 所在地 | 园区名称 | 类别 |
|---|---|---|
| 防城港市 | 中越东兴—芒街跨境经济合作区 | 跨境经济合作区 |
| 崇左市 | 中越凭祥—同登跨境经济合作区 | |
| 百色市 | 中越龙邦—茶岭跨境经济合作区 | |
| 防城港市 | 东兴国家重点开发开放试验区 | 沿边开发开放试验区 |
| 崇左市 | 凭祥国家重点开发开放试验区 | |
| 南宁市 | 南宁经济技术开发区 | 国家级经济技术开发区 |
| 南宁市 | 广西—东盟经济技术开发区 | |
| 钦州市 | 钦州港经济技术开发区 | |
| 钦州市 | 中国—马来西亚钦州产业园区 | |
| 南宁市 | 广西良庆经济开发区 | 自治区级开发区 |
| 南宁市 | 南宁仙葫经济开发区 | |
| 柳州市 | 广西鹿寨经济开发区 | |
| 桂林市 | 桂林经济技术开发区 | |
| 北海市 | 北海市铁山港（临海）工业园区 | |
| 玉林市 | 广西容县经济开发区 | |
| 玉林市 | 广西玉林经济开发区 | |
| 河池市 | 广西宜州经济开发区 | |
| 北海市 | 广西北海出口加工区 | 海关特殊监管区 |
| 崇左市 | 广西凭祥综合保税区 | |
| 钦州市 | 广西钦州保税港区 | |
| 南宁市 | 南宁综合保税区 | |

续表

| 所在地 | 园区名称 | 类别 |
| --- | --- | --- |
| 南宁市 | 南宁高新技术产业开发区 | 加工贸易重点园区 |
| 北海市 | 广西北海工业园区 | |
| 梧州市 | 粤桂合作特别试验区 | |
| 南宁市 | 南宁高新技术产业开发区 | 服务外包园区 |
| 南宁市 | 南宁中盟科技园 | |
| 北海市 | 广西北海工业园区 | |
| 北海市 | 北海高新技术产业开发区 | |

数据来源：根据 www. gov. cn、www. gxzf. gov. cn 等政府网站搜集整理。

为进一步推动广西外贸发展，拟重点打造外贸出口基地，基地名单见表1－6。

**表1－6　广西外贸出口基地一览表**

| 基地名称 | 级别 |
| --- | --- |
| 柳州市国家汽车及零配件出口基地 | 国家级基地 |
| 荔浦县国家外贸转型升级专业型示范基地（衣架基地） | |
| 梧州市国家外贸转型升级专业型示范基地（松香基地） | |
| 北海市国家外贸转型升级专业型示范基地（水产品基地） | |
| 北流市国家外贸转型升级专业型示范基地（日用陶瓷基地） | |
| 桂林市国家科技兴贸创新基地（生物医药） | |
| 北海市国家科技兴贸创新基地（电子信息） | |
| 南宁市科技兴贸出口创新基地（电子信息） | 自治区级基地（科技兴贸出口创新基地） |
| 柳州市科技兴贸出口创新基地（机械制造） | |
| 桂林市科技兴贸出口创新基地（橡胶工业） | |
| 桂林市科技兴贸出口创新基地（电线电缆） | |
| 梧州市科技兴贸创新基地（船舶） | |
| 玉林市科技兴贸出口创新基地（先进装备制造） | |
| 百色市科技兴贸出口创新基地（铝产业） | |
| 北海市皮革制品基地 | 自治区级基地（外贸转型升级专业型示范基地） |

数据来源：根据 www. gov. cn、www. gxzf. gov. cn 等政府网站搜集整理。

在突出重点工作的同时，还加大政策引导和支持力度：认真贯彻落实国家有关政策措施。落实好国家有关“一带一路”、国际产能和装备制造合作、开放合作等系列政策文件。设立出台支持“走出去”健康发展的政策包。针对重点区域，由龙头企业牵头，组建所在国的法律政策服务包，全区投资企业平等享有服务包所提供的法律、政策及咨询服务，将政策包纳入广西“走出去”风险保障平台统一支持与管理。加大资金支持力度。加大“走出去”资金规模，有效发挥财政资金对“走出去”的撬动作用。统筹工信、农业、林业、渔业等职能部门资金使用方向，支持“走出去”相关项目。对已纳入广西“走出去”三年行动计划重点项目库项目，给予重点支持。

## 1.3　产业支持政策

### 1.3.1　农业支持政策

1950 年 5 月 5 日，广西壮族自治区人民政府发出《关于生产救灾工作的指示》，明确提出把救灾与社会改革结合起来，开展减租退押与春耕生产相结合的运动。减租退押作为“施行政令的中心环节”，经过 5 个月的艰苦斗争，取得胜利果实 1.75 亿千克粮食，使农民度过 1950 年的春荒和夏荒。广西土地改革遵照中共中央《关于土地问题的指示》和《中华人民共和国土地改革法》精神，从 1950 年春到 1954 年 5 月，前后历时 4 年多，大体经历了清匪反霸、减租退押，划阶级、分土地和土改复查三个阶段。土改后的农民收入逐渐提高，农民生活水平有了显著的改善。新中国成立后，国家采取了一系列政策促进农业生产迅速恢复。土地改革后，广西农民的生产热情高涨，出现兴修水利、互助合作的热潮，有力地推动了农业生产的发展。1949 年 12 月至 1952 年底，广西修建了 23 座坝高 20 米以下的小型水库、4880 座 10 万立方米以下的地头水柜和 5604 座小型破坝引水工程，解决了 439 万亩农田的灌溉问题。据载，广西在新中国成立初“先后修复了荔浦薄芦河、宜山洛寿渠、灵川甘棠江等十处万亩以上引水工程，完成鹿寨石榴河、贺县五拱水、隆安渌水江、邕宁西云江等引水工程；新修各种小型水利10484处；共恢复和扩大灌溉面积44.8万亩”。水利工程设施的建设，使农业发展规模及效率提升。

“一五”期间，广西的农业主要通过农业互助组、初级农业生产合作社、高级农业生产合作社的阶段性改革。由简入繁，逐步实现由私有到公有的转变。“一五”期间，全区新建36个国有农场，统一推广机械使用。设立农业科研机构，研究农业发展；设立专科学校，培养农业技术人才，农业大面积的高速增产，单位面积产量提高。

1963年，广西发生严重的旱灾，农业减产。所以，广西大力开展农业建设工作，特别是大力投资水利工程建设。1963—1965年，广西水利建设投资为8528万元，占农业基本建设投资总额的48.2%。

1969年7月，自治区革委会召开第三次会议，进一步部署“农业学大寨”运动。同年12月，自治区革委会《给全区贫下中农和各级革命委员会的一封信》，号召全区向大寨学习、向钦州的飞跃大队学习。飞跃大队成为广西版“大寨”。广西各地专门组织领导干部去飞跃大队参观学习。当年参观人数达16万人之多。从此，“学大寨、赶飞跃”的口号遍及全区农村。

广西山岭绵亘，岩溶广布，丘陵错综，平原狭小，广西农业生产的推进适合学习“大寨”精神。广西也按照大寨的做法，改造农田兴修水利，取得了一定的成绩。1969—1971年，全区保水面积432万亩。1970年，全区投资农田水利建设1.1亿元，增加旱涝保收面积177万亩。1971年以后，广西大规模地开展农田建设，每年从地方财政拨款3000万元，再加上国家投资和地方自筹经费，每年用于农田水利建设的投资达到1亿元以上。此外，还从农村抽调大量劳动力修水库、平耕地搞人造平原，动工3.6万处。经过广西人民的努力，耕地面积增加、粮食增产。

1978年12月1日，国务院批转财政部《减轻农村税收负担问题的报告》，要求广西壮族自治区采取以下几项措施：①农村社队新办企业除烟、酒之外，由原规定减免工商税、所得税1—2年改为免征工商税、所得税2—3年。②社队企业工商所得税的起征点由原来的全年所得额600元改为3000元。③对边境县和民族自治县的社队企业，免征工商所得税5年。

④在粮产区凡是低产缺粮的生产队，每人平均口粮在起征点以下的，免征农业税。这一系列的优惠政策为自治区的农业增长提供了保障。

自1979年开始，我国的经济体制改革从包产到户、包干到户的家庭联产承包责任制开始推行，这也标志着农村与农业的转型。1979年，百色、河池等地方开始落实家庭联产承包责任制，这个制度的推行，让当地的生产队队员们有了更高的劳动热情，是一次能够得到广大群众认可的改革。

1984年，广西壮族自治区党委在工作会议中提出，农业生产的相关政策应该得到进一步的开放，从而推动农村经济发展。为了让农民群众对政策的稳定性更放心，自治区党委及区政府也在同年出台《关于搞活农村经济的若干规定》，进一步明确放宽土地承包年限的政策。除构建家庭联产承包责任制、细化实施环节的规定外，广西还对农村经济原本过分单一的公有制进行了改革，构建以公有制作为主要核心、多种所有制并存的新型农村经济发展态势。从1984年开始，广西农村经济的转变越来越大，同时，改革程度也越来越深，农村的产业结构进一步调整，家庭联产承包责任制逐渐从粮食生产领域延伸到林业、木业、茶业、渔业等农村经济领域。

通过推行落实家庭联产承包责任制，广西完成了新中国成立后农业领域最深刻的经济体制改革。农民在土地方面的投资积极性、务农上的劳动积极性、推动农业产业化的积极性得到了极大的改善，农业生产效率得到了很大的提升。

广西实行联产承包责任制之后，农业经济得到了一定程度的发展，但经济基础较为薄弱，粮食产量只能基本满足农民需求，在推动工业化城市化方面的作用较小，无法促进广西全区经济的发展。对农村产业结构进行改革之后，将工作重点逐渐转移到发展特色农业以及农业产业化、农产品商品化等方面，广西农业发展探索出一条适宜的发展道路。

在农业产业结构改革的过程中，广西逐步构建起一批商品粮基地与经济作物基地，将粮食种植与甘蔗生产结合起来，促进蔗糖的生产；降低山区与边境地区的粮食征购，鼓励这些地区发展林、牧、土、特产品。之后，广西立足当地实际情况，将发展特色产业作为全区经济的发展路径，并逐渐趋于规模化、产业化与商品化，农业生产经营效益不断提高，这也为促进广西全区经济发展奠定了坚实的基础。

开放是21世纪的主旋律，是加快经济发展的必由之路。2009年12月印发的《国务院关于进一步促进广西经济社会发展的若干意见》明确提出，广西要提高粮食自给率，确保粮食产销平衡，加强农业基础设施建设，推广良种良法，大力发展特色农业，发展生态农业。广西充分利用已有的基础和优势，加快发展与合作的步伐，具体措施有：①打造与东盟各国农产品交易和技术合作平台，在南宁建立中国－东盟现代农业科技园；②建设海峡两岸（广西玉林）农业合作试验区；③吸引、鼓励区外、境外资金来广西投资开发农业产业，争取更多国内外知名农产品加工企业落户广西；④扩大名、特、优、新、稀农产品以及绿色食品、有机食品的生产和出口；⑤积极引进农业先进技术、管理经验和优秀人才；⑥支持和鼓励广西区内的农业企业、农业企业集团到区外、境外建设原料生产基地和加工、流通项目。

2010年11月，广西又出台了《关于建立投融资政策措施体系支持循环经济发展的实施意见》，提出要采取各种措施，促进生态农业发展，引导农村发展绿色农业，支持发展循环型生态农业经济，促进农业发展方式的转变，促进农业生产资源的高效循环利用。2011年出台了《广西农业生态旅游产业优先发展规划大纲（2011—2015年）》，提出广西农业生态旅游景区可获得减免部分企业所得税及土地使用税等优惠。农业生态旅游景区被视作农业企业，可享受税收、用地优惠；景区从事农、林、牧、渔业项目的所得，可以减征、免征企业所得税；而景区直接用于采摘、观光的种植、养殖、饲养的土地，则可以免征土地使用税。同时提出，广西加大对农业生态旅游的资金扶持力度，自治区财政将每年安排扶持专项资金，金融部门对农业生态旅游景点景区建设予以重点支持，扶贫贷款、小额贷款将向参与农业生态旅游产业开发的农户倾斜。

### 1.3.2 工业支持政策

新中国成立后，中共广西自治区委和广西壮族自治区人民政府根据《共同纲领》和中央人民政府政务院《关于国家财政经济工作决定》，采取了一系列措施调整工商业，恢复经济发展。广西工业较为落后，生产力水平较低，1949 年，广西工业产值只占工农业总产值的 14%，比全国工业产值占工农业总产值的 30% 低 16 个百分点，生产力发展状况处于落后状态，在广西人民政府的带领下，各区积极改造原官僚资本主义企业、保护扶植私营工业的同时投资新建了梧州松脂厂、南宁机械厂、柳州机车车辆厂、百色通用机械厂、桂林机床厂、田阳农机修造厂、北海渔船修造厂等一批企业，并扩建了一些老企业。三年中全区完成基本建设投资总额 1.03 亿元。贵县糖厂、桂平糖厂、明阳糖厂、伶俐糖厂、南宁肉类加工厂、面粉厂、桂林和柳州榨油厂等农副产品加工厂以及能源产业方面的电厂（南宁电厂、黎塘电厂）、煤矿（合山煤矿、西湾煤矿），构成了新中国成立初期维持广西经济的重要地方工业。

从 1953 年开始，全国进入了“一五”计划时期，广西也和全国一样，启动社会主义工业化进程，投资了 1.5 亿元，共建设了大小工业项目 418 个，其中重点发展以农副产品为原料的轻工业和相应的能源工业。相继建设了广西第一座日榨 1500 吨甘蔗的大型糖厂——贵县糖厂、桂林松脂厂、南宁肉类联合加工厂、南宁面粉厂、桂林和柳州榨油厂、南宁电厂（2500 千瓦）等。其间，顺利完成了生产资料私有制的社会主义改造。到 1957 年，广西工业总产值比 1952 年增长 1.34 倍，年均增长 18.6%；完成工业增加值 4.91 亿元，比 1952 年增长 76.7%，年均增长 12.1%。

广西地处西南边陲，在军事上处于特殊的战略地位。从 1965 年开始，广西经济工作转向备战道路。1966 年，自治区党委确定以“进一步改变广西面貌，准备一个好战场”作为广西“三五”计划的主要任务。“三线”建设时期以经济落后的桂西北为建设中心，国家以及自治区政府在全区 64 个县、市改建和扩建成 33 个国防企事业单位，广西国防工业在这一时期比较繁荣。

从 1965 年初起，全国各地建设队伍陆续集中到“三线”地区，各种物资也源源运往内地。各省（区、市）也加快做出“三线”建设的安排。1965 年 3 月，广西计委制订《自治区 1965 年国民经济计划》，贯彻中央关于迅速建设战备后方的部署，调整经济布局，重点在桂西和桂西北地区发展工业、交通、农业和文教卫生等行业。为实现中央提出的“备战、备荒、为人民”的战略方针，广西党委决定，必须在战争爆发前，在桂西北地区建设“小三线”，以及尽快建设好桂西北地区。国家分配广西用于农业的投资，重点放在“小三线”，尽快在“小三线”建设一批稳定高产农田，要求经过3—4年的努力，能够养得起几十万军队和后方机关人员。此外，还在“小三线”地区安排筹建一批军工企业，并从城市搬迁一些日用轻化工厂到“小三线”地区去。

1981年5月，自治区人民政府工作会议指出，“企业内部实行经济责任制”要持续实行。同年7月，自治区党委、自治区人民政府发布《关于国有企业实行经济责任制的若干规定》，要求协调好国家与企业之间的关系。为贯彻扩大企业自主权与实施经营责任制的要求，在企业领导制度基础上广泛实施党委领导之下的厂长负责制，并逐步在部分企业尝试推行。

广西实施工业支持政策详见表1－7。

表1－7　广西实施工业支持政策的一览表

| 时间 | 文件名称 | 内容要点 |
|---|---|---|
| 2013年8月 | 《中共广西壮族自治区委员会、广西壮族自治区人民政府关于加快新型工业化实现跨越发展的决定》（桂发〔2013〕11号） | 加快新型工业化实现跨越发展，提出了“1131工程”和“十大行动计划”，全面推进工业的跨越式发展，明确了加大财税、金融、用地、奖励等政策支持 |
| 2012年2月 | 《关于实施抓大壮小扶微工程的意见》（桂发〔2012〕10号） | 提出了实施“千亿元企业工程”“百亿元工业企业工程”“十亿元工业企业工程”“亿元工业企业工程”“扶持微型企业发展工程”和“万家小型企业上规模工程”等，促进中小企业铺天盖地、大企业顶天立地这一蓬勃发展局面的形成。明确了在增加财政资金、引进发展扶持、创新发展奖励、企业缴税增长、优先采购、工业用地、信用担保等方面予以支持 |
| 2011年3月 | 《广西壮族自治区人民政府关于加快培育发展战略性新兴产业的意见》（桂政发〔2011〕17号） | 大力发展新一代信息技术、生物医药、先进装备制造、新能源汽车等6个战略性新兴产业，与之前提出的4个战略性新兴产业一起构成十大战略性新兴产业，明确了在财政扶持、税费减免、建设用地、信用担保、人才支撑等政策方面提供保障 |

续表

| 时间 | 文件名称 | 内容要点 |
| --- | --- | --- |
| 2009 年 12 月 | 《中共广西壮族自治区委员会、广西壮族自治区人民政府关于做大做强做优我区工业的决定》（桂发〔2009〕35 号） | 将食品、石化、汽车、有色金属、电力、机械、冶金、造纸与木材加工、建材、医药制造、电子信息、生物、纺织服装与皮革、修造船及海洋工程装备 14 个千亿元产业作为重点发展产业，并加快培育发展新材料、新能源、节能环保、海洋 4 个战略性新兴产业 |

数据来源：根据 www. gov. cn、www. gxzf. gov. cn 等政府网站搜集整理。

### 1.3.3　服务业支持政策

服务业的概念目前尚有争议，在我国国民经济核算实际工作中，将服务业视同为第三产业。改革开放前，曾经把服务部门看成不创造社会财富的非生产部门，把其比重增加看成为帝国主义腐朽性和寄生性的突出表现，把不少服务活动当作资本主义因素进行批判，长期实行服务低价制，没有把第三产业列入国家经济发展战略，从而导致中国第三产业长期发展缓慢。广西服务业的较快发展始于 2010 年，自治区党委、自治区人民政府贯彻国家一系列服务业政策文件精神，颁布实施了《中共广西委员会广西人民政府关于进一步加强服务业发展的决定》（桂发〔2010〕34 号）并配套出台了加快商品市场体系、边贸市场和“无水港”建设，加快物流业、信息服务业、旅游业、文化产业、金融业、会展业、住宿餐饮业、服务外包产业发展，培育服务业品牌，促进城乡居民消费等 13 个配套文件，将自治区关于促进广西北部湾经济区开放开发的若干政策规定中有关服务业税收优惠政策的执行范围扩大到广西。对自治区重点支持的包含旅游业在内的服务业项目，经批准可减免其地方教育附加，缴纳自用土地的城镇土地使用税、自用房产的房产税确有困难的，符合减免税条件的，可向地方税务机关申请予以减免。文件中详细阐述了广西服务业的发展基础、发展思路与目标、发展重点和布局以及政策支持和保障措施等，主要内容有：

第一，政策的制定对服务业总体和行业发展现状及中长期发展潜力进行综合考虑，提出了阶段性主要发展目标，对“十二五”期间服务业发展具有指导作用；第二，结合行业特点、区位优势、发展规划等条件提出了加快发展的主要任务和具体落实的重大项目，并对项目建设的内容及规模、完成时间等进行了部署；第三，提出了基础设施建设、增加资金投入、增强发展能力是加快服务业发展的基本条件，分别把增加基础设施投入、增强发展能力作为加快服务业发展的重要举措，把增加资金投入、扶持和培育主体发展作为加快服务业发展的主要手段；第四，提出了明确政策支持、强化保障措施、优化发展环境的迫切要求，从市场准入、财政支持、税收优惠、金融支持、土地使用、价格收费等政策措施，到加强组织领导、完善工作机制、加强人才培养等保障措施，再到营造公平公正的服务业竞争环境等方面都提出了具体要求，并进行了明确的工作部署。自治区政府及有关部门相继出台了《关于印发广西服务业发展“十二五”规划的通知》（桂发改规划〔2011〕1618 号）、《广西人民政府办公厅关于印发广西创新农村养老服务体系建设工作方案的通知》（桂政办发〔2012〕55 号）、《关于加快推进桂林国家服务业综合改革试点工作的意见》（桂政发〔2013〕15 号）、《关于加快发展家庭服务业的实施意见》（桂政发〔2013〕37 号）、《关于建设沿边金融综合改革试验区的实施意见》（桂政发〔2014〕号）、《关于做好下半年经济工作努力实现全年稳增长目标的意见》（桂政发〔2014〕46 号）、《关于促进养老服务业加快发展的实施意见》（桂政发〔2014〕56 号）、《关于促进健康服务业发展的实施意见》（桂政发〔2014〕66 号）等一系列促进服务业发展的政策性文件。这一系列政策性文件构成了加快服务业发展的政策体系基本框架，包括健全市场机制、强化基础支撑、加大财税支持、强化税费减免优惠、拓宽资金渠道、改善企业融资环境、加强项目用地保障、加大人才培养力度、深化开放合作和推动示范应用等政策措施。

### 1.3.4 旅游业支持政策

广西旅游资源丰富，有“桂林山水甲天下，广西处处是桂林”；有世界梯田之冠的龙脊梯田，洞穴众多；有“无山不洞，无洞不奇”之称。广西出台了一系列政策支持旅游业的发展，如表 1 - 8 所示。

为促进广西旅游业的发展，自治区党委、自治区人民政府陆续出台《关于加快旅游业跨越发展的决定》《关于加快旅游产业发展建设旅游强区的决定》等文件，该文件从广西旅游发展的高度，对广西旅游业在发展总体要求、发展思路、发展目标、发展规划、具体政策支持、人才建设等方面提出了具体的意见和要求，成为促进广西旅游业发展的指导性文件。制订重点旅游地区旅游发展规划方案，出台了《广西人民政府关于加快推进桂林国际旅游胜地建设的决定》《广西富民兴旅三年行动计划》《巴马长寿养生国际旅游区发展规划纲要（2013—2020 年）》《巴马长寿养生国际旅游区建设推进工作方案》《巴马长寿养生国际旅游区基础设施建设大会战行动计划（2014—2016 年）》等文件和规划方案。①

**表 1－8　广西实施旅游业支持政策一览表**

| 时间 | 文件名称 | 内容要点 |
|---|---|---|
| 2014－7 | 《关于印发加快创建广西特色旅游名县若干支持和激励政策的通知》（桂政发〔2014〕49 号） | 大力推进广西特色旅游发展。一是自治区在 2014—2017 年每年安排广西特色旅游名县创建县（市、区）各 1000 万元左右的旅游发展专项资金，主要用于支持创建县的旅游公共服务设施和重点旅游项目建设。二是自治区对经考核验收合格并获得广西特色旅游名县称号的县（市、区），通过自治区旅游发展专项资金一次性给予 2000 万元的奖励，用于进一步完善和提升地方特色旅游产业 |
| 2013－6 | 《自治区人民政府关于印发加快旅游业跨越发展若干政策的通知》（桂政发〔2013〕35 号） | 全面力促旅游产业发展。一是加大财政投入力度。二是对旅游景区升级实行奖励。三是对酒店升级给予补助。四是对新业态创建给予奖励。五是支持和鼓励通用航空企业发展高端观光旅游，对其投放符合驻留广西机场过夜条件的飞机给予适当补贴。六是加大对旅游配套设施建设的投入。七是支持和鼓励市县发展旅游产业。八是开展旅游扶贫合作试点建设 |

① 广西财政厅课题组．广西财政支持旅游产业发展政策研究［J］．经济研究参考，2016（11）．

续表

| 时间 | 文件名称 | 内容要点 |
|---|---|---|
| 2010－12 | 《广西人民政府关于加快建设旅游强区的决定》（桂政发〔2010〕92号） | 着力打造旅游强区。一是旅游企业为开发新产品、新技术、新工艺发生的研究开发费用，未形成无形资产计入当期损益的，在按照规定据实扣除的基础上，按照研究开发费用的50%加计扣除；形成无形资产的，按照无形资产成本的150%摊销。二是旅游项目开发和建设所需进口的先进技术和设备以及施工机械等，按照国家有关规定免征关税及进口环节增值税。三是对符合税法规定的旅游企业的旅游景点景区经营收入，可享受西部大开发税收优惠政策。四是对旅游企业发生的符合条件的广告费和业务宣传费支出，不超过当年销售（营业）收入15%的部分，准予扣除；超过部分，准予在以后纳税年度结转扣除。五是旅游企业招用下岗失业人员就业，符合条件的可享受下岗失业人员再就业税收优惠政策。六是鼓励旅游企业使用节能环保新设备、新工艺，对购置并实际使用符合所得税优惠目录的环保、节能节水和安全生产等专用设备的企业，允许该专用设备投资额的10%从企业应纳税额中抵免；当年不足抵免的，可在以后5个纳税年度结转抵免。七是博物馆、纪念馆、展览馆、文物保护单位管理机构等举办文化活动的门票收入、宗教场所举办文化宗教活动的门票收入，免征营业税 |
| 2010－12 | 《广西人民政府关于促进特色名镇名村发展的意见》（桂政发〔2010〕84号） | 促进广西特色名镇名村旅游发展。是在特色名镇名村投资兴办旅游等企业，符合政策条件的均可享受西部大开发等税收优惠政策。二是投资者在特色名镇名村投资开发建设，对确有困难的旅游企业（含景区、饭店、旅行社），按税收管理权限报经批准后予以免征房产税 |

数据来源：根据 www. gov. cn、www. gxzf. gov. cn 等政府网站搜集整理。

2014年6月，经自治区扶贫办和旅游发展委员会研究，将上林、三江、龙胜、灌阳、蒙山、巴马、凤山、昭平、金秀和大新10个县列入旅游扶贫试点县，对每个县给予200万元专项扶贫资金，用于整体推进全县旅游产业发展，不局限于或只针对试点项目。

## 1.4 对外开放支持政策

改革开放以来，广西高度重视对外开放，先后发布了一系列政策文件，包括：《广西关于进一步推进对外开放工作的若干措施》（桂政发

〔1991〕44 号)、《广西北部湾经济区发展规划》（2008 年获批，2014 年修订)、《中共广西委员会广西人民政府关于实施开放带动战略全面提升开放发展水平的决定》（桂政办发〔2016〕13 号)、《广西人民政府关于支持沿边重点地区开发开放的实施意见》（桂政发〔2016〕52 号)、《广西扩大开放合作和促进开放型经济发展“十三五”规划》（桂政办发〔2017〕14 号)、《广西沿边地区开发开放“十三五”规划的通知》（桂政办发〔2017〕15 号)、《广西人民政府关于扩大对外开放积极利用外资的实施意见》（桂政发〔2017〕60 号)、《广西北部湾经济区升级发展行动计划》（桂政办发〔2018〕8 号）等。

为深入贯彻落实党的十五大精神和自治区党委七届四次全会确定的开放带动战略决策，进一步扩大对外开放，1991 年，中共广西委员会、广西人民政府根据党中央关于扩大对外开放的指示精神，结合广西的实际，发文《广西关于进一步推进对外开放工作的若干措施》。主要从十个方面对广西进一步推进对外开放工作提出要求，包括：进一步解放思想，增强开放意识，深化外贸体制改革，扩大出口创汇，要把利用外贸纳入国民经济和社会发展规划，使利用外资工作按计划有步骤多层次的开展，要着重抓好开放城市和经济开放区的建设，带动全区的对外开放工作，进一步改善投资环境，为外商投资创造良好的条件，大力发展国际经济技术合作，加强同国外的经济技术交流，积极发展旅游业，开放带动旅游，旅游促进开放，改进工作，加快办理出国人员审批手续，提高涉外经济干部素质，加强对外开放工作的领导。

《广西北部湾经济区发展规划》的实施，加快推进了北部湾经济区开放开发。2014 年，根据广西北部湾地区发展实际情况，经国家发展改革委同意，对《广西北部湾经济区发展规划》的相关内容进行了修订。

2016 年 6 月 22 日，《中共广西委员会广西人民政府关于实施开放带动战略全面提升开放发展水平的决定》及相关配套文件出台。作为广西全区开放发展的纲领性文件，该决定是新时期广西开放发展总部署、总蓝图，涉及广西开放发展的方方面面，内容丰富，一共五十条，可以概括为“一个目标、二个布局、七个重点、六项保障”。

2017年，广西人民政府根据《广西国民经济和社会发展第十三个五年规划纲要》和《中共广西委员会广西人民政府关于实施开放带动战略全面提升开放发展水平的决定》，印发《广西扩大开放合作和促进开放型经济发展“十三五”规划》，该规划主要阐明“十三五”时期广西开放发展的总体要求、主要任务和重大举措，是指导“十三五”时期全区开放型经济建设的行动指南。

新时期党中央赋予广西的“三大定位”新使命使广西在国家发展格局中的地位得到进一步提升，为广西的对外开放带来了多重发展机遇。“十二五”时期，全区对内对外开放合作进一步加强，开放型经济发展取得明显成效，对经济社会发展的贡献更加显著，为“十三五”进一步扩大开放合作、发展更高水平的开放型经济奠定了坚实基础。但广西开放型经济体制并不完善，行政体制改革有待深入，扩大沿边开发开放、深化次区域合作的机制有待建立和完善。“十三五”时期，广西开放战略和政策设计应立足于新环境、新趋势、新要求，发挥优势、改革创新，牢牢把握发展机遇，积极化解问题与挑战，努力培育开放合作竞争新优势。

2017年还发布了《广西沿边地区开发开放“十三五”规划》，规划明确了“十三五”时期沿边地区的发展目标和空间布局。发展目标确定为：到2020年，广西沿边地区经济社会发展再上新台阶，成为对东盟开放合作的前沿和国家沿边开发开放模式的示范。空间布局方面，以防城港市、东兴市等沿边重点地区为开放枢纽，依托南宁、钦州、北海、百色等城市，积极建设面向越南的边海联动经济合作带，逐步形成海陆联动、共同发展的边境地区开放空间布局。

为深入贯彻落实《国务院关于扩大对外开放积极利用外资若干措施的通知》（国发〔2017〕5号）和《中共广西委员会广西人民政府关于实施开放带动战略全面提升开放发展水平的决定》（桂发〔2016〕13号），进一步做好全区利用外资工作，创造更加开放、便利、透明的营商环境，2017年，《广西壮族自治区人民政府关于扩大对外开放积极利用外资的实施意见》印发实施。该实施意见在扩大对外开放、创造公平竞争环境、加强吸引外资工作、强化工作保障等方面提出了优惠政策，为广西营造了更加开放、便利、透明的投资环境。

2018 年《广西北部湾经济区升级发展行动计划》编制并实施。其主要提出了规划建设、开放型经济、发展动能、产业发展、基础设施、同城化六个升级版的总体思路和具体任务。规划建设升级的重点是开展新型专项规划编制与系列规划研究、建设数字规划中心和重大项目三维可视化系统。开放型经济升级的重点是转变贸易发展方式、建设重点实验平台和区域性国际要素资源集散平台。发展动能升级的重点是深化港口建设和经营改革、深化投融资体制改革和构建区域特色创新体系。产业发展升级的重点是打造六大“千亿级”产业集群、实施新兴产业倍增计划和现代服务业集聚区建设计划。基础设施升级的重点是推进北部湾区域性国际航运中心规划建设，轻轨、跨境铁路、公路和北向高铁建设。同城化升级的重点是实施同城化纵深发展工程，在现有同城化基础上，在多个领域推进同城化纵深发展，打造北部湾国家级沿海城市群。

## 1.5　西部大开发的支持政策

西部大开发作为一项国家长期性的战略，既是面向未来的，同时也是相当艰巨的。兴边富民行动是我国西部大开发战略中非常重要的一个支点。兴边富民行动不仅在时间进程上和西部大开发战略一致，其自身也是一个具有连续性的进程。

### 1.5.1　“十五”时期支持政策

第十个五年计划期间（2001—2005 年），正是西部大开发战略的开局之时，当时，国务院已经把西部大开发战略规划作为“十五”计划国家重点规划之一。广西为贯彻落实国家西部大开发战略，提出了“三五五”总体思路：即遵循“三大原则”、做好“五篇文章”、采取“五大措施”。

把握“三大原则”。一是遵循市场经济规律和依靠科技进步原则，用新思路、新办法来推动西部大开发；二是遵循“一切从广西实际出发”原则，充分发挥广西自身的优势，建设特色经济；三是遵循广大群众广泛参与的原则。

做好“五篇文章”。一是做好水的文章，即防止水患，把西江流域的防洪工程和沿海的海防工程建设好；广建水库、地头水柜，打井提水，解决抗旱的问题，充分利用水力资源发电。二是做好路的文章，即进一步完善已初步形成的西南出海通道框架，打通广西出省、出海、出边的便捷联系通道；建设好广西区内的公路网络；把钦州、防城港、北海等港口建设好。三是做好生态环境保护的文章，即大石山区要退耕还林，千方百计种树、种竹、种草；沿江河、沿路造林，形成绿色通道。四是做好产业结构调整的文章，即要发挥优势，变潜在的资源优势为现实的生产力，发展自己的特色经济。根据广西五大经济区发展规划，以海洋和港口产业、高新技术为主导，建设好桂南沿海经济区；以工业为主导，建设好桂中经济区；以旅游、农林业为主导，建设好桂北经济区；以现代农业、乡镇企业为主导，建设好桂东经济区；以种养业和矿产业为主导，建设好桂西经济区。这五个经济区相互涵盖、各具特色，形成广西的特色经济。从产业内部来说，第一产业要获得进一步发展，在抓好粮食稳定增长的基础上，需要进一步提高种植业的品质和科技含量，同时要大力发展养殖业以及加工业；第二产业要调整优化结构，在改造、提高现有传统工业的基础上，努力发展高新技术产业；第三产业要大力发展，重点是发展旅游、运输、商贸和信息、金融业，使第一、第二、第三产业形成一个比较协调的比例。五是做好科技开发和人才培养的文章，即通过技术创新和产品创新，实现科技与经济的结合。要在抓好普通教育的基础上，大力发展职业技术教育和高等教育，同时加快发展民族教育。

采取“五大措施”。一是要通过全区的广泛宣传教育，进一步转变“等、靠、要”的思想，把干部、群众的思想认识统一到中央的精神上来，充分调动各方面的积极性。破除陈旧观念，树立对外对内大开发的观念，按照“三个有利于”的原则，以资源换项目，以市场换技术，以产权换资金，以存量换增量，把广大干部群众的思想统一到中央关于实施西部大开发的战略上来。二是搞好调查研究，结合广西实际做好科学规划，坚决避免重复建设和防止泡沫经济，有计划、有步骤地向前推进。三是要大力推进对外开放，在开放中寻求更大发展。努力创造一种能够融入全国经济和世界经济的氛围，广泛吸纳区外、国外、境外的资金、技术、人才到广西来参与开发。四是要走务实之路。从当前正在抓的事情抓起，尤其要抓好广大群众能够参与、投资不太大、见效比较快、效益比较好的事情。五是要加强领导，强化责任，切实抓出实效来。

在“三五五”总体思路指导下，广西提出了以下几方面的初步构想。

（1）进一步加强交通基础设施建设，形成高效畅通的西南出海大通道。改革开放以来，特别是“八五”时期以来，广西认真贯彻落实中央关于“要充分发挥广西作为西南地区出海通道的作用”的重大决策，抓住机遇，增加投入，大力发展，使广西以交通为重点的基础设施建设得到快速发展，到1998年，铁路通车里程已达2750千米（含地方铁路767千米）；公路总里程51073千米，其中高速公路439千米，一级公路389千米，二级公路2107千米，三级公路16741千米，四级公路23643千米，等外公路7754千米，已形成通往工厂矿山、港口码头、旅游景点和连通广西各地市县干线的“七射一环”公路网；建成以防城、北海、钦州港为重点的沿海港口50多个泊位，其中万吨级以上泊位16个；内河航运通航里程4521千米，其中三级航道392千米、六级航道1702千米、七级航道943千米、等外航道1484千米；建成航空机场5个，拥有航线109条，其中国内航线99条、地区航线5条、际航线5条，通航里程8197万千米，班机可达国内34个城市和香港、澳门地区以及日本福冈、泰国曼谷和越南河内、胡志明市等。

广西交通基础设施虽然有了较大提高，但总体水平还不高，综合交通运输能力、路网结构和运输体系还不能适应经济发展的要求，与中央提出广西要充分发挥作为西南地区出海通道作用的要求还有很大差距，因此，“十五”期间，结合国家实施西部大开发战略，广西继续围绕建设和完善西南地区出海大通道，进一步加强铁路、公路、港口、机场等方面的基础设施建设，尽快形成全区多种运输方式和合理布局的现代交通体系。重点抓好水任经都安至南宁、南宁至友谊关、南宁至梧州、桂林至梧州、南宁经百色至昆明五条高速公路建设；根据国家铁路网规划，重点加快洛阳至湛江广西境内432千米、四川隆昌至百色广西境内160千米、贵阳经广西至珠海广西境内500千米三条铁路路段的建设；以建设大型现代化组合港为目标，严格按照区域规划所确定的港口功能分工，加快防城港、北海港、钦州港的建设；适时改造和提高桂林、南宁、北海三个骨干机场等级，增加航线，扩大吞吐量，充分发挥航空港的作用。

此外，加强了水利基础设施建设。重点抓好百色水利枢纽工程、桂西北山区地头水柜集雨灌溉工程、大型水库灌溉区完善配套工程、珠江水系城市防洪工程、水土保持工程、节水灌溉工程、乡镇供饮用水工程、重点海河加固整治工程、西江流域重点河段防洪工程以及桂中旱片综合治理工程十大水利基础设施工程建设。

（2）加强生态建设和环境建设，形成南亚热带生态经济示范区。国家在实施西部大开发战略中把生态环境保护和建设作为一项突出任务来抓。广西的山地丘陵面积占全区土地总面积的68.30%，在过去的几十年间，广西对生态环境保护和建设做了许多工作，取得了一定的成绩。到1998年，广西仅森林面积一项就达8173公顷，森林覆盖率达39.26%，但是，由于思想认识不足，法制观念淡薄，人为损坏甚为严重，加上投入偏少，致使生态环境尤其是大石山区生态环境和生活环境仍然处于较为恶劣的状态，生态环境保护和建设任务非常繁重。广西实施西部大开发战略，要把生态环境保护和建设作为一项迫切而长期的任务来抓。在西部大开发领导小组的带领下，组织有关领导、专家，有计划、有重点地深入调查，了解情况，在取得第一手资料的基础上，根据广西生态环境的分布状况和特点，做好专项规划，明确哪些是需要加强保护的，哪些是需要重点建设的，以及相应的保护措施和重点建设的规划、措施等。这一范围应包括以下几个方面：重点加强珠江流域、长江中上游广西防护林建设，大石山区石漠化治理和沿海及海洋生态环境治理；发展生态农业、生态城市尤其是重点加强桂林、南宁、北海三个城市的生态建设；对天然林、自然保护区加以重点保护和建设；加快以交通主干线两侧造林绿化为主的绿化工程建设；抓好水土流失严重的小流域综合治理等，并把生态环境保护和建设与扶贫开发有机结合起来。

（3）调整优化产业结构，加快优势资源开发，培育新的支柱产业，建设富有竞争力的广西特色经济。

农业产业结构调整。一方面，决不放松粮食生产，保证粮食产量在逐年有所上升的基础上，发展多种经营。充分利用广西具有南亚热带农林资源和海洋资源丰富的优势，大力发展具有广西特色的优质水稻、良种甘蔗、南亚热带水果、反季蔬菜、南国花卉、良种畜禽、海水名特优产品养殖和南亚热带林产品等，使之建设成为全国重要的南亚热带特色林农产品生产基地和外向型农业出口创汇基地。另一方面，充分利用广西现有基础及南亚热带农林产品和海洋水产品丰富的优势，发展具有地方特色的绿色食品加工业，重点发展市场容量大、经济效益好的果蔬、粮油、海产品等系列产品，使食品工业成为广西重要的支柱产业。

工业产业结构调整。一是利用高新技术改造传统产业。广西的传统产业包括机械、水泥、制糖工业等。通过注入资金，引进先进技术，进行技术改造，提高产品的科技含量使产品上档次、上水平，增加市场占有份额，发挥支柱产业的经济效益。二是大力发展高新技术产业。重点发展电子信息、生物工程、新材料、精细化工、机电一体化产业。抓好南宁、桂林和柳州 3 个属于国家和自治区高新技术产业开发区的建设，推进工业结构优化升级。三是加快以水电为主的电力工业建设。广西水能资源丰富，可开发蕴藏量为 160912 万千瓦，水电资源主要集中在红水河，可开发量约 1303 万千瓦，规划建设 10 座梯级电站。改革开放以来，特别是“八五”时期以来，广西电力建设坚持以“水电为主”的方针，到 1998 年，红水河规划建设的 10 座梯级电站建成、部分建成和在建的仅有 6 座，电力开发量仅占可开发量的 20% 左右。广西要抓住西部大开发的机遇，加快广西水电资源的开发利用，特别是龙滩水电站，被列为国家西部大开发的十大标志性工程之一，要在“十五”规划期间开工建设，广西要做好开工前的各项准备工作，同时，继续做好开发恶滩、平班等梯级电站的建设，尽早实现广西成为国家“西电东送”的重要基地。四是重点开发以铝电结合为主的有色金属业。广西铝土矿资源十分丰富，加上富足的电力资源，为广西加快发展铝工业提供足够的基础条件。在西部大开发中，结合区域经济规划，在百色、沿海工业园区分别建设大型氧化铝、大型电解铝和铝材加工项目；争取在“十五”期间，开工建设平果铝二期工程。到2010年，使广西形成氧化铝24万吨，电解铝120万吨、铝材加工30万吨的生产能力，成为我国最大的铝业生产基地。五是发展林纸结合工业。广西具备发展造纸的优越自然条件，光、雨、土等自然要素适合造纸速生丰产林的生长，且蔗渣、毛竹等其他造纸资源也很丰富。根据有关部门的测算，全区用材林主要树种蓄积量为20575万立方米，每年可供砍伐林木为400多万立方米，尚有6000万亩宜林荒地，其中60%适合发展速生丰产林，造纸工业具有较好的基础。要充分利用这些条件，扩大南宁造纸厂生产能力，新建大型钦州纸浆厂，到2015年，形成全区年产纸浆488万吨、机制纸和纸板650万吨的能力。六是发展海洋天然气利用业。广西地处江南大陆南沿，陆相沉积岩分布广，有古生代、中生代的沉积地，有机质含量丰富；南海地区具有含油气地质结构，北部湾海域涠洲岛附近油田有伴生气存在，北海市西南浅海海域也发现一定的天然气储量。有专家测算，南海地区天然气储量达5.3万亿立方米，约占全国天然气储量的14%。中国海洋石油南海西部公司计划在该地区形成年产200亿立方米天然气的生产能力，目前已形成年产量30亿立方米的生产能力。丰富的海洋天然气资源，为广西发展海洋天然气利用业提供了基础条件。在实施西部大开发战略中，要按照广西区域规划布局，在桂南沿海经济区发展海洋天然气化工业，扭转广西长期依赖进口化工产品的局面。

第三产业结构调整。“十五”期间，广西在推动实施西部大开发战略的进程中，除了加快发展现代商贸业、交通运输业、信息业、金融中介服务业外，重点突出发展旅游产业，使旅游业发展成为带动第三产业发展的龙头。

广西旅游业资源丰富独特，桂林的山水、北海的银滩、宁明的花山壁画、广西的少数民族风情，融自然、社会和历史文化于一体。其旅游资源分布广泛，等级和品位不俗，为广西旅游业发展提供了坚实的基础。在实施西部大开发战略中，广西要按照旅游“四区一带一龙头”的总体布局，充分利用和发挥桂林高知名度的龙头和辐射作用，推动桂林—柳州—南宁—北海—防城港黄金旅游带的发展，逐步建成桂北、桂中、桂东、桂西四大旅游区。将桂林的客源引到柳州、南宁、北海、防城港等城市，实现南北对接，东西互联，形成全区旅游业整体发展的格局和态势。为此，“十五”期间，重点建设五条旅游线：一是以桂林山水风光为主，壮族、瑶族、苗族、侗族民族风情与历史文化景观相结合的桂林（阳朔）—灵川—兴安—资源—龙胜—三江—融水—柳州的桂林山水民俗旅游线；二是以自治区首府南宁壮族历史文化风情和中越边境风貌相结合的南宁—崇左—宁明—凭祥—龙州—大新—隆安的南国边关风情旅游线；三是以南亚热带滨海风光和跨国旅游相结合的南宁—防城港—东兴—钦州—北海（含北海至越南下龙湾）的环北部湾滨海边境旅游线；四是以历史古迹、风景名胜、宗教文化和侨乡风貌相结合的南宁—桂平—梧州的桂东历史文化宗教名胜旅游线；五是以南昆铁路奇山秀水生态自然景观和壮族、苗族、瑶族、彝族等民族风情以及高科技铁路建设工程奇观相结合的南宁—百色—兴义（贵州）—石林（云南）—昆明（云南）的南昆铁路奇山秀水生态风情旅游线。到“十五”期末，初步形成广西旅游产业“四区一带一龙头”的总体布局，成为我国南方和港澳台地区的重要旅游目的地，基本形成国际旅游、国内旅游和边境旅游的三大旅游格局，旅游业初步成为广西的支柱产业和第三产业的龙头，旅游收入占当年全区生产总值的10%左右。

### 1.5.2　“十一五”时期支持政策

“十一五”时期至2020年是广西加快发展的重要机遇期，尤其是随着中国－东盟自由贸易区建立步伐的加快、“泛珠三角”（9+2）区域合作的推进，以及中国－东盟博览会永久落户南宁，广西成为我国对外开放的重要前沿，进一步凸显了广西沿海、沿边和连接华南、西南、东盟的独特区位优势，给广西带来了进一步扩大开放、加速经济发展的良好机遇。“十一五”期间，广西进一步支持国家西部大开发战略，加强和完善广西基础设施建设，进而推动广西经济社会的快速发展。

广西"十一五"规划纲要报告中提出了"十一五"时期广西经济社会发展的主要任务。这些任务包括富裕广西、文化广西、生态广西、平安广西建设的各个方面。推进富裕广西、文化广西、生态广西、平安广西建设，是结合广西实际、落实科学发展观和构建和谐社会战略思想的重要实践，是加快富民兴桂新跨越步伐、全面建设小康社会的具体行动。"四个广西"建设既是"十一五"规划的主要内容，也是广西实施西部大开发战略的主要任务，必须通过"十一五"规划纲要的制定和实施，确保"四个广西"建设在"十一五"时期取得重要进展，推进广西的西部大开发战略实施进程。

（1）坚持发展主题，着力推进"富裕广西"建设。

加快经济发展，创造更多的物质财富，是解决"十一五"期间广西各种困难和问题、不断提高人民群众物质文化生活水平的基础和前提。推进富裕广西建设，要切实抓好以下几个方面。

调整优化产业结构。继续巩固加强农业基础地位，推进工业化进程，迅速提升第三产业，促进产业结构优化升级。一是建设社会主义新农村。以增强农业综合生产能力和促进农民增收为核心，按照"生产发展、生活宽裕、乡风文明、村容整洁、管理民主"的要求，扎实稳步推进新农村建设。大力发展现代农业和农业产业化经营，在确保粮食稳定增长的前提下，加快农业结构调整，发展优势特色农林牧渔产品，推进农业优势产业发展，大力发展农产品加工业，重点培育一批龙头企业，健全农业科技示范推广应用体系，建立健全农业服务体系，提高农业服务保障能力。突出抓好农村道路、水利、能源、教育、卫生等基础设施和公共设施建设，改善农村生产生活条件和整体面貌。在引导和鼓励农民发展生产增加收入的同时，加大农村劳动力职业技能培训力度，加快农村劳动力转移就业步伐，继续施行对农民的各项直接补贴政策，进一步减轻农民负担，千方百计增加农民收入。积极推进以乡镇机构、农村义务教育和县乡财政体制改革为主要内容的农村综合改革，不断增强农业和农村发展活力。二是全面实施工业兴桂战略。加速推进工业化，强化工业主导地位。大力发展资源型工业和现代制造业，着力抓好制糖、铝工业、汽车和工程机械、钢铁、石化、建材、林浆纸、锰业、医药、食品等优势产业。大力发展产业集群，形成产业聚集辐射效应。集中力量在优势产业和重点行业中培育出更多的强优企业和知名品牌。广泛运用高新技术和先进实用技术改造传统制造业，增强优势制造业的自主创新能力。大力开发高新技术，加强自主知识产权核心技术的开发应用，力求在生物、新材料、新能源、电子信息、环保、现代中医药等高新技术产业取得突破，充分发挥高新技术开发区的孵化、辐射和带动作用，促进工业优化升级。根据各市区位优势、资源优势和产业基础，推进各类工业园区建设，特别是加强国家和自治区级工业园区建设，促使其成为现代工业的聚集区。继续优化工业布局，加快南北钦防沿海地区工业发展，构筑桂林高新技术产业基地，壮大柳州老工业基地，培育建设百色铝工业基地、河池有色金属工业基地、崇左和来宾锰工业基地，加快梧州、贺州承接东部产业转移基地建设，推进玉贵走廊工业发展。重视矿产资源的勘探，为发展提供有力的资源支撑。三是大力发展服务业。适应经济社会发展的需要，提高服务业产业档次和现代化水平，努力把服务业培育成为广西经济的新增长点。以全面启动和实施建设旅游强省战略为突破口，做大做强旅游业。以建设区域性国际物流和商贸中心为目标，大力发展现代物流。坚持市场化、产业化和社会化方向，加快发展房地产、会展、金融、保险、信息等服务业。特别是充分利用中国－东盟博览会平台，带动南宁、桂林、玉林等有条件的城市发展特色会展产业和会展经济。

加强基础设施建设。“十一五”期间，要按照完善设施、构建网络、健全体系、发挥能力的要求，加大交通、能源、水利等方面建设力度，保持基础设施总体水平适度超前，支持广西经济社会更快更好的发展。一是加强交通建设。围绕发挥西南出海大通道重要作用、建设连接东盟国际大通道和加快推进泛珠三角区域合作的总体发展目标，进一步加强公路、铁路、沿海港口、内河航运、民航等建设，做好各种运输方式衔接，构建便捷、通畅、高效、安全的综合交通运输体系。重点加快建设广西重要经济干线和出省通边公路，基本形成高速公路主骨架。加快建设洛湛铁路广西段等新线铁路，扩能改造干线铁路和沿海铁路等既有铁路线，提高铁路运输能力。以建设亿吨级大型组合港为目标，促进沿海港口向大型化、专业化方向发展。改扩建南宁机场和桂林机场，完善配套设施，增加国内国际航线，使其建设成为国际区域性枢纽机场。二是加强能源建设。进一步加快电力建设，加快发展水电，深度开发利用水能资源，同时继续发展火电，调整水火电结构，扩大装机规模。加强新能源开发与合作，鼓励企业合作开发煤炭、电力等项目，加强可再生能源开发利用。进一步加强电网建设。三是加强水利建设。以提高防洪抗旱能力为重点，加强水利工程设施建设。围绕工业发展和城市供水的需求，加强供水水源工程建设。

对统筹推进重大项目建设提出了更明确的要求。强调要进一步完善投资项目建设工作机制。多方式、多渠道筹措项目建设资金，尤其要重视发挥非公有资本拉动投资的作用。继续坚持自治区统筹推进重大项目建设制度，对关系全局、重点领域和薄弱环节的重大项目，由政府统筹规划和布局并主导建设，纳入国家或自治区重点项目管理，在投融资政策、项目用地、建设保障等方面予以倾斜。加强重大项目建设跟踪管理，强化重大项目稽查和财政、审计监督。完善目标责任制和项目选择、滚动、责任、激励的工作机制，形成“开工一批、在建一批、投产一批、储备一批”的项目建设格局。

推进区域和城乡协调发展。这是发挥区域经济优势、实现优势互补、加快城镇化进程、推动以城带乡发展的必然要求。要以北部湾（广西）经济区开发为龙头，以中心城市发展为重点，以县域经济发展为支撑，形成沿海地区、中心城市、县域经济相互促进、竞相发展的区域经济新格局。一是推进北部湾（广西）经济区全面开发。科学编制南北钦防城市群发展规划，高起点编制北部湾经济区区域发展规划，争取把该区域开发纳入国家重点区域发展规划。以港口建设为中心，进一步完善铁路、公路、供水、供电等基础设施。抓好沿海产业布局，加快培育发展沿海能源、林浆纸、石化、钢铁、修造船等现代工业和现代物流等产业。综合开发利用和保护海洋资源，大力发展海洋经济。制定实施支持北部湾经济区招商引资、引进高素质人才和先进技术、发展科技教育等方面的配套政策。完善区域经济发展机制，统筹其他经济区发展，鼓励和引导桂中、桂北、桂东、桂西经济区充分挖掘潜力和发挥优势，积极发展主导产业和特色经济。二是加快推进城镇化。坚持走大中小城市和小城镇协调发展的道路，突出发展大中城市，集约发展县城和小城镇，培育形成城市群和城镇带。优先发展南宁、柳州、桂林等基础和条件比较好的城市，尤其要适应举办中国－东盟博览会的需要，加快把南宁建成现代化国际性城市。统筹抓好其他地级市的建设，使地级市向中心城市发展。进一步抓好城市规划，城市基础设施建设和城市经营管理，优化人居环境，增强综合竞争力和辐射带动能力。三是做大做强县域经济。大力发展县域个体、私营等非公有制经济，扶持发展县域中小企业，壮大县域经济主体。在主要农产品生产基地和特色资源富集地，建立农产品加工体系和优势资源型工业体系，培育优势企业和名牌产品，集中力量建设县域城镇工业集中区，引导各类项目和乡村工业向工业区集聚，加快县域工业发展。加快农村劳动力向非农产业和城镇转移，发展劳务经济。切实加强县城和重点镇建设，提高承载能力，扩大县城人口规模，鼓励和引导外出务工人员到县城居住和就业。完善县域经济发展考核、激励机制，培育发展一批特色鲜明、发展势头好、增长后劲足的经济强县（市）。

（2）坚持协调发展，着力推进“文化广西”建设。

文化是社会发展的精神动力和智力支持，对增强综合竞争力和促进经济社会发展具有重要作用。推进“文化广西”建设是构建“和谐广西”的重要内容。《“十一五”规划纲要（草案）》提出，建设“文化广西”，要牢牢把握先进文化的前进方向，发展社会主义先进文化，加强社会主义精神文明建设，全面繁荣文化事业，培育壮大文化产业。

加强社会主义精神文明建设。这是建设“文化广西”的核心内容。《“十一五”规划纲要（草案）》强调，必须强化理论武装，坚持和巩固马列主义、毛泽东思想、邓小平理论和“三个代表”重要思想在意识形态领域的指导地位。加强理想信念教育、思想政治工作和民族政策教育，大力弘扬以爱国主义为核心的民族精神和以改革创新为核心的时代精神，加强社会主义思想道德建设，特别是未成年人思想道德教育，在全社会倡导爱国守法、明礼诚信、团结友善、勤俭自强、敬业奉献的基本道德规范，增强民族凝聚力和创造力，使全区人民始终保持昂扬向上的精神状态。积极开展形式多样、生动活泼的群众性精神文明创建活动，倡导科学、健康、文明的生活方式，大力塑造改革开放、文明礼貌、办事认真、奋勇争先的广西新形象。大力发展哲学社会科学，构建具有广西特色的社会科学学科体系。

加强文化建设。加大政府对文化事业的投入，形成覆盖全社会的比较完备的公共文化服务体系。繁荣新闻出版、广播影视、文化艺术，加强文艺创作，建设高素质队伍，创作更多体现时代精神、具有地方和民族特色的优秀文化产品和艺术精品，培育和开发文化品牌。广泛开展群众性文化活动，丰富人民群众精神文化生活。积极引进世界优秀文化成果和管理经验，开展对外文化交流合作，开拓以东盟国家为重点的国际文化市场。深化文化体制改革。建立健全文化管理体制和文化产品生产经营机制。完善文化产业政策，培育文化市场主体，优化文化资源配置，加快组建文化产业集团。切实做好民族民间传统文化的普查、发掘、抢救、开发利用和重点文物保护工作。大力开展全民健身活动，进一步提高优势竞技体育运动水平，积极发展体育产业。

加强文化设施建设。文化设施是丰富群众文化生活、展示特色与形象、促进文化发展的重要平台和基础。加快构建以中心城市为主干、覆盖城乡、功能完善的文化设施网络，完善县市、社区和乡镇村文化设施体系。突出抓好基层文化馆（站）、图书馆、广播电视等公益性文化设施建设，在大中城市建设一批重大文化设施。整合文化设施资源，充分发挥现有文化设施的效用。

（3）坚持可持续发展，着力推进“生态广西”建设。

建设“生态广西”，是转变发展观念、创新发展模式、提高发展质量的根本要求。必须大力发展循环经济，提高生态环境质量，促进经济发展与人口、资源、环境相协调。要坚持节约资源、环境保护等基本国策，大力推进生态广西建设。

节约利用资源。推广节能节水节地节材，加强资源综合利用，完善再生资源回收利用体系，全面推行节约型增长方式。抓好一批重点行业和高耗能企业的节能技术改造，鼓励并推广使用高效节能产品，建立健全节能管理制度和技术标准化体系。推广使用节水设备和节水工艺技术，推进污水再生利用。严格执行耕地保护制度。发展节能省地型公共建筑和住宅。推广使用低耗材的新产品和替代产品。推进资源循环利用体系建设，在重点行业、领域、产业园区和城市开展循环经济试点。加强对各种自然资源的保护和管理，健全资源有偿使用制度，促进资源有限、有序、有偿开发。

加强环境和生态保护。以综合防治工业污染、农业农村环境污染和城市污染为重点，切实改善环境质量，确保环境安全。加强对重点流域、区域和重点企业的污染防治力度，优先保护好饮用水源。建设一批环保重大工程，重点提高城市生活垃圾无害化处理率。加大环境保护执法力度，提高环境监管能力。大力发展环保产业。加大对重点生态公益林和自然保护区、湿地生态系统的保护、建设和管理力度。依法保护野生动植物，加强生物物种资源和生物安全管理，防止外来有害物种入侵。推进植树造林、封山育林、退耕还林等生态建设和石漠化治理重点工程，加强对重大地质灾害区的生态恢复和治理。鼓励和支持有条件的城市开展生态示范试点工作，打造绿色人居环境。

（4）坚持以人为本，着力推进“平安广西”建设。

加快“平安广西”建设，促进社会和谐稳定，是构建“和谐广西”的重要保证。“十一五”期间，广西要推进“平安广西”建设，必须加强公共服务，努力提高人民群众生活水平，全面推进依法治桂。

强化公共服务。这是政府协调各方面利益关系，促进社会公平和正义，维护社会秩序和社会稳定的重要手段和途径。一是加强公共卫生服务。建立健全突发公共卫生事件应急机制，提高疾病预防与控制、医疗救治和应急救助能力。重点改善农村医疗卫生机构条件，大力发展社区卫生服务。严格预防和控制艾滋病、结核病、乙型肝炎等重大传染病及“非典”、禽流感等新发传染病的传播。加强妇幼卫生保障。保护和发展中医药。深化医疗卫生体制改革，加快公立医疗机构改革，加强对医疗卫生服务质量、药品市场和食品卫生安全的监管。二是健全社会保障体系。加快建立健全分层次、广覆盖的社会保障体系。扩大城镇企业职工基本养老保险覆盖范围，逐步做实个人账户。推进机关事业单位养老保险制度改革。扩大城镇职工基本医疗保险覆盖范围，健全多层次的医疗保障体系。分类逐步解决进城务工人员社会保障问题。建立和完善城市居民最低生活保障制度。加强乡镇敬老院和五保村规划建设。建立城乡医疗救助体系，完善救助制度。落实双拥优抚安置政策。关心支持残疾人事业。三是强化应急体系建设。建立健全自然灾害、事故灾难、公共卫生和社会安全事件等应急管理体系。完善重特大事故应急预案体系，健全重特大自然灾害发生后的社会动员机制，提高处置突发公共事件能力。建立完善安全生产应急管理体制机制，提高重特大安全生产事故应急救援能力。落实安全生产责任制，强化企业安全生产主体责任，严格安全生产行政执法，保障人民群众的生命财产安全。

努力提高人民群众生活水平。坚持把人民群众利益放在首位，更加注重改善民生，让人民群众共享改革开放成果，逐步提高人民群众生活水平，是一切工作的根本出发点和落脚点。一是千方百计扩大就业。强化政府促进就业的责任，坚持实施积极的就业政策。大力发展劳动密集型产业和中小企业，增加就业岗位。建立和完善就业援助制度，健全就业服务体系。加强职业技能培训和创业培训。二是合理调节收入分配。建立与经济发展相适应的收入增长机制，增加城乡居民收入。规范收入分配秩序，加大调节收入分配的力度。在经济发展的基础上逐步提高最低生活保障和最低工资标准。三是扩大消费。引导城乡居民合理消费，促进消费结构升级。完善消费政策，培育消费热点。进一步开拓城乡消费市场，形成健康文明、节约资源的消费方式。整顿和规范市场秩序，保护消费者合法权益。

（5）坚持体制机制创新，确保“和谐广西”建设。

顺利推进完成“十一五”目标任务，推进“富裕广西”“文化广西”“生态广西”“平安广西”建设，构建“和谐广西”，是一项艰巨的历史性任务。广西应该继续深化改革、扩大开放，为经济发展注入活力、拓展空间；深入实施科教兴桂、人才强桂战略，为顺利实施“十一五”规划提供支撑和保障。

深化体制改革。按照完善社会主义市场经济体制的要求，在若干重要领域和关键环节的改革上实现新的突破。一是深化行政管理体制改革。加快政府职能转变，优化组织结构，减少和规范行政审批，提高行政效率，降低行政成本。二是深化经济体制改革。加快国有大中型企业股份制改革，完善法人治理结构，建立现代企业制度，推进产权多元化。加大国有企业重组兼并力度，组建一批新的企业集团。积极探索国有资产监管和经营的有效形式，推进政企分开和政资分开，进一步规范企业改制和产权转让行为，防止国有资产流失，确保国有资产保值增值。完善投资核准和备案制度，规范政府投资行为，建立健全政府投资项目决策责任追究制度。推进财政体制改革，调整财政支出结构，加快公共财政体系建设。进一步深化税收、金融、价格和涉外经济等体制改革。三是大力发展非公有制经济。坚持政治上鼓励、政策上扶持、方向上引导、法律上保护，大力发展个体、私营等非公有制经济，提高非公有制经济占国民经济的比重。依法保护私有财产。四是健全要素市场体系。重点培育和发展生产要素市场，推进市场准入监管体系改革，稳步发展证券市场、保险市场和期货市场，健全市场化的土地交易定价机制，加快建设社会信用体系。

扩大开放与合作。深入实施互利共赢的开放带动战略和“东靠西联、南向发展”区域经济合作总体构想，全方位、多层次、宽领域扩大对外开放。一是扩大对外贸易。切实转变外贸增长方式，进一步优化出口商品结构、市场结构、经营主体结构和贸易方式结构，扶持和培育一批大型出口龙头企业，加快进出口促进体系建设，提高对外贸易竞争力。大力发展边境贸易。加强边境经济合作区建设。二是扩大利用外资规模。积极、合理、有效利用外资，提高利用外资水平。进一步优化投资环境，以沿海地区和中心城市为重点，以开发区为载体，以项目为中心，创新招商引资机制，积极引进有实力的跨国公司到全区投资。拓宽利用外资渠道，鼓励外资并购国有企业，鼓励企业到境外上市。扩大利用国际金融组织和外国政府优惠贷款规模。三是扩大国内外区域合作。积极参与中国－东盟自由贸易区建设，全面参与大湄公河次区域、“两廊一圈”、泛珠三角经济区、西南六省（区、市）等区域经济合作。承办好中国－东盟博览会，努力把全区建设成为中国－东盟自由贸易区的区域性加工制造中心、物流中心、商贸中心和文化交流平台。加强“百企入桂”工作、大力引进区外民营资本。积极实施“走出去”战略，鼓励和支持制糖、电力、汽车、机械等优势企业到境外开展互惠互利的对外投资、工程承包和劳务合作。

### 1.5.3 “十二五”时期支持政策

“十二五”时期，广西深入实施国家西部大开发战略，加快构建西部大开发战略高地和建设中国沿海经济发展新一极，奠定率先在西部地区实现全面建设小康社会目标基础的关键时期。按照国家发展改革委要求，广西壮族自治区提出广西西部大开发“十二五”规划思路和政策措施建议。

大力支持广西改革开放先行先试。凡是国家推出的发展改革试验示范区和实施的优惠政策，尽可能选择广西先行先试或允许比照实施。对于国家尚未出台的政策措施，希望国家也支持和鼓励广西依据国家民族区域自治法结合广西实际自主采取特殊的政策和措施。

将桂西北大石山区边境地区集中连片特殊困难区域扶贫开发攻坚工程，南宁内陆开放型经济战略高地，南宁区域性金融中心，南宁、桂林等5市10县全国生态文明示范区建设，东兴国家重点开发开放试验区，广西转变发展方式社会主义新农村建设试验区和广西西部大开发“十二五”标志性工程等重大事项列入国家西部大开发“十二五”规划和《中共中央国务院关于深入实施西部大开发战略的若干意见》（中发〔2010〕11号）实施细则，给予更多政策支持。

指导广西编制上升到国家层面的规划和相关项目建设总体方案。在国家西部大开发“十二五”的框架下，按照《陕甘宁革命老区振兴规划》做法，指导广西编制《广西革命老区及边境地区振兴规划》《社会主义新农村转变发展方式试验区规划》等，实质性地促进广西西部大开发战略的实施。

### 1.5.4 “十三五”时期支持政策

为全面贯彻落实党中央、国务院关于深入实施西部大开发战略的决策部署，加快广西转方式调结构，促进区域经济协调发展，按照《西部大开发“十三五”规划》要求，结合广西实际，广西特制定了《西部大开发“十三五”规划广西实施方案》。提出“十三五”期间广西要全面贯彻落实党的十九大精神，坚持以习近平新时代中国特色社会主义思想为指导，认真落实党中央、国务院决策部署，统筹推进“五位一体”总体布局和协调推进“四个全面”战略布局，牢固树立创新、协调、绿色、开放、共享的发展理念，围绕中央赋予广西的“三大定位”，深入实施创新驱动、开放带动、双核驱动、绿色发展四大战略，紧紧抓住基础设施和生态环保两大关键，增强可持续发展支撑能力，统筹推进新型城镇化与新型工业化、信息化、农业现代化协调发展，构建面向国内、国际全方位、宽领域、多层次的开放合作新格局，推动经济社会持续健康发展，为持续营造“三大生态”、加快实现“两个建成”、扎实推进富民兴桂，奋力谱写新时代广西发展新篇章奠定坚实的基础。

通过“十三五”时期的发展，到2020年，广西经济社会持续健康发展，区域比较优势充分发挥，经济结构趋于优化，地区生产总值和城乡居民收入比2010年翻一番以上，经济社会发展水平与全国差距明显缩小。

转型升级取得实质性进展。产业迈向中高端水平，第一产业综合生产能力明显增强，第二产业竞争力显著增强，第三产业发展壮大，服务业比重进一步提升，区域特色优势产业体系基本形成。

基础设施进一步完善。民航、水运、通信、环境保护、管网等设施保障能力全面提升，水利基础设施明显增强，现代化交通网络和较发达的城乡支干交通网络基本形成。

生态环境持续改善。生态文明建设和绿色发展理念深入人心，生产生活方式加快向绿色、循环、低碳转变，生态保护补偿机制基本建立，重点生态功能区建设取得积极进展，能源和水资源消耗、建设用地得到有效控制，碳排放强度继续显著下降，主要污染物排放量大幅减少，生态环境质量稳步提升。

公共服务能力显著增强。教育、文化、社会保障、公共安全、医疗卫生、住房等公共服务体系更加健全，基本公共服务水平与全国的差距逐步缩小。现行国家标准下农村贫困人口全部实现脱贫，贫困县全部摘帽，区域性整体贫困问题全面解决。

世纪之交，党中央、国务院提出西部大开发的号召。国家民委联合国家发展改革委、财政部等部门乘势而上，倡议发起了兴边富民行动。兴边富民行动的宗旨就是加大对边境地区的投入和对广大边民的帮扶力度，使边境地区尽快发展起来，边民尽早富裕起来，最终达到富民、兴边、强国、睦邻的目的。如今，兴边富民行动已经开展将近20年，加快边境地区发展，对稳定边疆、巩固边防、维护民族团结、展示国家良好形象，都具有极其重要的战略意义。

在绵延1020千米的广西与越南交界地区，涵盖了广西百色、崇左、防城港3个边境市以及防城区、东兴市、那坡县、靖西市、大新县、宁明县、龙州县、凭祥市8个边境县（市、区），聚居着壮族、汉族、瑶族、苗族等12个世居民族。2000年，由国家民委倡导实施的兴边富民行动，给广西边境地区的发展带来了新的机遇。在兴边富民行动政策的指导下，广西开创性地以大会战的方式，强力推动兴边富民行动。先后组织实施了三次大规模的边境地区基础设施建设大会战，共投入资金37.86亿元，实施项目79361个，集中解决了广大边民最迫切需要解决的困难和问题，使边境地区面貌发生了巨大的变化。各部门协同作战，全面完成兴边富民行动工作任务。

2017年，广西出台《关于贯彻落实〈兴边富民行动“十三五”规划〉的实施意见》，明确提出“十三五”时期，广西要完成6个方面的主要任务：①强力推进边境地区基础设施建设。通过推进全区边境8县（市、区）公路通道和铁路通道建设、加快航空航运建设、改善农村交通建设等，完善边境地区综合交通运输体系建设；推进边境地区水利能源基础设施建设；加强边境地区信息基础设施建设；强力推进边境地区城镇化建设。②围绕“民生安边”全力保障和改善边境地区民生。精准推进边境贫困人口居边脱贫，全面改善边民居住生活条件，大力推进边境地区社会保障体系建设，推动边境地区教育事业全面发展，强力推进边境地区卫生事业发展，大力促进边民就业创业，全面提升边境地区公共文化科技服务能力。③围绕“产业兴边”大力发展边境地区特色优势产业。推进边境地区特色优势农业发展，推进边境地区特色加工制造业发展，推进边境地区特色服务业发展，推进边境地区产业园区发展。④围绕“开放睦边”着力提升沿边开发开放水平。推动边境地区深度融入“一带一路”建设，大力推动边境地区对外贸易发展方式转变，提升沿边开放便利化水平，加强边境地区开发开放平台建设。⑤围绕“生态护边”加强边境地区生态文明建设。筑牢边境生态安全屏障，加强边境地区生态建设，推进边境地区环境污染治理。⑥围绕“团结稳边”通力维护民族团结和边防稳固。加强边境地区基层治理能力建设，牢牢把握各民族共同团结奋斗、共同繁荣发展主题，不断巩固和发展民族团结进步事业，完善边境地区治理协调机制，通力共建和谐边疆。

# 第2章　广西70年经济发展战略的实施成效

有着沿海、沿江又沿边的独特区位优势的广西，受历史多重因素的影响，大范围开放发展时间较晚。随着西部大开发战略的启动，百色水利枢纽、南昆铁路等一大批国家重点项目建成，为广西的快速发展奠定了基础。此后，广西紧紧抓住对外开放和中国与东盟合作机遇，特别是党的十八大以来，以大开放引领大发展，全区生产总值、财政收入、人均生产总值、外贸进出口总额分别由1950年的9.4亿元、0.67亿元、51元和428万美元提高到2018年的20352亿元、2790亿元、41498元和623亿美元，经济社会面貌发生了深刻的变化。

## 2.1　经济发展战略演变

新中国成立70年以来，广西的经济发展思路清晰，目标明确。在不同的时期，根据时代特征和人民的迫切需要，确立了不同的发展策略，详见图2－1。

新中国成立初期，虽然还存在匪患肆虐的情况，但是，中国共产党作为执政党，工作重心已经由武装斗争转变为以经济社会的发展为主。此时，经济工作的重心在于恢复战争破坏殆尽的经济，制定合理的税收、财政等政策，一方面维持政府的正常运行，另一方面减轻人民的负担，休养生息。此后，为适应社会主义经济发展，开展了社会主义改造活动，通过

**图2-1　新中国成立70年广西发展策略演进示意图**

经济体制的调整，充实了国有经济、集体经济，进一步巩固和提高了经济水平，并通过计划经济的运行，集中精力完成了事关国计民生的大工程、大项目的建设，全力配合国家经济发展战略。改革开放以后，广西解放思想，大胆创新，不断发挥优势资源，形成优势产业，不断调整经济结构，充分利用沿边优势，贯彻执行开放政策，经济发展获得了强劲动力。进入

21 世纪以来，广西进一步拓展国际化视野，全面开放，充分利用好国际平台，更加注重绿色发展、包容性发展，利用现代信息技术，加快城镇化进程，通过创新驱动和开放带动，经济得到突飞猛进的发展。

## 2.2　经济发展统计分析

中华人民共和国成立 70 年来，广西经济发展呈现出指数发展的态势。在新中国成立初期，经济得到缓慢恢复；直到改革开放前，经济得以稳步增长；改革开放以后，经济增长速度逐步加快；进入 21 世纪以后，经济增长突飞猛进。详见图 2 –2。

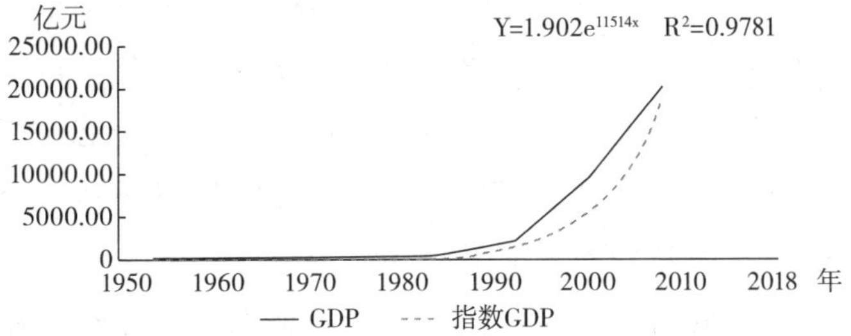


**图 2 –2　广西主要年份 GDP 增长趋势**

数据来源：1950—1977 年数据来源于《八桂辉煌：广西 60 年经济社会发展成就》；1978—2017 年数据来源于《广西统计年鉴 2018》；2018 年数据来源于《广西统计公报 2018》。

从人均生产总值来看，其增长趋势与生产总值一致，均呈指数增长方式，只是增长系数有所差异，主要因为广西人口逐年增长，1950 年仅有 1875 万人，到 2018 年已增长到 4926 万人，翻了 1. 39 倍，从而导致人均生产总值低于预期值。然而，经济学家研究表明，在经济增长中，人力资源本身也对经济增长有着重要的促进作用，新古典经济增长模型（索洛模型）认为，生产函数为：

$$Y = K^{\alpha} * (E * L)^{1-\alpha}$$

可见，劳动人口的增长可以有效促进经济的增长。主要年份人均生产总值增长情况详见图 2 –3。

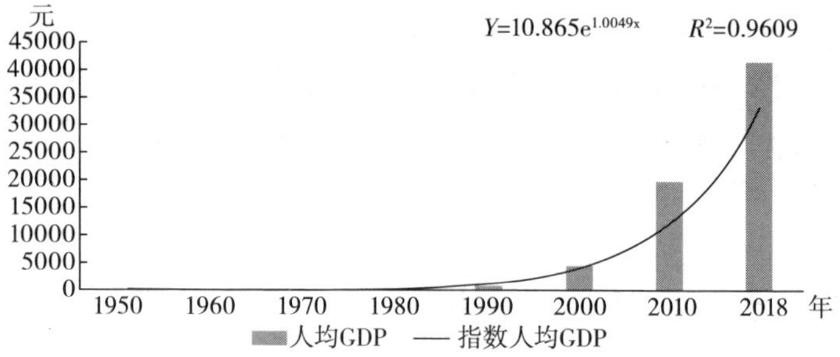


**图 2-3　广西主要年份人均 GDP 增长趋势示意图**

数据来源：1950—1977 年数据来源于《八桂辉煌：广西 60 年经济社会发展成就》；1978—2017 年数据来源于《广西统计年鉴 2018》；2018 年数据来源于《广西统计公报 2018》。

从生产总值指数（上一年为 100）来看，在广西经济发展中，总体处于上升通道，不过也有个别例外，其中 1960 年、1961 年、1967 年、1968 年和 2018 年这 5 个年份，生产总值指数低于 100，说明这 5 个年份与上一年相比生产总值下降了。特别是 1961 年和 1968 年，生产总值指数接近 90，说明生产总值下降了近 10%。其他年份则处于波动上涨态势，详见图 2-4。为了更清晰地看出广西经济变动的阶段，我们以 10 年为一个分段做了生产总值指数变动趋势图，见图 2-5。从图 2-5 中可以看出，从 1951—1970 年，广西生产总值指数经历了大降到大升的过程，从 1970—2010 年，经历了缓慢下降，平稳增长到缓慢上升过程，2010 年至今，有了一个较大幅度的降低。广西 GDP 在连续 11 年保持两位数增长后，2014 年以来出现增速回落，且继续保持下行惯性，下行压力非常大。主要有三方面的原因：一是人口红利逐渐消失，自 2008 年以来广西平均每年减少约 48.7 万劳动力，同时，劳动力成本持续上升，是东南亚各国的 3 倍。二是固定投资增速疲软，近年来，广西固定投资增速不断回落，2018 年上半年，全区固定资产投资回落至 11.5%，且工业、现代服务业投资占比偏低。三是产业结构不够优化，第三产业比重仍然偏低。2017 年底，第三次产业增加值占比 40.2%，低于同期全国比例。可见，广西经济发展呈螺旋式上升模式，这符合马克思辩证唯物主义的哲学思想。在接下来的发展中，我们要充分认识到经济发展的规律，找准制约广西经济发展的因素，减缓增长幅度的下降，保持平稳增长，在适当时机找准突破点，迎接下一次的腾飞。

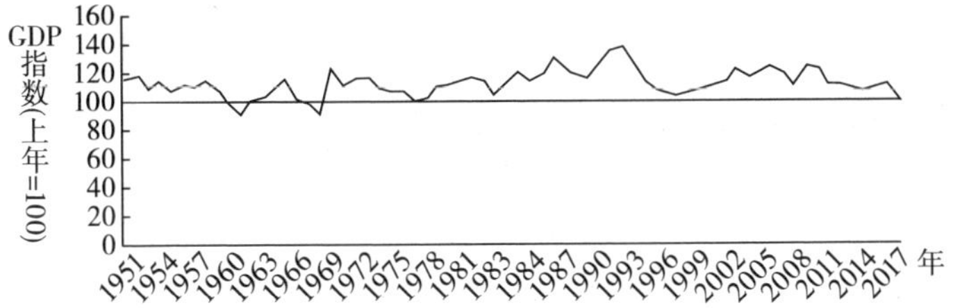


**图2－4　新中国成立70年广西逐年GDP指数示意图**

数据来源：1950—1977年数据来源于《八桂辉煌：广西60年经济社会发展成就》；1978—2017年数据来源于《广西统计年鉴2018》；2018年数据来源于《广西统计公报2018》。

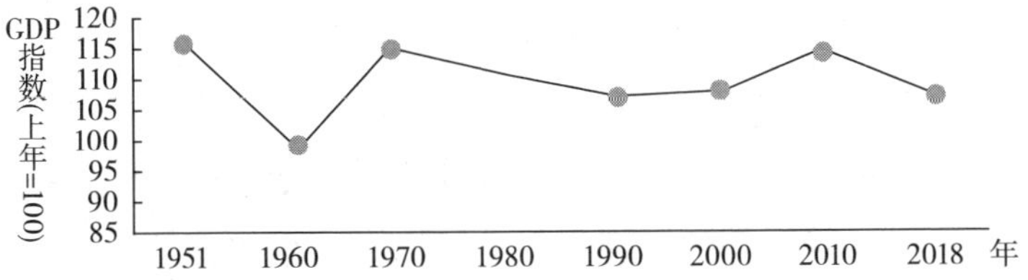


**图2－5　新中国成立70年广西GDP指数变化示意图**

数据来源：1950—1977年数据来源于《八桂辉煌：广西60年经济社会发展成就》；1978—2017年数据来源于《广西统计年鉴2018》；2018年数据来源于《广西统计公报2018》。

从三次产业发展趋势来看，都按照指数模式进行发展。其中，农业稳步增长，第二产业和第三产业趋势线基本重合，其发展趋于一致。当然，从图2－5可知，从长远来看，第三产业已经表现出了更高的发展潜力，将有后来者居上的可能，应该成为广西今后经济发展重点考虑的对象。详见图2－6。

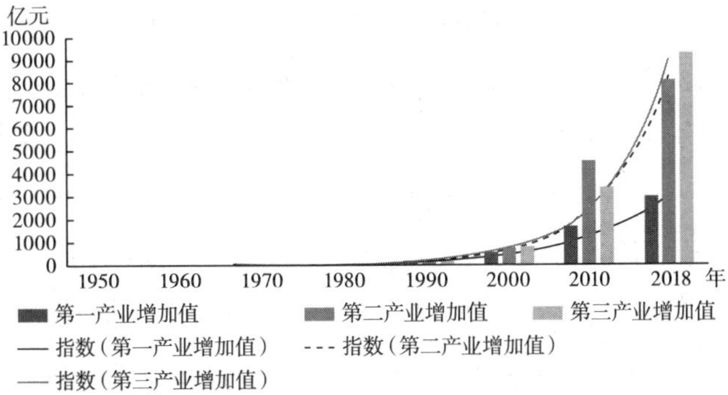


**图2－6　广西各产业发展趋势示意图**

数据来源：1950—1977年数据来源于《八桂辉煌：广西60年经济社会发展成就》；1978—2017年数据来源于《广西统计年鉴2018》；2018年数据来源于《广西统计公报2018》。

## 2.3 经济发展成就

新中国成立以来，广西经济发展实现历史性跨越。从1950—2018年，全区经济总量从9.40亿元增至2.035万亿元，翻了11番；财政收入从6650万元增至2790.35亿元，年均增长1.13倍。解放初期，经过连年战争的破坏，广西经济处于崩溃状态，更谈不上产业基础。现在，广西已经拥有食品、汽车、机械等10个千亿元产业，其中汽车年产量215.06万辆，在全国占有重要一席（1969年，柳州诞生广西第一辆汽车“柳江”牌汽车。现在，汽车产业已成为该市第一大支柱产业）。1991年5月，总投资40多亿元的平果铝一期工程破土动工，1995年建成投产，成为带动老区百色经济发展的龙头，时至今日，百色铝及配套产业产值已突破1000亿元。1993年至今，广西蔗糖产量占全国60%以上，成为名副其实的“糖罐子”。基础设施实现跨越式发展，2013年12月28日，广西桂林至北京的高铁开通，全程从26小时压缩至10个半小时左右。广西由此成为全国首个开通高铁、开通动车的少数民族自治区。截至2018年10月，高铁、动车运营里程1771千米，通达区内12个市和周边所有省份；1997年5月1日，广西第一条高速公路——桂柳高速公路全线提前5个月建成通车，结束了广西没有高速公路的历史。2003年，广西成为我国第一个高速公路通车里程突破1000千米的少数民族自治区。2005年12月28日，我国第一条连接东盟国家的高速公路——广西南宁至友谊关高速公路（南友高速公路）建成通车。南友高速公路全长179.2千米，是中国通往越南乃至东南亚地区最便捷的陆路国际大通道，被誉为“南疆国门第一路”。2008年底，广西成为我国第一个高速公路通车里程突破2000千米的少数民族自治区。至2017年底，广西已建成高速公路5259千米，“县县通高速”率达89%。2018年9月28日，世界最高、跨度最大的“反对称结构斜拉桥”——广西柳州白沙大桥正式通车。白沙大桥2015年5月开始施工，为单塔双索面斜拉桥，全长1920米，宽38米，主塔最高点达106米。70年来的大力发展，使广西交通运输能力大大加强，详见表2-1。

**表 2－1　2018 年广西交通运输和邮电发展现状**

| 指标 | 总量 | 同比增长/% |
| --- | --- | --- |
| 客运量/亿人 | 5. 07 | －0. 7 |
| 其中：(1) 铁路 | 1. 11 | 12. 8 |
| (2) 公路 | 3. 61 | －5. 1 |
| (3) 水路 | 0. 07 | 6 |
| (4) 民航（旅客吞吐量） | 0. 28 | 11. 6 |
| 货运量/亿吨 | 19. 07 | 9. 2 |
| 其中：(1) 铁路 | 0. 71 | 7. 6 |
| (2) 公路 | 15. 34 | 9. 9 |
| (3) 水路 | 3. 01 | 6 |
| (4) 民航（货邮吞吐量/万吨） | 15. 7 | 7. 8 |
| 广西北部湾港吞吐量/万吨 | 23984. 53 | 9. 7 |
| 其中：(1) 防城 | 10448. 42 | 1 |
| (2) 钦州 | 10149. 24 | 21. 7 |
| (3) 北海 | 3386. 87 | 6. 9 |
| 内河港口吞吐量/万吨 | 13879. 93 | 10. 3 |
| 其中：(1) 南宁港 | 736. 41 | －46. 7 |
| (2) 贵港港 | 7003. 25 | 10. 8 |
| (3) 梧州港 | 4002. 18 | 10. 1 |
| (4) 来宾港 | 2092. 88 | 81. 7 |
| (5) 柳州港 | 45. 21 | －53. 7 |
| 邮电业务总量/亿元 | 2178. 27 | 172. 3 |
| 其中：(1) 邮政 | 126. 77 | 44 |
| (2) 电信 | 2051. 51 | 188. 2 |

在大力发展经济的过程中，广西注重绿色发展，注重环境保护，注重创新，重视新技术、新科技的运用。1978 年 3 月，位于广西东北部的花坪林区成为全国第一批、广西第一个国家级自然保护区。2005 年，广西崇左白头叶猴自然保护区设立，这是至今为止中国唯一的白头叶猴种源基地。2012 年，广西崇左白头叶猴自然保护区被授予“国家级自然保护区”称号。2007 年 5 月，桂林漓江景区获评首批国家 5A 级景区，是广西第一个国家 5A 级景区。2007 年 12 月 29 日，广西生产的第一台笔记本电脑在北海下线。此后，北海于 2009 年 12 月 22 日下线广西第一台海量存储器，又于 2010 年 8 月 3 日下线广西第一台 LED 自适应显示器。2012 年 11 月 24 日，乐业—凤山世界地质

公园揭牌。作为广西首个世界地质公园，广西乐业县和凤山县的天坑群、水游天坑等地质奇观得以保护。这个世界地质公园是中国喀斯特岩溶地貌最丰富的地方，也是世界上大型洞穴厅堂数量较多、密度较大之处，素有“岩溶之冠、洞穴之城”的美称。2016年1月1日，我国西部地区首座核电站——广西防城港核电1号机组正式投入商业运行。该机组是我国“十三五”规划实施后首台投入商业运行的核电机组，每天发电量可达2400万千瓦时，可满足一座中等城市的电力需求。2016年12月28日，广西首条地铁线——南宁地铁1号线全线开通试运营，全线32.1千米，共设25座车站。

广西经济发展还强调包容性，强调国际合作与交流。包容性发展从龙州县的减贫工作中得到了充分体现，2017年，龙州县共减贫3.7万余人，全县贫困发生率降至1.91%，2018年成为广西首个“摘帽”的国家扶贫开发工作重点县。边贸扶贫是龙州一大特色，截至2017年底，龙州县共成立边贸互助组227个，引导2万多边民参与边贸互市，其中有贫困户5200多人。自2004年起，中国－东盟博览会永久落户南宁，同期举办中国－东盟商务与投资峰会。截止目前，博览会与峰会已连续成功举办15届，成为广西亮丽的名片，开辟了我国与东盟多领域合作的“南宁渠道”。

2018年以来，广西招商引资粤港澳大湾区到位资金5202.4亿元。广东、香港是广西主要的两个外来资金来源地。2018年8月，广西壮族自治区政府印发《广西产业大招商三年行动计划（2018—2020年）》。2018年以来，广西共引进区外合作项目4796个，合同投资额14025.58亿元。其中，引进泛珠三角地区到位资金8093.47亿元，长三角地区到位资金1671.53亿元。广西建设面向东盟的金融开放门户，重点内容之一是推动人民币面向东盟跨区域使用。近年来，全区跨境人民币业务创新成效显著。据人民银行南宁中心支行统计，自2010年6月广西成为我国第二批跨境贸易人民币结算试点省区以来，至2019年5月末，广西跨境人民币结算总量达10384.39亿元，在我国8个边境省区、西部12个省（区、市）中持续排名第一位。

党的十九大以来，广西以高质量发展为目标，以融合发展为主线，以改革创新为动力，深化全域旅游示范区和广西特色旅游名县“双创”工作，旅游业发展驶入快车道，加快推进桂林国际旅游胜地、北部湾国际旅游度假区、巴马长寿养生国际旅游区、中越边关风情旅游带建设，创新旅游宣传推广方式，加强旅游市场秩序综合治理，扎实推进乡村旅游和旅游扶贫，全域旅游高质量发展迈上了新台阶。2018 年，广西接待国内外游客 6.83 亿人次，实现旅游总消费 7619.90 亿元；其中，全区旅游业综合增加值为 3726.7 亿元，占 GDP 的比重为 18.3%。据统计，广西入境过夜游客人数 2016 年和 2017 年连续排名全国第六位，2018 年排名全国第四位（见图 2－8）。

改革开放以来，广西利用地缘和资源优势，对外开放程度不断扩大。进出口总额、实际利用外商直接投资、国际旅游外汇收入、对外承包工程营业额、非金融类对外直接投资总额，总体数量大幅增加。1984 年，广西实际利用外商直接投资为 0.04 亿美元，到 2017 年达到 8.23 亿美元，是 1978 年的约 205 倍；1985 年，广西国际旅游外汇收入为 0.15 亿美元，到 2017 年为 23.96 亿美元，约为 1985 年的 159 倍；1988 年，广西对外承包工程营业额为 0.11 亿美元，到 2017 年为 6.9 亿美元，增长约 6 倍；2003 年，广西非金融类对外直接投资总额为 0.0208 亿美元，到 2016 年突破 10 亿美元达到 14.3087 亿美元。特别是“十一五”期间，广西实施“全面开放”的战略，对大湄公河、中越“两廊一圈”、泛北部湾和南宁—新加坡经济走廊等次区域合作的参与，以及中国－东盟自贸区建设的推进，直接利用外资、入境旅游、对外承包工程和非金融类对外直接投资都显著提高（见图 2－7 至图 2－10，表 2－2）。

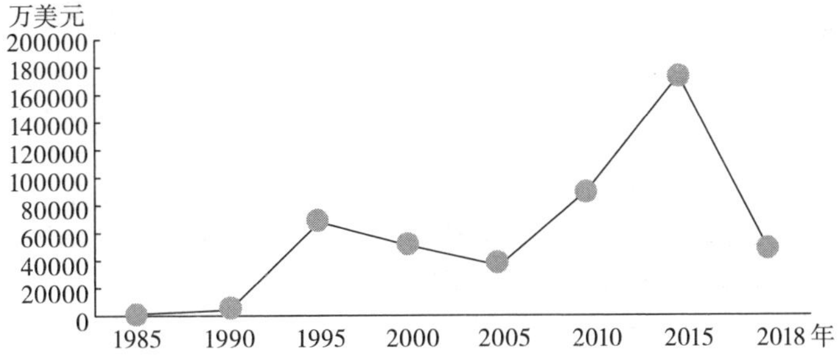


**图 2－7　主要年份广西实际利用外商直接投资**

数据来源：《广西统计年鉴 2018》。1986 年数据来源于《广西统计年鉴 1987》；2018 年数据来源于广西商务厅，http://www.gxswt.gov.cn/htmlcontent/detail/a3b10bb4－a2cd－473e－830d－c18e893c3ded。

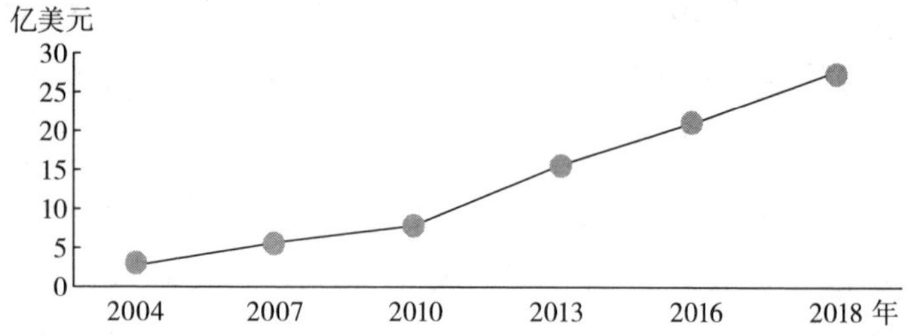


**图2-8 广西主要年份国际旅游外汇收入**

数据来源：《中国贸易外经统计年鉴 2008—2018》。2018 年数据来源于《广西统计公报 2018》；http：//tjj. gxzf. gov. cn/tjsj/tjgb/qqgb/201904/t20190409_ 151570. html。

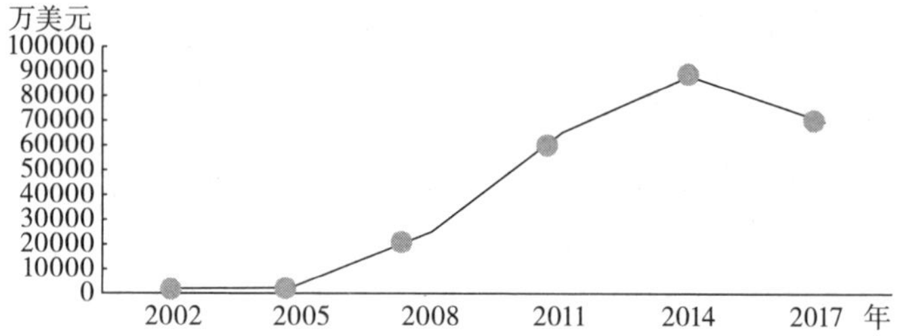


**图2-9 广西主要年份对外承包工程营业额**

数据来源：《中国贸易外经统计年鉴》。

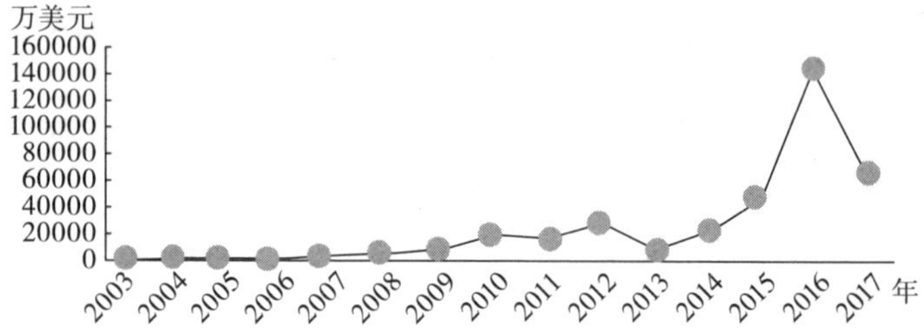


**图2-10 2003—2017 年广西非金融类对外直接投资总额**

数据来源：《中国对外直接投资统计公报》（2003—2017 年）；http：//hzs. mofcom. gov. cn/article/date/201512/20151201223578. shtml。

表 2－2　1978—2017 年广西对外开放数据

| 年份 | 进出口总额/亿美元 | 出口总额/亿美元 | 进口总额/亿美元 | 实际利用外商直接投资/亿美元 | 国际旅游外汇收入/亿美元 | 对外承包工程营业额/亿美元 | 非金融类对外直接投资总额/亿美元 | 合计/亿美元 |
|---|---|---|---|---|---|---|---|---|
| 1978 | 2. 69 | 2. 49 | 0. 20 | — | — | — | — | 2. 69 |
| 1979 | 3. 08 | 2. 87 | 0. 21 | — | — | — | — | 3. 08 |
| 1980 | 3. 78 | 3. 66 | 0. 12 | — | — | — | — | 3. 78 |
| 1981 | 3. 98 | 3. 66 | 0. 32 | — | — | — | — | 3. 98 |
| 1982 | 3. 77 | 3. 43 | 0. 34 | — | — | — | — | 3. 77 |
| 1983 | 4. 01 | 3. 43 | 0. 58 | — | — | — | — | 4. 01 |
| 1984 | 4. 14 | 3. 22 | 0. 92 | 0. 04 | — | — | — | 4. 18 |
| 1985 | 5. 23 | 3. 72 | 1. 51 | 0. 13 | 0. 15 | — | — | 5. 51 |
| 1986 | 5. 45 | 4. 30 | 1. 15 | 0. 37 | 0. 18 | — | — | 6. 00 |
| 1987 | 7. 91 | 5. 43 | 2. 48 | 0. 38 | 0. 28 | — | — | 8. 57 |
| 1988 | 8. 08 | 5. 44 | 2. 64 | 0. 43 | 0. 37 | 0. 11 | — | 8. 99 |
| 1989 | 7. 54 | 5. 84 | 1. 70 | 0. 46 | 0. 27 | 0. 19 | — | 8. 46 |
| 1990 | 8. 98 | 7. 29 | 1. 69 | 0. 30 | 0. 54 | 0. 34 | — | 10. 16 |
| 1991 | 10. 23 | 8. 32 | 1. 91 | 0. 39 | 0. 61 | 0. 29 | — | 11. 52 |
| 1992 | 16. 38 | 11. 08 | 5. 30 | 1. 80 | 0. 81 | 0. 50 | — | 19. 49 |
| 1993 | 20. 78 | 13. 25 | 7. 53 | 8. 72 | 0. 74 | 0. 86 | — | 31. 10 |
| 1994 | 24. 60 | 16. 02 | 8. 58 | 8. 15 | 1. 51 | 1. 12 | — | 35. 38 |
| 1995 | 32. 11 | 22. 46 | 9. 65 | 6. 70 | 1. 60 | 0. 83 | — | 41. 24 |

续表

| 年份 | 进出口总额/亿美元 | 出口总额/亿美元 | 进口总额/亿美元 | 实际利用外商直接投资/亿美元 | 国际旅游外汇收入/亿美元 | 对外承包工程营业额/亿美元 | 非金融类对外直接投资总额/亿美元 | 合计/亿美元 |
|---|---|---|---|---|---|---|---|---|
| 1996 | 28.31 | 19.16 | 9.15 | 6.66 | 1.86 | 0.83 | — | 37.66 |
| 1997 | 30.69 | 23.83 | 6.86 | 8.80 | 2.18 | 0.39 | — | 42.06 |
| 1998 | 29.84 | 24.18 | 5.66 | 8.86 | 1.76 | 0.29 | — | 40.75 |
| 1999 | 17.53 | 12.47 | 5.06 | 6.37 | 2.23 | 0.45 | — | 26.58 |
| 2000 | 20.38 | 14.93 | 5.45 | 5.25 | 3.20 | 0.50 | — | 29.33 |
| 2001 | 17.98 | 12.36 | 5.62 | 3.84 | 3.02 | 0.12 | — | 24.96 |
| 2002 | 24.31 | 15.08 | 9.23 | 4.17 | 3.21 | 0.14 | — | 31.83 |
| 2003 | 31.92 | 19.70 | 12.22 | 4.56 | 1.61 | 0.19 | 0.0208 | 38.30 |
| 2004 | 42.89 | 23.96 | 18.93 | 2.96 | 2.90 | 0.19 | 0.045 | 48.99 |
| 2005 | 51.82 | 28.77 | 23.05 | 3.79 | 3.81 | 0.24 | 0.0321 | 59.69 |
| 2006 | 66.74 | 35.99 | 30.75 | 4.47 | 4.61 | 0.52 | 0.039 | 76.38 |
| 2007 | 92.77 | 51.13 | 41.64 | 6.84 | 6.15 | 1.19 | 0.262 | 107.21 |
| 2008 | 132.42 | 73.51 | 58.91 | 9.71 | 6.14 | 2.26 | 0.3844 | 150.91 |
| 2009 | 142.06 | 83.71 | 58.35 | 10.35 | 6.46 | 4.55 | 0.8169 | 164.24 |
| 2010 | 177.06 | 96.10 | 80.96 | 9.12 | 8.07 | 5.64 | 1.8682 | 201.76 |
| 2011 | 233.31 | 124.59 | 108.72 | 10.14 | 10.52 | 6.53 | 1.6714 | 262.17 |
| 2012 | 294.73 | 154.68 | 140.05 | 7.49 | 12.79 | 7.50 | 2.724 | 325.23 |
| 2013 | 328.37 | 186.95 | 141.42 | 7.00 | 15.47 | 8.30 | 0.8134 | 359.95 |

续表

| 年份 | 进出口总额/亿美元 | 出口总额/亿美元 | 进口总额/亿美元 | 实际利用外商直接投资/亿美元 | 国际旅游外汇收入/亿美元 | 对外承包工程营业额/亿美元 | 非金融类对外直接投资总额/亿美元 | 合计/亿美元 |
|---|---|---|---|---|---|---|---|---|
| 2014 | 405. 53 | 243. 30 | 162. 23 | 10. 01 | 17. 28 | 8. 77 | 2. 2864 | 443. 88 |
| 2015 | 512. 62 | 280. 26 | 232. 36 | 17. 22 | 19. 17 | 9. 40 | 4. 5091 | 562. 92 |
| 2016 | 478. 97 | 230. 29 | 248. 68 | 8. 88 | 21. 64 | 8. 48 | 14. 3087 | 532. 28 |
| 2017 | 568. 01 | 272. 55 | 295. 46 | 8. 23 | 23. 96 | 6. 90 | — | 607. 10 |
| 合计/亿美元 | 3901. 00 | 2153. 41 | 1747. 59 | 192. 59 | 185. 10 | 77. 62 | 29. 78 | 4386. 09 |

数据来源：非金融类对外直接投资总额，数据来源于商务部对外投资和经济合作司，http://hzs. mofcom. gov. cn；其他数据指标均来源于广西壮族自治区统计局。

注：“—”表示未获得数据，对外承包工程营业额合计与非金融类对外直接投资合计为不完全统计。2017 年非金融类对外直接投资总额，2018 年 9 月底才出数据，按 1 美元 = 6. 8069 人民币汇率折算所得。

# 第3章　广西70年经济活动空间分布

广西壮族自治区位于华南地区西部，是大陆最南端的省区，西南陆地与越南接壤，东南临北部湾海面，面向东南亚，全区陆地面积23.76万平方千米，是西南地区最近的出海通道，在我国与东南亚的经济交往中占有重要地位。1997年，广西提出区域经济发展战略，第一次明确地把广西划分为桂东、桂西、桂南、桂北、桂中五大经济区，提出了各个经济区的功能定位和优势产业。但这一发展战略存在着区域重点不突出、各个经济区内部和经济区之间的联系和协调不足的缺点。党中央、国务院高度重视广西的发展，继2008年初批准实施《广西北部湾经济区发展规划》后，2009年底，国务院又制订出台了《关于进一步促进广西经济社会发展的若干意见》，明确了广西北部湾经济区、西江经济带和资源富集区这“两区一带”的发展战略。广西2010年后以推进生态文明示范区建设，把生态文明建设作为调结构、促转变的重要抓手，以经济发展方式转变促进生态文明建设，以生态文明建设深化经济发展方式转变，形成生态文明建设和转变经济发展方式良性互动。2015年以来，广西紧紧围绕中央赋予的“三大定位”，以“四维支撑、四沿联动”① 起势落子，以中新互联互通南向通道、北部湾经济区升级版建设为抓手，面向东盟打造西南中南地区开放发展新支点，形成“一带一路”有机衔接的重要门户，构建起开放发展的新格局。

广西处于被称为“中国地势第二阶梯”的云贵高原的东南边缘，两广

① “四维支撑”重点是突出对外开放的重点方向，第一个是强化向南的开放合作开放，第二个是要加强向东的开放，第三个是向北和向西的开放合资，第四个是加强对发达国家的开放合作，“四沿联动”就是沿海、沿江、沿边、沿国际大通道。

丘陵的西部，四周多被山地、高原环绕，山岭连绵、岭谷相间，而中部与南部多为丘陵盆地，西北高、东南低，呈西北向东南倾斜状。总体地貌是山地丘陵性盆地地貌，大小盆地相杂，地处低纬度、低海拔区，属亚热带季风气候，四季温暖，雨水丰沛，光照充足，动植物资源丰富。

广西是以壮族为主体的少数民族自治区，境内居住着壮族、汉族、苗族、瑶族、侗族、仫佬族、回族、京族、毛南族、彝族、水族、仡佬族12个世居民族，也是全国少数民族人口最多的省区，文物古迹众多，民族风情浓郁。常住人口密度205人/平方千米，约为东南沿海地区的1/3。

从广西经济发展的主要指标看，第一产业占比较高，为全国平均值的2.05倍；第三产业相对发育不足，为全国平均值的0.98倍，但第三产业发展明显加快；城镇化率只有全国平均值的0.84倍，导致全区城镇及农村汇总摊平后人均收入与全国平均值比较更低，只有后者的0.82倍。但我们注意到，同期农村居民收入增长幅度明显超过城镇居民收入。详见表3－1。

**表3－1 2018年广西主要经济数据统计及与全国平均值对比**

| 项目 | 广西 | 全国平均值 | 广西/全国 |
|---|---|---|---|
| 常住人口/万人 | 4926 | 139538 | 3.5% |
| 城镇人口/万人 | 2474 | 83137 | 2.9% |
| 城镇化率 | 50.22% | 59.58% | 84.3% |
| 地区生产总值（GDP）/万亿 | 2.04 | 90.03 | 2.3% |
| 人均GDP/元 | 41489 | 64644 | 0.64 |
| 第一产业增加值/万亿 | 0.31 | 6.47 | 4.8% |
| 第二产业增加值/万亿 | 0.97 | 36.6 | 2.7% |
| 第三产业增加值/万亿 | 1.02 | 46.96 | 2.2% |
| 第一产业增加值占比 | 14.8% | 7.2% | 2.05 |
| 第二产业增加值占比 | 39.7% | 40.7% | 0.98 |
| 第三产业增加值占比 | 45.5% | 52.2% | 0.87 |
| 居民人均可支配收入/元 | 21485 | 24336 | 0.82 |
| 城镇居民人均可支配收入/元 | 32436 | 36413 | 0.89 |
| 农村居民人均可支配收入/元 | 12435 | 13066 | 0.95 |

数据来源：《2018年广西壮族自治区国民经济和社会发展统计公报》《2018年国民经济和社会发展统计公报》《CNKI中国经济社会大数据研究平台（CSYD）年鉴》。

## 3.1 产业开发开放的空间分布

随着“一带一路”建设的不断推进及中国－东盟合作的不断深化，产业园区及开发开放试验区的合理布局有利于促进合作共赢及发展机遇的共享，为“一带一路”沿线国家和地区带来更多红利。广西企业“走出去”战略已覆盖五大洲80多个国家和地区，其中“一带一路”沿线国家项目数占比达83.6%。

2018年全区生产总值达20352.51亿元，按可比价格计算，比上年增长6.8%。按产业看，第一产业增加值增长5.6%；第二产业增加值增长4.3%；第三产业增加值增长9.4%。三次产业增加值占全区生产总值的比重分别为14.8%、39.7%和45.5%，三次产业对经济增长的贡献率分别为13.1%、25.4%、61.5%。详见表3－2。

表3－2 2018年广西各个经济区域三大产业数据

| 地区 | 第一产业增加值 | | 第二产业增加值 | | 第三产业增加值 | |
|---|---|---|---|---|---|---|
| | 全年累计总量/亿元 | 全年累计同比增长/% | 全年累计总量/亿元 | 全年累计同比增长/% | 全年累计总量/亿元 | 全年累计同比增长/% |
| 北部湾经济区（南宁、北海、钦州、防城港四市合计） | 964.68 | 5.0 | 2685.94 | 3.5 | 3578.36 | 8.6 |
| 北部湾经济区六市（南宁、北海、钦州、防城港、玉林、崇左六市合计） | 1430.44 | 5.0 | 3693.07 | 4.9 | 4737.43 | 9.1 |
| 桂西资源富集区（百色、河池、崇左三市合计） | 545.40 | 5.0 | 1263.01 | 10.5 | 1173.16 | 7.6 |
| 西江经济带（柳州、桂林、梧州、贵港、玉林、贺州、来宾七市合计） | 1490.83 | 5.4 | 4151.35 | 3.9 | 4525.29 | 10.2 |

数据来源：广西壮族自治区统计局。

### 3.1.1 北部湾经济区已经成为向东盟开放的战略支点

北部湾港海岸线长1629千米，地处我国华南经济圈、西南经济圈与东盟经济圈的结合部，“一湾相挽十一国”。2008年，国家正式批准实施《广西北部湾经济区发展规划》。广西深入实施北部湾经济区优先发展战略，创造了超常规发展的成功范例。

（1）北部湾经济区经济实力迅速增强，已经成为广西经济的发展龙头。十多年来，广西北部湾经济区以不到广西1/5的土地、1/4的人口，创造了超过全区1/3的生产总值、2/5的财政收入和近1/2的外贸总量，跃升为广西对外开放合作的龙头和西部产业发展高地。2018年，北部湾经济区实现地区生产总值9860.94亿元，约占全区的48%，GDP同比增长6.8%，财政收入同比增长8.6%，社会消费品零售总额同比增长9.3%，均高于全区平均水平。在经济区六市中，有5个市的GDP增速高于全区。其中，崇左市GDP以11.3%的增速，排名全区第一位。2006—2018年，北部湾经济区（六市）地区生产总值增长近4倍，年均增速14.1%。

（2）北部湾经济区的现代产业体系快速兴起。经济区开工建设的12个重点产业园区，形成了以电子信息、石油化工、冶金、新材料、现代装备制造产业、粮油食品等为主的现代临海工业体系。截至2018年底，已有4家园区产值（贸易额）超过千亿元大关。其中，中马钦州产业园区作为自治区改革的先行园区，优先承接大湾区的高新技术产业转移，主要发展互联网、电子信息、新能源、新材料、高端装备制造和人工智能六大产业，还有文化创意和现代服务业、节能环保和生物制药以及东盟传统优势产业。在产业规划发展上，国家级钦州港经济技术开发区主要做大石化产业，打造面向东盟的石化基地；中马钦州产业园区重点培育高新技术、中国-东盟合作项目，打造“两国双园”国际合作新模式；保税港区则在壮大加工贸易产业上下功夫，使三大园区形成各具特色、互为促进、互为补充的产业互动发展新格局。

（3）北部湾经济区的区域性交通枢纽已经基本建成。经济区内建成我国第一条连接东盟的高速公路——南宁至友谊关高速公路，建成我国第二条客运国际班列——南宁至越南河内（嘉林）国际旅客列车。广西北部湾港航线实现了对东盟国家主要港口全覆盖，并与100多个国家和地区的200多个港口通航，构建起四通八达的海上高速路，成为中国西部地区面向东盟国家的重要物流集散基地。在西部陆海新通道的带动下，北部湾港吞吐量实现快速增长，2018年北部湾港完成货物吞吐量2.4亿吨，比上年增长9.75%。其中集装箱吞吐量290.14万标准箱，比上年增长27.38%，继续保持高速增长。

（4）临港产业的发展正在成为广西与沿线国家开展经济合作共筑“蓝色引擎”的新方向。广西以港口为龙头和切入点，以临港产业园区为核心和主要载体，全方位、全产业链地参与“一带一路”建设。港口既是物流的枢纽，更是区域重要的资源配置中心。北部湾港集团利用临港得天独厚的条件和全程物流供应商的优势，大力实施多元化发展战略，一批具有港口特色的现代产业蓬勃兴起。一方面，它将带动中国临港工业、海洋装备制造业、远洋捕捞业等走向包括东盟在内的“一带一路”沿线地区，惠及多国民众。另一方面，东南、南亚等国正处在工业飞速发展期，与中国加强临港产业合作，将极大促进沿线国家工业化水平的提高。防城港是天然的深水良港，拥有580千米海岸线，腹地广阔，开发成本低，环境容量大，是发展临港产业的理想之地。近年来，该市临港工业发展迅猛，一批世界500强企业纷纷抢滩落户。初步形成了以钢铁、有色金属、能源、粮油、石化、装备制造等一批千百亿元产业为重点的现代临港工业集群，建成了中国第一大植物油籽加工基地和磷酸出口加工基地。2018年，规模以上工业总产值达1391.38亿元，同比增长9.7%，规模以上工业增加值同比增长8.5%，连续多年增速排全区前列，产值超亿元的规模以上工业企业达98家。

北部湾港快速崛起为亿吨大港，成为我国西南中南地区重要的出海口和我国对东盟海上贸易的重要口岸。广西正在全力打造“向海经济”，既包括走向海洋，也包括海陆联动，对接内陆腹地，争取资源的优化配置。北部湾港是西南中南内陆腹地进入中南半岛东盟国家最便捷的出海门户，在服务区域开放发展中具有优势。广西开创了全国沿海港口跨行政区域整合的先河，2007 年 2 月广西北部湾港成立，包括钦州港、北海港和防城港，三港统一规划、打包建管、一致对外，立足北部湾、服务西南、华南和中南，沟通东中西、面向东南亚，充分发挥连接多区域的重要通道、交流桥梁和合作平台作用。北部湾经济区，2018 年经济总量占全区的 48%，龙头带动作用不断增强。2018 年，广西海洋生产总值为 1502 亿元（现价），首次突破 1500 亿元，同比增长 9.1%，赶超全国年增速的 2.4 个百分点。全年全区海洋生产总值占广西生产总值的比重为 7.4%，约占北部湾经济区四市（南宁、北海、钦州、防城港）生产总值的比重为 20.8%，约占沿海三市（北海、钦州、防城港）生产总值的比重为 46.9%。

### 3.1.2 珠江—西江经济带的产业协同发展

珠江—西江流域上接云贵、纵贯两广、下通港澳，历来是连接西南和华南的黄金水道，一头是经济发达的珠江三角洲，一头是资源丰富的西南腹地。依托这一黄金水道，构建优势互补、协同配套、联动发展的现代产业集聚带，优势得天独厚，发展机遇前所未有。

借助着 2014 年《珠江—西江经济带规划》正式上升为国家战略的良机，广西乘势而上，加快了产业发展的步伐，经济带沿线城市深化合作、融合发展、互利共赢，从共识走向实践。广西通过提升发展特色优势产业、培育发展战略性新兴产业、加快产业承接转移等方式，调整经济结构和生产力布局，为珠江—西江经济带发展提供产业支撑。广西在建成西江亿吨黄金水道的同时，加快促进产业发展，一批产业正借助低成本的水运优势在西江经济带生根落地。借助航运优势，西江经济带着力提升发展汽车、装备制造、食品、电子信息、石化工业、有色金属等特色优势产业；大力培育发展生物、新一代信息技术、新材料、新能源汽车、轨道交通装备等战略性新兴产业；加快推进产业转移合作，并取得明显成效。比如，贵港依托西江航运优势，打造新能源电动车生产基地；梧州利用毗邻广东的优势，加快承接东部产业转移，日用陶瓷、不锈钢、再生资源利用等呈现出集群化发展的态势。2018 年广西七市主要经济指标见表 3－3。

表3-3　2018年珠江—西江经济带广西七市主要经济指标

| 指标 | 2018年/亿元 | 2018年同比增长/% |
| --- | --- | --- |
| GDP | 12165.95 | 6.5 |
| 第一产业 | 1507.06 | 5.0 |
| 第二产业 | 4997.70 | 4.1 |
| 第三产业 | 5661.19 | 9.2 |
| 财政收入 | 1671.95 | 8.5 |
| 进出口总额 | 2691.68 | 10.1 |

数据来源：广西壮族自治区统计局。
注：七市为南宁、梧州、柳州、贵港、白色、来宾、崇左。

2018年沿江七市经济总量达12166亿元，逐步成为全区经济发展新增长极。崇左是中国陆路口岸最多的城市，拥有国家一类口岸5个，二类口岸2个，边民互市贸易点14个，口岸是最大的优势、最大的特色、最大的潜力。

（1）柳州市作为西江经济带龙头城市，既是中国五大汽车城之一，也是西南地区工业重镇、综合交通枢纽和商贸物流中心。柳州工业经济总量在广西的占比居全区各市之首，约占广西总工业的1/4，是广西最大的工业基地和经济中心。柳州是全国唯一拥有一汽、东风、上汽和重汽四大汽车集团整车生产企业的城市，也是中国内陆走向东盟的重要通道城市和西南出海大通道集散枢纽城市、中国内陆与东盟双向往来的产品加工贸易基地和物流中转基地，“一带一路”有机衔接门户的重要节点。20世纪80年代，柳州家电产业如日中天，双马电扇、都乐冰柜等畅销全国。目前已形成汽车及零部件、钢材、家电、机电产品、建材、农副产品、服装、日用消费品等批发市场。柳州素有“桂中商埠”之称，是沟通西南与中南、华东、华南地区的铁路中枢及区域性综合交通枢纽，已形成集水陆空于一体的立体化现代交通网络。柳州市积极实施“走出去”战略，经过多年的发展，“走出去”事业取得了长足进步，造就了柳工、上汽通用五菱、东风柳汽、欧维姆等一批具有国际化视野、业务遍布全球的优秀企业。2018年，该市实现外贸进出口总额173.29亿元，机械、冶金、汽车及零部件等主要出口商品销往世界各地。截至2018年底，该市企业境外投资项目共

87 个，投资总额 10. 56 亿美元，投资遍布五大洲共 19 个国家。

（2）玉林市商贸底蕴深厚，民营经济发达，素有“岭南都会”的美誉，拥有全国第三大中药材交易市场，被誉为“中国南方药都”。近年来，该市全面推进各领域改革，大大激活了市场活力，民营经济异军突起，走在全区前列。截至 2018 年底，全市共有各类市场主体 26. 7 万户，贡献了 54% 的税收、70% 的固定资产投资、80% 的地区生产总值、90% 的城镇劳动力就业、91% 的规模以上工业企业数量。主动融入国家“一带一路”建设，加快融入粤港澳大湾区、西部陆海新通道，持续推进“建高铁、修机场、造码头”三件大事，全力打造“东融”重要通道和区域枢纽。玉林大健康产业是玉林发展最快的新兴支柱产业之一，其中玉林中医药健康产业园是核心产业园。数据显示，截至 2018 年底，玉林市重点产业实现规模以上工业总产值同比增长 6. 66%，占全部规模以上工业总产值的 89. 63%，对规模以上工业总产值增速的贡献率达到 89. 82%。

（3）梧州市作为广西的东大门，既是西部地区接受东部地区经济辐射的前沿阵地，也是珠三角地区资金、技术、产业向西部转移、打开大西南及东盟市场的重要通道节点。梧州三江汇流，是西部地区最靠近珠三角地区的城市，近年来构建的公路、铁路、水道、航空现代立体交通新格局，加快了与粤港澳大湾区合作城市之间的互通融合，使之融入粤港澳大湾区具有先天优势。2011 年以来，梧州市先后与粤港澳大湾区的广州、佛山、肇庆等城市签署战略合作框架协议，搭建市长联席会议平台，共商粤桂合作项目和事项，并连续成功举办了十多届西江经济发展论坛。截至 2018 年，共商定“广佛肇梧一体化”建设重点合作项目和事项 220 项，总投资 2000 多亿元。得益于面向大湾区全面开放的区域协作，梧州目前已经聚焦“三大三新”和金融产业 7 个重点领域，构筑了数字经济、新能源、大健康、金融、新制造和轻工产品、新材料、大物流、医药食品、林产林化、陶瓷钛白、宝石十二大产业体系。

（4）贵港市提出要把“工业兴市、工业强市”上升到战略高度，短短几年时间，贵港作为一个从来没有生产过一个轮胎的城市，被广西确定为战略性新兴产业城。2018 年，工业投资增长、实际利用内外资增速、企业技改投资增长、新入库规模以上企业数、企业技术改造投资增速等多项指标排列广西第一位，并成为广西唯一被工信部评为工业稳增长和转型升级成效明显市。粤桂（贵港）热电循环经济产业园占地500亩的糖厂雏形已现。该产业园规划总用地面积约1万亩，以华电贵港电厂为能源依托，充分利用电厂能源供应优势，引入上下游产业，打造以糖浆纸产业为特色的循环经济集聚区。随着一大批项目落地开花，贵港工业结构从传统“老五样”产业格局，向新能源汽车、电子信息、生物制药“新三篇”新兴产业飞跃。

广西珠江—西江经济带先进制造业、战略性新兴产业和先导产业进一步发展，传统产业转型升级加速，高耗能产业占比逐年下降，钢铁、煤炭等过剩产能加快淘汰，产业结构渐趋优化。广西—珠西经济带经济运行已呈现出“增速稳，投资实，产业转型快，经济带核心驱动作用逐步增强”的特点。

## 3.2　对外开放通道的空间分布

广西具有独特的沿边、沿江、沿海、沿国际大通道的“四维支撑、四沿联动”开放空间格局，其经济活动空间分布与“一带一路”倡议构想息息相关。国家“一带一路”建设是广西对外开放的黄金契机，越南、泰国、柬埔寨、老挝、缅甸、马来西亚6个东盟国家已在南宁设立领事馆，广西与东盟缔结的友好城市达到54对。

作为泛珠三角区域中唯一与东盟国家海陆相接的省区，区位优势独特，出海出边大通道已经基本建成，但是国际大通道的功能还不够完善，效率有待进一步提高。广西处于“一带一路”的西部陆海新通道。① 毗邻

① 2018年11月，中国、新加坡正式签署《关于中新（重庆）战略性互联互通示范项目“国际陆海贸易新通道”建设合作的谅解备忘录》。这条通道利用铁路、公路、水运、航空等多种运输方式，由重庆向南经贵州等地，通过广西北部湾等沿海沿边口岸，通达新加坡及东盟主要物流节点；向北与中欧班列连接，利用兰渝铁路及西北地区主要物流节点，通达中亚、南亚、欧洲等区域。

广东，遥望港澳，构建开放合作新格局，广西还正在全力“东融”。2018年粤港澳大湾区投资占贺州吸引投资总量的64.8%。梧州精心建设粤桂合作特别试验区，注册企业达380家；玉林实施加工贸易倍增计划，承接引进的加工贸易企业（项目）中7家已投产。2018年，广西与大湾区贸易增势显著，对香港进出口409.3亿元，增长56.6%；对澳门进出口增长3.3倍。各经济区2018年外贸情况详见表3－4。

表3－4　2018年广西各个经济区域对外贸易数据

| 地区 | 进出口额 | | 出口额 | |
|---|---|---|---|---|
| | 1—12月累计总量/亿元 | 1—12月累计同比增长/% | 1—12月累计总量/亿元 | 1—12月累计同比增长/% |
| 北部湾经济区（南宁、北海、钦州、防城港四市合计） | 2088.33 | 3.2 | 698.51 | 12.5 |
| 北部湾经济区六市（南宁、北海、钦州、防城港、玉林、崇左六市合计） | 3518.88 | 4.5 | 1817.37 | 14.6 |
| 桂西资源富集区（百色、河池、崇左三市合计） | 1720.94 | 8.0 | 1274.19 | 16.7 |
| 西江经济带（柳州、桂林、梧州、贵港、玉林、贺州、来宾七市合计） | 377.44 | 1.3 | 203.45 | 9.1 |

数据来源：广西壮族自治区统计局。

2018年实现全区外贸进出口4106.7亿元，同比增长5%，在全国排第14位、在西部地区排第3位。2018年广西加工贸易进出口138.3亿美元，占同期广西外贸进出口总值22.2%，较上年增长16.4%，超过广西外贸进出口增幅17.3个百分点。

### 3.2.1　“四维支撑、四沿联动”开放格局的形成

广西的差距在开放，发展的潜力也在开放。“一带一路”倡议的实施为推动广西腾飞崛起注入了强大动力源。广西处在西南经济圈、华南经济圈和东盟经济圈的结合部，连接着中国与东盟两个广阔市场，既是我国西南地区最便捷的出海大通道，也是东盟国家进入中国市场的重要海陆通

道，因此，国家赋予广西三大战略定位，广西为完成该战略定位，进一步细化为“思维支撑和四沿联动”战略。见图3－1、图3－2。

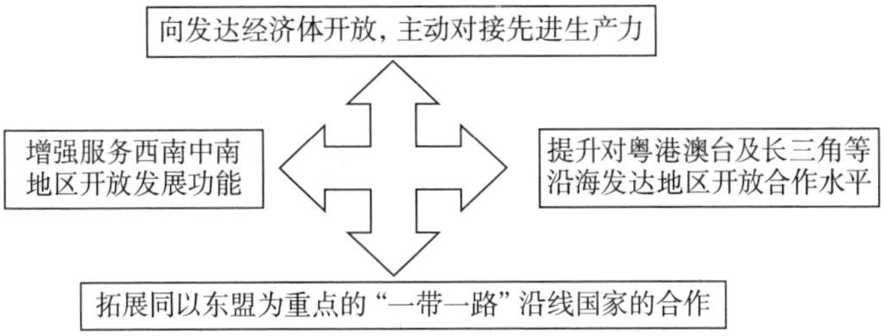


图3－1　广西经济开放思路

广西沿海、沿边、沿江、沿国际大通道，广西所处的对外开放布局，形成东畅粤港澳台、西联孟印缅、南达东盟各国、北通黔川湘鄂渝陕的交通网络。

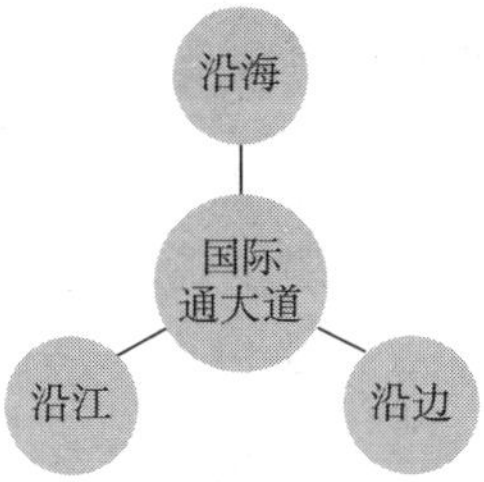


图3－2　广西经济四维支撑

广西沿边开放的“一圈三带”空间布局正在形成，面向东盟的南宁——防城—东兴—芒街边海联动经济合作带、南宁—崇左—凭祥—同登沿边经济合作带、百色—靖西（那坡）—茶岭（朔江）沿边经济合作带以及广西边境口岸经济合作圈。

出海、出边、出省通道建设加快。为更好发挥有机衔接“一带一路”的重要门户作用，广西坚持“两条腿”走路：一条是海路，着力建设北部湾区域性国际航运中心、区域性国际商贸物流金融合作中心、港口城市合作网络，畅通与海上丝绸之路沿线国家贸易往来；一条是陆路，力争向北打通经贵阳至重庆、成都、西安、兰州、乌鲁木齐的高速铁路，向南建设联通中南半岛的陆路大通道，为构建中国－中南半岛经济合作走廊提供交通支撑。

### 3.2.2 “一廊两港”的对外开放通道空间分布

广西沿边“一廊两港”三大国际通道建设，以中国－中南半岛国际经济走廊、中国－东盟港口城市合作网络、中国－东盟信息港建设为重点，大力构建国际大通道，打造多领域交流渠道，推动“一带一路”建设向纵深发展。

#### 3.2.2.1 中国－中南半岛经济走廊

中国－中南半岛国际经济走廊是中国与“一带一路”沿线国家规划建设的六大经济走廊之一。该经济走廊以南宁和昆明为起点，以新加坡为终点，纵贯中南半岛的越南、老挝、柬埔寨、泰国、马来西亚等国家，是中国连接中南半岛的大陆桥，也是中国与东盟合作的跨国经济走廊。

广西与东盟国家的互联互通重点围绕推进中新（新加坡）战略性互联互通示范项目“渝桂新南向通道”建设，加快中越“三高两铁三桥”等跨境跨省铁路、公路、海运基础设施建设展开。中泰（崇左）产业园、中越跨境经济合作区、中国·印尼经贸合作区、玉林文莱中医药健康产业园。

“渝桂新”① 国际联运通道，是指从重庆出发，利用铁路运输，经贵阳到北部湾港，再经海运至新加坡的海铁联运通道。经此通道，新加坡港至中国的货物也可直接通过北部湾港上岸抵达中国内陆，从而大幅降低运输成本。

#### 3.2.2.2 中国－东盟港口城市合作网络

为促进与“一带一路”沿线国家的基础设施互联互通，广西以北部湾港为依托，构建与东盟国家47个港口城市的互联互通网络，推动中国与东盟各港口城市之间形成航运物流圈、港口合作圈、临港产业圈、旅游合作圈、友好城市合作圈，促进海上互联互通。

---

① 2017年5月12日上午，“渝桂新”国际联运通道首趟试运行班列经过近48个小时行程顺利抵达广西钦州港。

城镇群是国家应对新一轮全球竞争的战略举措。北部湾城镇群在推进中国－东盟自由贸易区的建设、保证国家的能源战略安全、实现国家西部大开发战略中具有举足轻重的地位。加快北部湾城镇群的开放与开发是国家战略的需要，也是广西在新机遇时期发展的战略重心。根据《北部湾城市群发展规划》①，广西北部湾港加快与国内外重要港口的合作，目前已建成生产性泊位260个，与世界100多个国家和地区、200多个港口通航，实现了东南亚、东北亚地区主要港口的全覆盖，港口基础设施和吞吐能力都迈上了新台阶。港口城市合作机制的建立、海上联合搜救机制的形成，都将进一步促进海上运输更加便利，促进海洋经济的发展，对缩小地区发展差距具有重要意义。

#### 3.2.2.3　中国－东盟信息港

2016年4月，国务院批准《中国－东盟信息港建设方案》，建设中国－东盟信息港是构建中国－东盟命运共同体的标志性工程。中国－东盟信息港依托广西，与东盟共同建设基础设施、信息共享、技术合作、投资经贸服务、人文交流五大平台，全方位服务海上丝绸之路“五通”建设。信息港响应国家“一带一路”倡议，将建设连接中国与东盟的“数字丝绸之路”。3年多来，信息港建设稳步推进，取得了一系列重要成果：亚欧5号、亚太直达及亚非欧1号3条国际通信海缆建成开通；中越、中缅、中老10条跨境陆路光缆系统建成开通；中国联通南宁国际局、北海国家顶级域名解析系统节点建成使用；中国－东盟信息港大数据中心、中国移动（广西）数据中心、中国电信（广西）东盟云计算数据中心已建成。

到2020年，建成面向东盟的数据服务新高地，跨境电商和物流支付体系全面建成。到2021年，中国－东盟数字经济合作更加深入广泛，中国－东盟信息港的“一基地、一中心、一主轴、两组团”主体承载区和空间布局初步形成。②

---

① 2017年1月20日，国务院批复《北部湾城市群发展规划》。原本仅限于广西的南宁、钦州、北海、防城港等市的北部湾城市群规划，现在还包括广东及海南部分地区。

② 广西壮族自治区人民政府办公厅关于印发中国－东盟信息港建设实施方案（2019—2021年）的通知（桂政办发〔2019〕72号）。

随着第十五届中国－东盟博览会、中国－东盟商务与投资峰会在南宁成功举办，广西2018年外贸进出口4106.7亿元，是2015年的近1.3倍，其中对东盟进出口达2061.5亿元。

### 3.2.3 西部陆海新通道

广西积极构建“南向、北联、东融、西合”全方位开放发展格局，有机衔接“一带一路”。西部陆海新通道建设取得明显成效，吸引了更多西南企业取道广西进出口，广西衔接“一带一路”的门户和通道作用进一步凸显。2018年，西南四省经广西口岸对东盟进出口114亿元，增长56.8%，高于西南四省经广西口岸进出口整体增速23个百分点。

背靠大西南、毗邻粤港澳、通衢东南亚的广西，具有全面融入粤港澳大湾区建设的优越地理位置，是全国唯一与粤港澳大湾区有省界接壤的西部省区，也是唯一与粤港澳大湾区同时具有陆地、江河、海上三种通道相连的省区。广西还是粤港澳重要的原材料供应地、农产品供应地、劳务输出地和产业承接地；粤港澳地区则是广西引进资金、技术、产业的主要来源地，也是经贸、文化、旅游等领域的重要合作伙伴。2016年，广西就成为继广东之后实施CEPA先行先试的省区，一跃成为内地对港澳开放合作的前沿，在建筑、设计、服务等十多个服务业领域享受比内地其他省区更加开放的政策。

广西还加强与西南、中南省份，港澳与沿江地区合作共建产业园区，先后建设了粤桂黔高铁经济带园区、粤桂（贵港）热电循环经济产业园，与广东、云南共同推进贺州—肇庆粤桂产业合作示范区、百色—文山跨省经济合作区建设。

2017年，一条纵贯我国西部、北接“丝绸之路经济带”、南连“21世纪海上丝绸之路”的国际贸易物流大通道——西部陆海新通道投入运行。广西是这条新通道的重要交汇点，以港口为龙头，涵盖南宁、北海、钦州、防城港、玉林、崇左六市的北部湾经济区，全力参与西部陆海新通道建设。凭祥是西部陆海新通道的重要陆路口岸，日均出入境车辆超1000辆。2018年，北部湾港海铁联运主干线已拓展至连通我国西部六省区的6

条线路，并实现常态化、规模化运行，联运班列累计开行1154列，到发港集装箱5.8万标箱，同比增长403%，实现与中欧班列的无缝连接。2018年，广西口岸进口、出口整体通关时间同比分别压缩60.58%、89.48%。传统的江海联运从重庆至新加坡约需25天，新通道仅需7—10天。从重庆至北部湾港陆上运输时间仅需2天。2019年，重庆、广西、贵州、甘肃、青海、新疆、云南、宁夏、陕西签订框架协议，陆海新通道的“朋友圈”扩大到九省（区、市）。

广西沿海、沿边地区加快陆海新通道基础设施建设，集中力量打造海铁联运、公路联运等通道多式联运体系，实现陆、海两大干线常态化运行。对接西部省（区、市）已开通至北部湾的8条常态化运行海铁班列；北部湾港开通外贸航线24条，并成功开通至南非的第一条外贸远洋集装箱航线，北部湾港至香港、新加坡班轮已实现常态化，成为西部地区最快、最便捷的出海通道。西部陆海新通道不仅是物流大通道，也是产业合作大走廊、开放发展经济带，更是西部省（区、市）共商共建共享的合作大舞台。

## 3.3　城镇的空间分布

城镇化是现代化的必由之路，是推动经济提质增效升级的重要抓手，是促进城乡区域协调发展的重要途径，是广西与全国同步全面建成小康社会、加快建成我国西南中南地区开放发展新的战略支点的重要支撑。广西的城镇化发展有很多内在的优势，只有充分认识并利用这些优势，才能促进广西的经济快速发展，缩小与东中部地区的差距，加速广西的新型城镇化发展。多区域合作框架奠定的区位优势为广西城镇化发展注入了生机和活力，使广西的经济和城市化发展的外部经济环境发生了巨大的变化，形成推动广西经济和城镇化发展的强劲力量。

广西的四大城市群详见图3-3。

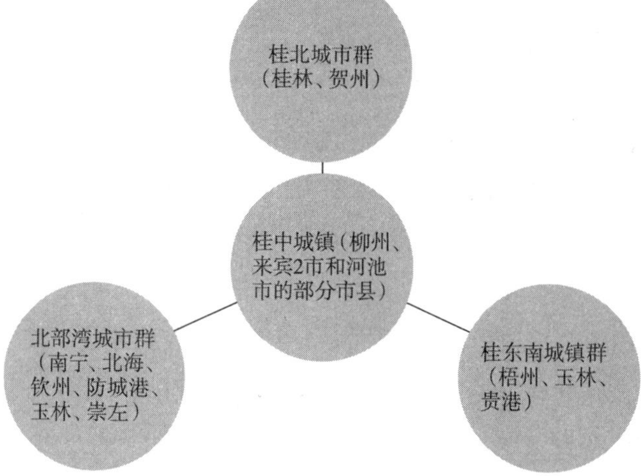


**图3-3 广西的四大城市群**

广西同时享有少数民族地区自治政策、西部大开发政策、沿海地区开放政策和边境地区开放政策。多类型组合的资源优势为城镇化发展奠定了坚实的物质基础。广西丰富的水能资源、亚热带和热带农林资源、矿产资源、海港和海洋资源等在全国具有突出的优势，开发潜力巨大。广西大气环境质量在全国名列前茅，大气中悬浮颗粒和有害气体含量都比较低，广西大部分城市环境空气质量达到国家二级以上标准，广西境内主要河流大约85%的河段的水质达到或高于地表水三类标准。广西沿岸海域功能区水质达标率在85%以上，海岸生态环境保持良好，是全国少有的原生态海岸线。广西的生态环境基本保持良好状态，具有推进新型城镇化所需的环境承载能力。

（1）北海市开放历史悠久，文化底蕴深厚，是古代“海上丝绸之路”的重要始发港，是国家历史文化名城、广西北部湾经济区重要组成城市。北海区位优势突出，地处华南经济圈、西南经济圈和东盟经济圈的结合部，处于泛北部湾经济合作区域结合部的中心位置，是中国大西南连接东盟的最便捷的出海口。1984年，北海获批成为全国首批14个沿海开放城市之一，是中国西部唯一同时拥有深水海港、全天候机场、高速铁路和高速公路的城市。近年来，北海依托区位优势大力发展临港经济，建立起电子信息、新材料、石油化工等多位一体产业格局，“向海经济”方兴未艾。2016年，全市GDP冲破千亿大关，2018年全市地区生产总值增长8.3%，是全区14个设区市中经济增速提速进位最快的地市。分产业情况看，第一产业增加值增长5.7%；第二产业增加值增长6.5%；第三产业增加值增长11.7%。三次产业结构由上年的17.9∶47.3∶34.8调整为16.6∶48.1∶35.3，贡献率分别为12.7%、34.8%和52.5%，第三产业占比进一步扩大，贡献率已过半。① 北海市构建“一岛两带三港四路五组团”② 的向海发展空间布局结构，电子信息等新兴产业在北海工业园集聚，临港产业和港区配套服务功能向铁山港湾区集聚，旅游和高端的旅游配套服务功能沿南部海岸带和涠洲岛集聚，合理配置沿海资源，提高资源配置效率。

（2）防城港市地处我国西南端大陆和海岸线的交汇点，拥有陆地边境线230千米，既沿海又沿边，是我国唯一与东盟海陆河相连的城市。新中国成立初期，防城港百废待兴，基础差，底子薄，加上长期受到战争的影响，经济发展缓慢。至1993年建市时，全市生产总值仅17.49亿元，人均GDP 2459元，财政收入2.79亿元。1984年，国务院把防城港与北海市一起作为一个整体，列为当时全国14个沿海开放城市之一，防城港迎来了开放发展的良机。30多年来，先后建成5个国家一类口岸和5个边民互市贸易点，获批西部首个海港进境水果指定口岸、全国首批粮食进境指定口岸、东兴中越陆路水果进境指定口岸，设立了国家级东兴开发开放试验区、跨境经济合作区、沿边金融综合改革试验区和跨境旅游试验区等多个开放发展平台。2016年进入了“全国地级城市小康经济指数100强”。数据显示，2018年，防城港市GDP相比1993年增长了40多倍，年均增长13.5%，人均GDP年均增长12.4%，人均公共预算收入连续多年居广西第一位，财政收入比1993年增长了30倍，贫困发生率从建市之初的22%降至2018年的1.4%。

① 资料来源：2018年北海市国民经济和社会发展统计公报。

② “一岛”即涠洲国际旅游岛，“两带”即蓝色海岸带和绿色生态带，“三港”即铁山港、国际邮轮母港和福成空港，“四路”即向海大道、滨海景观大道、广西滨海大道和合湛高铁，“五组团”即培育发展廉州湾新兴产业集聚区、老城综合服务区、银滩生态旅游功能区、海洋科技创新区和铁山港产业升级区五个组团。

新中国成立70年来，从偏僻封闭的交通末梢到对外开放的前沿，从西南边陲的小渔村发展成为一座日益国际化的生态海湾城市，综合实力实现跨越式发展，现代临港工业体系初步形成。现有广西东兴国家重点开发开放试验区、中越跨境经济合作区、沿边金融综合改革试验区、防城港边境旅游试验区等国家级开发开放平台，还是构建开放型经济新体制综合试点试验城市，正在建设保税物流中心（B型）。从昔日海上“胡志明小道”，到国际陆海贸易新通道，防城港正充分发挥沿海沿边开放优势，努力做好互联互通、开放经济、改革创新、统筹发展四篇大文章，全力打造区域性国际枢纽港。

防城港市拥有580千米海岸线，腹地广阔，开发成本低，环境容量大，是发展临港产业的理想之地，是中国最具潜力的沿边经济特区，是北部湾经济区的新兴港口工业城市。2018年全年生产总值增长7.4%。从产业看，第一产业实现增加值增长6.0%；第二产业实现增加值增长7.2%；第三产业实现增加值增长8.2%。三次产业对经济增长的贡献率分别为10.1%、52.5%、37.4%，其中，工业对经济增长的贡献率为52.4%。[①] 2016年5月，防城港市获批全国6个“构建开放型经济新体制综合试点试验”城市之一。防城港市以点带面，从线到片，既抓沿海地区，又抓沿边地区；既抓大港口、大工业、大交通建设，又抓边境贸易、跨境旅游、生态建设。以企沙半岛为大工业主阵地，边山海联动，港口、工业、城市和产业集群互动，文化与旅游融合，重点发展港口经济、海洋经济和生态经济，打造充满生机与活力的边海经济带。美国、新加坡、中国香港等一批世界500强企业抢滩落户，形成钢铁、有色金属、粮油食品、能源、石化、装备制造等一批千百亿元产业，建成中国第一大植物油籽加工基地和磷酸出口加工基地，并有望成为世界最大镍产品加工基地。每年出口东盟货物和关税收入占广西总量的一半以上，形成了中国－东盟合作的“防城港渠道”。

（3）钦州市是全区对外开放国家级平台最多的城市。1950—1965年，今市境大体仍分为钦县、灵山县、合浦县3个县，1965—1994年，今市境分为钦州（1983年10月8日国务院批准钦州县改设钦州市，1984年3月

① 资料来源：《2018年防城港市国民经济和社会发展统计公报》。

1日正式成立)、灵山、浦北3个县，1994年6月28日，国务院批准撤销钦州地区，设置钦州市（地级），同年10月28日挂牌。1996年6月14日成立钦州港经济开发区。2010年11月，国务院批准钦州港经济开发区升级为国家级经济技术开发区。钦南区、钦北区、钦州港经济技术开发区、三娘湾旅游管理区、灵山县、浦北县等均为钦州市辖域。钦州港自1992年建港以来，内设有中国与东盟最前沿的开放合作平台——广西钦州保税港区、中国第三个两国政府合作共同开发的“中国－马来西亚（钦州）产业园”等多个“国字号”平台。在钦州市“大开放、大通道、大港口、大产业、大物流”发展战略指导下，集装箱业务快速发展，外贸航线不断增加。2017年9月28日，中新互联互通国际陆海贸易新通道①首趟上行班列从广西钦州港东站发往重庆团结村站，至此班列实现上下行贯通，进入常态化运行阶段。钦州港港口吞吐量增长很快，1994年开港时，港口吞吐量只有12.2万吨，2007年才突破1000万吨；集装箱2002年只有303标箱，2018年港口货物吞吐量突破1亿吨，集装箱完成226.5万标箱，两项指标均创历史新高。钦州港已开通集装箱航线40条，其中内贸航线18条、外贸航线22条。自西部陆海新通道畅通后，钦州加快海陆枢纽城市建设，截至2019年第一季度，途经钦州港的铁海联运班列已累计开行900多班，目的地已覆盖71个国家和地区的166个港口，进出口货物有300余个品类。

东盟是钦州最大的出口市场和主要进口来源地，东盟10国均与钦州有进出口贸易往来，且占全市进出口总额的40%以上。而中国－马来西亚钦州产业园区的建设，开创了“两国双园”国际合作新模式。该园区已建成全国首个全产业链、集群式燕窝产业发展平台，成为东盟传统优势产业进入国内市场和国内高新技术产业“走出去”的平台，共引进产业项目139个，总投资1163亿元。“两国双园”国际产能合作架构日益完善、产业发展初具规模、跨境产业链和服务链正在形成，带动两国及东盟产业集群式

① 陆海新通道以重庆、广西、贵州、甘肃等西部省（区、市）为关键节点，利用铁路、公路、海运等运输方式，向南经广西沿海沿边口岸通达东南亚等地区，向北连接“丝绸之路经济带”，不仅改变了西部地区货物向东出海的传统物流格局，有效提高了西部地区货物外运运输时效。

发展，成为促进中国与东盟深化合作的一个亮点。钦州市以中马钦州产业园区、钦州保税港区、钦州港经济技术开发区三大国家级开放平台为重点，深度融入“一带一路”建设，推进与东盟国家的合作，积极“走出去”。

（4）南宁市是广西政治、经济、交通、科教文卫、金融和信息中心，是中国面向东盟开放合作的前沿城市、中国－东盟博览会永久举办地、北部湾经济区核心城市、国家“一带一路”有机衔接的重要门户城市。南宁市作为内陆开放型经济高地，是珠江—西江通道西段节点城市之一，政策优势叠加，享有民族区域自治、西部大开发、沿海沿边沿江开放、珠江—西江经济带、革命老区振兴、北部湾经济区、北部湾城市群以及“一路一带”建设、打造中国－东盟自贸区“升级版”等多重政策。2007年，南宁荣获全球人居领域最高奖励——“联合国人居奖”。近年来，南宁还获得全国文明城市、国家生态园林城市、国家森林城市等荣誉。2016年6月28日，南宁市轨道交通1号线东段正式开通试运营，广西成为我国首个开通地铁的少数民族自治区。2018年城镇化率达62.4%。作为西部陆海贸易新通道的重要节点城市，南宁与“一带一路”沿线国家的合作与贸易往来成为拉动全市外贸增长的新动能。南宁市重点向南积极参与西部陆海新通道建设，重点向东主动对接粤港澳大湾区建设，努力加快推进基础设施互联互通建设，实现首府南宁区域性国际综合交通枢纽建设取得新突破。《中国－东盟信息港南宁核心基地建设方案（2019—2021年）》出台，打造面向东盟的智慧城市样板。建设面向东盟的金融开放门户南宁核心区。南宁有院士工作站69家；高新技术企业达到750家；科技技术合同登记数、技术合同成交额、技术交易额连续多年排名全区第一位。集中优势资源做大做强电子信息、先进装备制造、生物医药三大重点产业，培育发展新产业、新业态、新模式，奋力推动首府经济向更高质量发展。南宁市坚持在全区扩大开放上走在前作表率，顺势而为、乘势而上，重点向南、向东扩大开放，积极畅通“南宁渠道”，不断提升开放平台，完善开放机制，优化开放环境，以高水平开放助推高质量发展。与全球165个国家和地区开展经贸往来，在全区构建“南向、北联、东融、西合”全方位开放发展新格局中发挥了示范引领作用。改革开放之初的1978年，全市GDP只有

14.74亿元，财政收入只有2.32亿元，2017年实现生产总值4118.83亿元，财政收入687.98亿元，分别是1978年的279倍和296倍。南宁市经济总量居全国五个自治区首府城市第一位。

（5）园区经济与开发开放试验区集聚效应明显。广西通过发挥区域优势先后与东盟的8个国家开展园区合作，正在建设和推进双边合作园区近20个。例如，中国－马来西亚钦州产业园区，依托“两国双园”探索，园区不仅服务中马两国企业，还为中国与东盟国家间合作交流、贸易往来提供平台作为中国－东盟自由贸易区升级版的重要探索而广受关注。

合作园区不仅为区域发展注入了新动能，也让越来越多的中国企业在国外觅得商机，有利于推动企业“抱团出海”。南宁国家高新技术产业开发区、南宁国家经济技术开发区、广西－东盟经济开发区、南宁六景工业园、北海电子产业园、北海铁山港工业区、防城港大西南临港工业园、防城港企沙工业区、钦州石化产业园、龙港新区、广西钦州保税港区、玉林龙潭产业园、东兴国家重点开发开放试验区、凭祥国家重点开发开放试验区等。例如，北部湾经济区先后引进了全球500强富士康、三诺、全国百强中国电子等一批重点龙头企业，积聚了530多家电子信息产业企业，带动广西北部湾电子信息产业驶上快车道，2016年创下了产值近2000亿元的好业绩，北部湾经济区一批电子产品填补了广西乃至全国的空白。

广西以东盟为重点区域，突出建设中国－中南半岛经济走廊、中国－东盟港口城市合作网络、中国－东盟信息港、中国－东盟博览会和中国－东盟商务与投资峰会等开放合作平台。

区域经济发展不平衡，2017年南宁、柳州、桂林三市GDP就占全区GDP的43.7%。2018年广西各经济区经济发展情况见表3－5。

**表3－5 2018年广西各经济区域数据**

| 地区 | GDP | | 财政收入 | |
|---|---|---|---|---|
| | 全年累计总量/亿元 | 全年累计同比增长/% | 1—12月累计总量/亿元 | 1—12月累计同比增长/% |
| 北部湾经济区（南宁、北海、钦州、防城港四市合计） | 7228.99 | 6.1 | 1209.17 | 9.1 |

续表

| 地区 | GDP | | 财政收入 | |
|---|---|---|---|---|
| | 全年累计总量/亿元 | 全年累计同比增长/% | 1—12月累计总量/亿元 | 1—12月累计同比增长/% |
| 北部湾经济区六市（南宁、北海、钦州、防城港、玉林、崇左六市合计） | 9860.94 | 6.8 | 1437.99 | 8.6 |
| 桂西资源富集区（百色、河池、崇左三市合计） | 2981.56 | 8.2 | 281.00 | 8.2 |
| 西江经济带（柳州、桂林、梧州、贵港、玉林、贺州、来宾七市合计） | 10167.47 | 6.8 | 1201.71 | 7.7 |

数据来源：广西壮族自治区统计局。

## 3.4 城镇化发展成就

2018年，广西常住人口城镇化率达50.22%，户籍人口城镇化率达31.72%，2013—2018年累计实现农业转移人口落户城镇521万人，新型城镇化建设取得显著成效。民族地区城镇化是各民族平等共享经济改革、国家发展红利的路径。城镇化的实质是民众的生活与就业模式问题。现代生活，只有城镇才能提供很多必需的生活需求服务，而就业问题，也只有在城镇才能有效提供第二、第三产业的就业机会。城镇化是边疆地区重要的民生工程，是重大的发展机遇。人口集聚先行一步，产业发展紧随其后。即便初期的人口汇聚与经济产业发展未能同步，但是，人口聚集了，客观上就能为第二、第三产业的兴盛创造更有利的条件。从长远看，必将能够促进边疆地区的经济社会更好发展。

（1）广西城镇化的进程大致呈现三个阶段。第一阶段，20世纪80年代至90年代初，城镇化水平较低、发展较慢，呈现出乡镇企业崛起促进农民转移，农民“离土不离乡，农忙又返乡”的特征。第二阶段，20世纪90年代至21世纪前10年，人口向城镇迅速集聚，呈现出开放型经济推动了城镇化步伐加快，农民“离土又离乡，务工进工厂”的特征，此时城镇化数量快速增加。第三阶段，2007 年以来，城镇化进入新一轮发展阶段，呈现出政府努力推动农民“离土离乡加保障，进城落户身份变”的特征，同时也进入了提高城镇化质量的关键时期。

广西越来越重视城镇化的发展。2006 年 11 月 15 日，中国共产党广西壮族自治区第九次代表大会提出了“广西城镇化要坚持走新型城镇化道路”的构想，围绕统筹城乡经济社会发展，坚持高起点规划、高质量建设、高效能管理，走布局科学、结构合理、功能完善、资源节约、集约发展、以人为本理念得到充分体现的多样化有特色的城镇化道路，提出了进一步优化城镇布局，加快培育和形成南北钦防、桂北、桂中、桂东南城镇群和黔桂走廊、右江走廊、桂东北、桂西南城镇带等“四群四带”的城镇发展格局。2008 年 1 月 19 日，在广西壮族自治区第十一届人民代表大会第一次会议上，再次强调了坚持以工业化、城镇化为主导，促进区域协调发展，突出发展大中城市，加快发展小城镇，形成城镇群和城镇带，加快发展一批县城和重点镇，进一步优化城镇布局。

近年来，广西根据城镇化建设过程中取得的经验和成就，于 2014 年又提出了《广西壮族自治区新型城镇化规划（2014—2020 年）》，制定出台了涉及户籍、财政、教育、卫生、社保、土地等领域的一系列政策措施，扎实推进新型城镇化工作。该规划中提到，到 2020 年，广西常住人口城镇化率和户籍城镇化人口率分别达到 54% 和 34.5%，新增城镇人口 700 万人，600 万农业转移人口和其他常住人口落户城镇。如果要达到这个目标，需要政府、企业和全体人民的不懈奋斗和不怕吃苦的精神。

（2）广西推进城镇化政策的大力实施，提高了城镇规划建设管理水平。北部湾城市群规划上升为国家战略，北部湾经济区通信、旅游、社保同城化，口岸通关一体化等改革任务基本完成，桂中城镇群、西江干流城镇群、桂贺旅游城镇带、广西沿边城镇带有序推进。9 个国家新型城镇化综合试点取得阶段性成果，形成了“柳州模式”和“来宾样板”，北流、平果推进新型城镇化经验在全国推广。广西 23 个新型城镇化示范县和百镇工程建设深入推进，自治区第一批 45 个特色小镇培育创建质量不断提高。城镇基础设施服务水平不断提升，全区 9 个城市实现交通一卡通；全区城市用水普及率达96%以上，县城用水普及率达85%以上；城镇生活垃圾无害化处理率超过98%，镇级污水处理设施覆盖率超过60%；城镇燃气普及率达93%；海绵城市、地下综合管廊、产城融合示范区建设加快推进。

（3）新型城镇化发展水平不断提升。人口总量平稳增长，城镇化率突破50%，为50.22%，比2017年末提高1.01个百分点。广西各市城镇化率详见表3－6。

表3－6　2018年广西14市城镇化率水平

| 地区 | 常住人口/万人 | 城镇常住人口 | |
|---|---|---|---|
| | | 人数/万人 | 城镇化率/% |
| 柳州市 | 404.17 | 261.67 | 64.74 |
| 南宁市 | 725.41 | 452.62 | 62.40 |
| 北海市 | 168.00 | 98.45 | 58.60 |
| 防城港市 | 95.33 | 55.67 | 58.40 |
| 梧州市 | 306.11 | 160.96 | 52.58 |
| 贵港市 | 440.92 | 220.85 | 50.09 |
| 桂林市 | 508.55 | 254.28 | 50.00 |
| 玉林市 | 584.97 | 288.31 | 49.29 |
| 贺州市 | 207.26 | 95.76 | 46.20 |
| 来宾市 | 223.39 | 99.51 | 44.55 |
| 钦州市 | 330.44 | 132.16 | 40.00 |
| 崇左市 | 209.94 | 82.37 | 39.24 |
| 河池市 | 354.57 | 135.39 | 38.18 |
| 百色市 | 366.94 | 136.00 | 36.06 |
| 广西 | 4926.00 | 2474.00 | 50.22 |

数据来源：广西壮族自治区统计局。

柳州市与南宁市的城镇化率高于全国平均水平，广西城镇率达到50%以上的市有柳州、南宁等7个城市，排名第一位的柳州市的城镇化率高于排名第14名的百色市28.68个百分点。百色市2018年GDP增长9%，规模以上工业增加值增长12%，财政收入增长7.4%，全社会消费品零售总额增长10%，外贸进出口总额增长11%，城镇和农村居民人均可支配收入分别增长5.3%、10%。贺州市作为大西南东进的通道，已融入粤港澳大湾区两小时经济圈。贺州市的产业项目是生态健康、碳酸产业。崇左市作为“中国糖都”，依托产业优势，延长产业链，致力糖业循环经济发展。2018 年，当地制糖业产值达 433 亿元，蔗糖产业深加工规模居全国首位，其中糖业循环经济产值达 33.7 亿元，糖业循环经济领跑全国。

居民收入消费稳定增长，农村居民收支增速快于城镇。产业结构进一步优化。2018 年，第三产业增加值占 GDP 比重为 45.5%，比上年提高 1.2 个百分点。特别是玉林市城乡居民收入领跑全区，农民人均可支配收入居全区第一位，是全区城乡收入差距最小的城市。玉林市大力推进产业结构优化升级，形成了以新型工业为主导、现代服务业为支撑、特色农业为基础的产业新格局。现代特色农业发展迅速，是广西重要的粮食、水果、禽畜生产基地，也是全国著名的荔枝之乡、桂圆之乡、沙田柚之乡、三黄鸡之乡、百香果之乡。

广西的城镇化率一直低于全国平均水平，但几乎保持同步增长，逐渐逼近平均水平。广西的城镇化工作还需要有新的驱动力，才能有望突破，取得较快发展。广西虽然在改革开放四十年多来经济发展取得了很大的成就，但是仍然存在很多问题，因此，发展新型城镇化对于广西仍然是重中之重。近年来，随着东部沿海发达城市的饱和与产业转移，同时更有中国 - 东盟自由贸易区升级版、建立西南中南地区开放发展新的战略关键点等有利趋势的区域发展环境，进入快速发展阶段的广西新型城镇化就会更加值得期待。广西城镇化进程及与全国对比见图 3 - 4 至图 3 - 6。

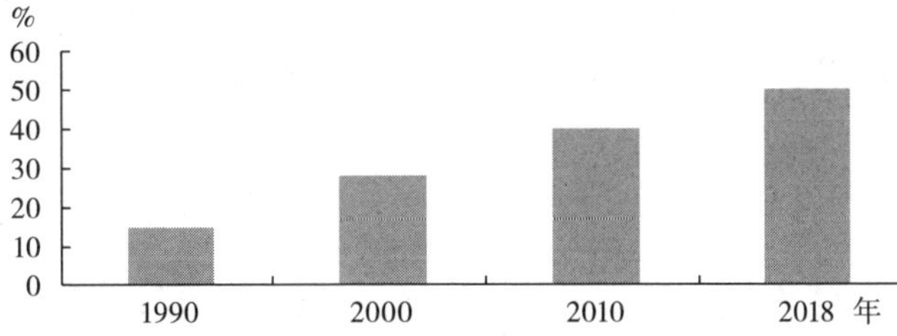


**图 3 - 4　主要年份广西城镇化率变化统计**

数据来源：根据国家统计局数据与《广西统计年鉴 2018》计算所得。

注：2005 年起为常住人口数；在《广西统计年鉴 1989》中，人口统计第一次出现按城乡分市镇人口和乡村人口；在《广西统计年鉴 2004》中，人口统计第一次出现按城乡分市镇人口和乡村人口的百分比；在《广西统计年鉴 2018》中，市镇人口和乡村人口的百分比（1990 年，1995 年，2000—2017 年）。

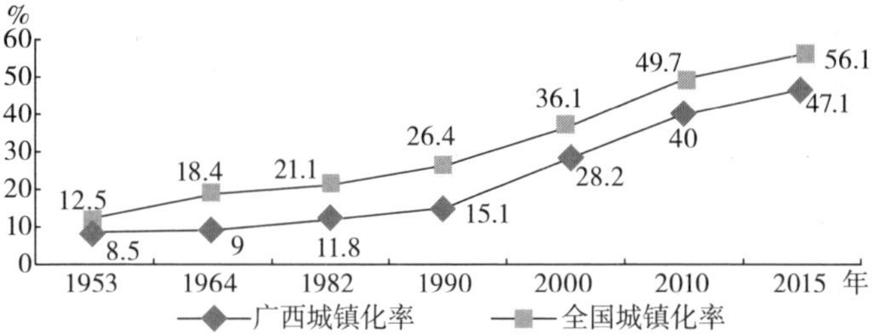


**图 3－5　1953—2015 年广西城镇化率与全国城镇化率**

数据来源：作者根据广西统计局历年数据绘制。

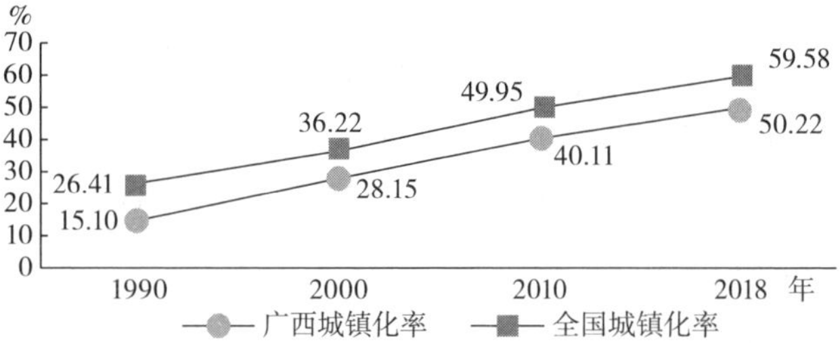


**图 3－6　1990—2018 年广西与全国城镇化率对比**

广西数据来源：《广西统计年鉴 2018》。

全国数据来源：根据国家统计局数据计算所得。

注：广西数据 2005 年起为常住人口数；全国数据统计口径为常住人口。

广西城镇化水平由 1958 年的 9.47% 提高到 2007 年的 36.24%，城镇面貌发生了深刻变化。而 2016 年，市镇人口上升至 2326 万人，占总人口比例上升为 48.08%，乡村人口下降为 2512 万人，占总人口比例下降为 51.92%。市镇人口总量从 1990 年到 2016 年增加了 1685 万人，市镇人口占总人口比例增加 32.98 个百分点，城镇化水平明显提高。同时，1953—2015 年广西与全国的城镇化率相比，上升趋势相同，但整体水平低于全国城镇化水平。

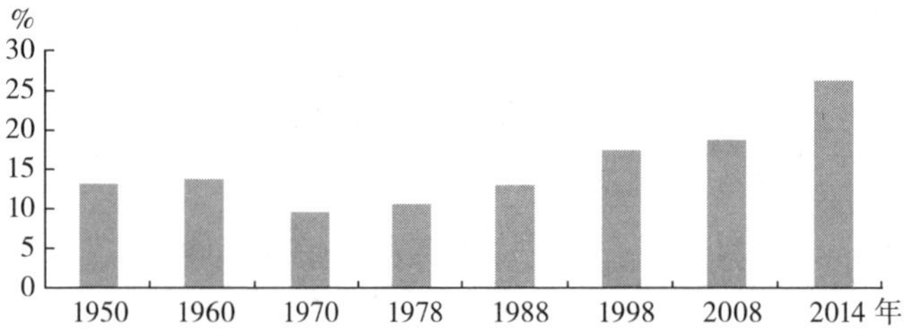


**图 3－7　非农业人口占总人口比例变化情况**

数据来源：根据国家统计局数据与《广西统计年鉴》（1984 年、1986 年、2001 年、2015 年）计算所得。

城镇人口结构发生重大变化。1990 年，市镇人口 641 万人，占总人口比例为 15.10%，乡村人口为 3601 万人，占总人口比例为 84.90%。2001 年，市镇人口突破千万达到 1350 万人，占总人口比例上升为 28.20%，乡村人口略为下降为 3438 万人，占总人口比例下降为 71.80%。详见图 3－7、图 3－8。

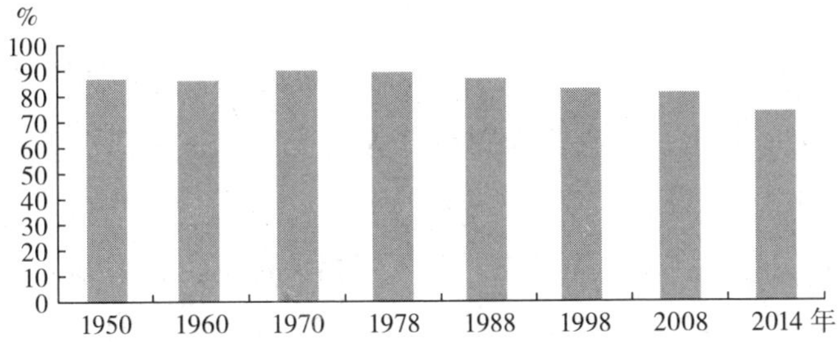


**图 3－8　农业人口占总人口比例变化情况**

数据来源：根据国家统计局数据与《广西统计年鉴》（1984 年、1986 年、2001 年、2015 年）计算所得。

广西新增城镇人口主要来源为城镇人口的自然增长、精准扶贫移民搬迁、人口迁移流动等途径。农业转移人口市民化有序推进。全区 14 个市已全部出台本地推进户籍制度改革的实施意见和细则，基本实现城镇落户“零门槛”。

## 3.5　沿边城镇与沿边重点开发开放试验区

广西边境线东起东兴市北仑河入海口，西至百色市那坡县达省屯，与越南紧邻，陆地国境线全长约 1020 千米，共有防城港、崇左、百色 3 个沿边地级市的 8 个县（市、区），下辖 31 个边境乡镇，225 个边境行政村，与越南的河江、高平、谅山、广宁 4 个省 18 个县接壤。现有 6 个国家一类口岸，6 个二类口岸和 26 个边民互市点，边境贸易额长期位居我国沿边省区前列。

广西沿边地区是通向东南亚的重要出口，“一带一路”南线国际国内的交汇处，中国－中南半岛经济走廊的起点。边境线两侧多为山地丘陵，沿边境线均属亚热带季风气候区，气候温暖，雨水丰沛，植物茂盛，多缓坡丘陵，自然生态条件较好，是沿边民族地区中适合人类居住、经济发展也较好的地区。

### 3.5.1 沿边地区城镇化发展

全区沿边8个县（区、市）总人口266万人，其中边民约77万人。从表3－7可以看出，沿边地区明显分为两个层次，东部防城港市城镇化率、人均GDP、居民收入等指标均已达到或超过国内平均水平，属于沿边地区中相对发达的区域。而崇左、百色市相关指标仍较大幅度落后于广西平均值，属于典型的边远落后地区。2018年，边境地区百色、崇左市生产总值均首次突破1000亿元大关，防城港市生产总值增速、城镇和农村居民人均可支配收入等指标多年保持排在前列。边境8县（市、区）生产总值、固定资产投资、社会消费品零售总额、农村居民人均可支配收入等发展指标增速普遍高于全区平均水平。

广西沿边三市2017年经济发展数据见表3－7。

表3－7　2017年广西沿边三市统计数据

| 项目 | 全区值 | 防城港市 | 崇左市 | 百色市 |
|---|---|---|---|---|
| 常住人口/万人 | 4885 | 94.02 | 208.68 | 364.65 |
| 城镇人口/万人 | 2404 | 53.94 | 79.88 | 132.35 |
| 城镇化率 | 49.21% | 57.37% | 38.28% | 36.30% |
| 城镇化率/区值 | 1.0 | 1.17 | 0.78 | 0.74 |
| 第一产业增加值/亿元 | 2906.87 | 89.27 | 181.25 | 189.24 |
| 增长率 | 4.10% | 3.90% | 4.40% | 4.50% |
| 第二产业增加值/亿元 | 9297.84 | 421.23 | 398.20 | 789.33 |
| 增长率 | 6.60% | 6.40% | 10.80% | 9.50% |
| 第三产业增加值/亿元 | 8191.54 | 231.12 | 328.17 | 383.20 |
| 增长率 | 9.20% | 8.30% | 10.60% | 9.80% |
| 总GDP/亿元 | 20396.25 | 741.62 | 907.62 | 1361.76 |
| 人均GDP/元 | 41955 | 79351 | 43678 | 37479 |
| 人均GDP/区值 | 1.00 | 1.90 | 1.04 | 0.90 |

续表

| 项目 | 全区值 | 防城港市 | 崇左市 | 百色市 |
| --- | --- | --- | --- | --- |
| 地方财政收入/亿元 | 2604.21 | 74.51 | 55.25 | 135.05 |
| 地方财政支出/亿元 | 4912.89 | 120.47 | 221.62 | 379.71 |
| 财政自给率 | 53.01% | 61.85% | 24.93% | 35.57% |
| 城镇居民人均收入/元 | 30502 | 32079 | 28813 | 29126 |
| 农村居民人均收入/元 | 11325 | 13373 | 10860 | 10171 |
| 农村人均收入/区值 | 1.00 | 1.18 | 0.96 | 0.90 |

数据来源：《广西统计年鉴2018》。

由于地理位置偏远和自然条件恶劣，加之较长时间处于战争前线，广西与越南接壤的边境一线（尤其是崇左市、百色市）不少乡村是脱贫攻坚的“硬骨头”。近年来，随着两国关系逐步正常化，进入了和平发展经济的时期，对外开放边贸互市贸易，对内实施产业兴边，支持现代农林优势产业发展，打造边境生态特色旅游走廊。越来越多的边民分享到边贸发展红利，逐步实现经济脱贫、心理脱困。2017年，广西边民互市贸易额占全国总值约七成，居全国首位。

我们注意到，崇左、百色第二、第三产业增长率较大，都在10%左右，明显超过发展较好的防城港市，说明产业转型在加速。农村居民人均可支配收入略低于全区平均水平，具有一定的依靠自身力量推动城镇化的财力。

下面我们对沿边8县（市、区）人口、城镇布局情况做进一步分析。边境县（市、区）2017年统计情况见表3-8。

表3-8　2017年广西边境县（市、区）统计数据

| 地市 | 县（市、区） | 建制镇/个 | 乡/个 | 行政村/个 | 面积/平方千米 | 常住人口/万人 | 乡镇密度/千平方千米 | 人口密度/平方千米 | 人均GDP/元 |
| --- | --- | --- | --- | --- | --- | --- | --- | --- | --- |
| 防城港市 | 防城区 | 7 | 3 | 141 | 2427 | 39.16 | 4.1 | 161 | 38594 |
|  | 东兴市 | 3 | 0 | 31 | 590 | 15.92 | 5.1 | 270 | 65738 |
| 崇左市 | 凭祥市 | 4 | 0 | 33 | 650 | 11.94 | 6.2 | 184 | 64147 |
|  | 大新县 | 5 | 9 | 129 | 2755 | 30.73 | 5.1 | 112 | 42027 |
|  | 宁明县 | 7 | 6 | 162 | 3705 | 35.39 | 3.5 | 96 | 39180 |
|  | 龙州县 | 5 | 7 | 117 | 2318 | 22.72 | 5.2 | 98 | 53702 |

续表

| 地市 | 县（市、区） | 建制镇/个 | 乡/个 | 行政村/个 | 面积/平方千米 | 常住人口/万人 | 乡镇密度/千平方千米 | 人口密度/平方千米 | 人均GDP/元 |
|---|---|---|---|---|---|---|---|---|---|
| 百色市 | 靖西市 | 11 | 8 | 254 | 3326 | 52.24 | 5.7 | 157 | 41363 |
| | 那坡县 | 3 | 6 | 127 | 2230 | 16.14 | 4.0 | 73 | 16696 |

数据来源：《广西统计年鉴2018》。

从表3－8中，我们注意到有几个县区（那坡县、防城区）其人均GDP值出现异常，与相应地区其他指标不协调。经核实，应该是基层统计口径差异导致。由于缺乏调整依据，这里我们直接引用，不做调整。从整体上，广西边境地区已从落后地区加速发展达到了全自治区的中等发展状态。其中，防城区、东兴市、凭祥市均超出全区、全国平均水平，其余5个边境县（市）排在全区中等水平。从人口分布情况看，东兴、凭祥人口密度较高，其他地方基本上每平方千米百人左右，20多户人家，不算高，但也决不能算过低。

我们先考察已有建制镇的情况。从表3－8中我们可以看到，广西沿边建制镇密度还是比较高的，其中，东兴市、凭祥市分别达到了5个/千平方千米及以上，也就是说，每个建制镇的服务面积在200平方千米以下，服务半径在8千米以内，这是一个良好的城镇发育状态，城镇的空间结构已不成为发展的障碍了。

除此以外，其他6县（区、市）建制镇平均密度在2个左右，服务面积500平方千米，服务半径约为15千米左右。如果仅以现有建制镇为基础建设中心镇，则属于集中式就地城镇化，需要裁撤部分乡，人口向中心镇周边集中。这种情况下，构建一定空间区域内，由若干个小城镇组合而成的小城镇集群，提高城镇化的质量和吸引力，就很有必要了。这就是集中式就地城镇化模式。

如果不考虑裁撤乡级集镇，扩大建设乡集镇为中心镇，则中心镇密度提高到大致5个/千平方千米左右，平均每个中心镇服务面积约为200平方千米，有效服务半径在8千米以内，辖区内总人口在2万人左右，这就是分散式就地城镇化模式。从广西沿边地区情况看，其人口和经济体量都具有支撑分散式就地城镇化的基础条件。

目前，广西边境8个县（市、区）均已开通高速公路。截至2018年底，广西边境地区公路总里程为8287千米，南宁至友谊关、东兴、靖西的高速公路建成使用，实现边境“县县通高速”“乡乡通沥青（水泥）路”“村村通公路”。边境地区乡镇和建制村通硬化路率达到100%，全部乡镇均开通客车。农村自来水普及率达到81.3%。乡镇有线光纤联网100%、行政村联网率56%、自然村联网率22%。实现了边境0—20千米范围内农村广播电视数字化、双向宽带化。地理空间上相互靠近的城镇，彼此将具有较强的联系倾向。

### 3.5.2　崇左市龙州县的调研分析

#### 3.5.2.1　县域基本情况

龙州县是广西具有悠久历史及民族特色的边境口岸城镇，地处广西西南边陲、左江上游，平而河与水口河汇合处，距广西壮族自治区首府南宁市200千米，西北面与越南高平省接壤。面积2317.8平方千米，总人口27万人，辖5镇7乡，123个村（居）委会，有壮族、汉族、瑶族、苗族、回族、侗族等民族，壮族人口占总人口的95%，人口密度116人/平方千米，只有全区平均水平的56%。龙州县境内有国家一级口岸水口口岸，国家二级口岸科甲口岸，3个边民互市点（横罗、那花、布局），具有丰富的人文与自然旅游资源。

龙州县境内以山地丘陵为主，地势西北高、东南低，属南亚热带季风气候，雨量充沛，日照充足，气候温和，具有丰富的动植物及矿产资源。矿产主要有铜、铁、锰、大理石等；主要农业有粮油作物、经济作物、水果生产等。主要工业有食品、制药、矿产品加工、建材工业等。

主要交通干道有东兴—那坡公路、崇左—水口公路、夏石—龙州公路、那堪—龙州公路等。全县各乡镇通信、公路运输网络较为完善。目前已开通龙州至越南高平国际汽车交通运输业务。与龙州接壤的越南高平省，具有大致类似的矿产资源和农林资源。随着两国关系正常化和中国－东盟自由贸易区建设进程加快，各种贸易壁垒逐步降低或消除，为龙州建设口岸型加工产业区创造了有利条件。

龙州计划构建以矿产加工业为主，橡胶、木材、中药材加工业为辅的现代工业体系。同时，引导鼓励企业提高技术水平和科技含量，向精加工和深加工方向发展，打造加工区的整体配套功能，增强地方产业竞争力。

**表3-9 2017年龙州县经济社会总指标**

| 项目 | 龙州县指标 | 比上年增长 | 广西全区指标 | 县/区比率 |
|---|---|---|---|---|
| 总人口/万人 | 27.23 | -1.86‰ | 4885 | 0.55% |
| 城镇户籍人口/万人 | 5.16 | — | — | — |
| 城镇常住人口/万人 | 10.0 | — | 2404 | 0.42% |
| 城镇化率 | 36.7% | 提高0.8% | 49.21% | 74.6% |
| 行政区域面积/平方千米 | 2317.8 | — | — | — |
| GDP/亿元 | 121.6 | 8.2% | 20396 | 0.60% |
| 人均GDP/元 | 53702 | 7.6% | 41955 | 1.28 |
| 第一产业增加值/亿元 | 27.1 | 4.7% | 2907 | — |
| 第二产业增加值/亿元 | 52.0 | 7.8% | 9298 | — |
| 第三产业增加值/亿元 | 42.5 | 10.9% | 8192 | — |
| 第一产业比例 | 22.3% | — | 14.2% | 1.57 |
| 第二产业比例 | 42.7% | — | 45.6% | 0.94 |
| 第三产业比例 | 35.0% | — | 40.2% | 0.87 |
| 城镇人均可支配收入（元/人） | 26902 | 8.8% | 30502 | 88.2% |
| 农村人均可支配收入（元/人） | 9799 | 10.8% | 11325 | 86.5% |
| 财政收入/亿元 | 4.76 | -29.8% | 2604 | — |
| 财政支出/亿元 | 26.42 | 3.3% | 4912 | — |
| 农村贫困人口数量/万人 | 1.825 | — | 253.9 | — |
| 农村贫困率 | 10.6% | — | 10.2% | — |
| 建制镇数量/个 | 5 | — | — | — |
| 建制镇密度（个/千平方千米） | 2.2 | — | — | — |
| 乡数量/个 | 7 | — | — | — |
| （建制镇+集镇）密度 | 5.2 | — | — | — |

数据来源：《2017年龙州县国民经济和社会发展统计公报》。

从表3－9中我们看到，龙州县经济社会总体发展居于广西中等偏下的水平。其城镇化率为36.7%，只有全区平均水平的74.6%；产业结构上，第一产业是区平均值的1.57倍，而第二、第三产业只有区平均值的0.94、0.87，第三产业明显发育不足；虽然其人均GDP达到了全区平均值的1.28倍，但其他指标却并未能同步提升；城镇、农村居民人均可支配收入仍只有全区平均值的88.2%、86.5%，虽然收入增长幅度比较大，相对较高的人均GDP却对应着较低的居民收入，可以看出，县内产业存在着较严重的问题，效益较差，产业基础脆弱。财政收支严重失衡，尤其2017年，本地财政收入出现断崖式下跌，人均财政收入只有全区均值的1/3，财政支出依然保持平稳上涨，依赖国家转移支付支持。农村贫困率略高于全区平均值。

### 3.5.2.2　县域内乡镇的统计数据及分析

2017年龙州县乡镇统计情况见表3－11、表3－12。

表3－10　2017年龙州县乡镇统计情况

| 项目 | 龙州镇 | 下冻镇 | 水口镇 | 金龙镇 | 响水镇 |
|---|---|---|---|---|---|
| 面积/平方千米 | 140.42 | 114.00 | 183.00 | 201.90 | 206.00 |
| 常住人口/人 | 42099 | 18025 | 18084 | 21220 | 13207 |
| 行政村/个 | 10 | 10 | 11 | 15 | 9 |
| 自然屯/个 | — | 12 | 120 | 128 | — |
| 村（居）民小组/个 | — | 97 | — | 156 | 67 |
| 城镇户籍人口/人 | 35027 | 1300 | 2066 | 1685 | 2762 |
| 农村人口/人 | 7072 | 16725 | 16018 | 19535 | 10445 |
| 贫困人口/人 | 2628 | 4422 | 6432 | — | — |
| 农村经济总收入/亿元 | 5.61 | — | — | — | — |
| 城镇人均收入/元 | 24726 | — | — | — | — |
| 农村人均收入/元 | 8196 | — | — | — | — |
| 镇（乡）财政收入/万元 | 3334.55 | 3680.83 | 3271.55 | 2766.34 | 2631.03 |
| 镇（乡）财政支出/万元 | 3276.66 | 3831.99 | 3481.37 | 2750.93 | 2333.37 |

数据来源：《2017年龙州县国民经济和社会发展统计公报》。

表 3－11　2017 年龙州县乡镇统计情况

| 项目 | 八角乡 | 上降乡 | 彬桥乡 | 上龙乡 | 武德乡 | 逐卜乡 | 上金乡 |
|---|---|---|---|---|---|---|---|
| 面积/平方千米 | 90.10 | 73.00 | 121.00 | 173.00 | 204.00 | 221.56 | 216.00 |
| 常住人口/人 | 7160 | 7668 | 16723 | 17125 | 16854 | 16794 | 18112 |
| 行政村/个 | 7 | 8 | 12 | 8 | 8 | 11 | 10 |
| 自然屯/个 | 47 | 46 | 81 | 70 | 71 | 124 | 86 |
| 村（居）民小组/个 | 37 | 71 | 124 | 87 | 83 | 121 | 139 |
| 城镇人口/人 | — | — | — | — | — | — | — |
| 农村人口/人 | — | — | — | — | — | — | — |
| 贫困人口/人 | — | — | — | — | — | — | — |
| 农村经济总收入/亿元 | — | — | — | — | — | — | — |
| 人均收入/元 | — | — | — | — | — | — | — |
| 镇（乡）财政收入/万元 | 1094.15 | 1444.63 | 1998.91 | 2063.45 | 2400.33 | 3104.94 | 2796.07 |
| 镇（乡）财政支出/万元 | 1051.17 | 1322.97 | 1857.31 | 1946.11 | 2701.29 | 3041.51 | 2783.88 |

数据来源：《2017 年龙州县国民经济和社会发展统计公报》。

因为乡镇级统计资料的缺乏，我们没能完整收集到相关数据。乡镇一级，由于基层干部的专业性所限，经济数据的统计非常困难。包括我们后面调查所涉及的其他省区，我们发现，县尤其是乡镇一级政府提供的经济数据，其准确性都相对较低，有些甚至与地（市）政府统计数据、相邻县市政府统计数据出现明显的逻辑性矛盾或与社会经济活跃性直观感受呈现出巨大差异。我们分析这里可能存在着专业理解不同导致的统计口径差异和工作任务带来的压力问题。部分数据我们放弃采用，部分数据我们仅列示出来，不作为进一步分析的依据。后面的调查数据我们同样对待，不再做特殊说明。贫困人口的数据及比例，涉及工作任务问题，基层干部一般不愿提供。但是，从整理的数据中，我们注意到以下几个典型的特点。

一是自发进入城镇居住的村民数量已经较多。目前县城龙州镇实际常住人口已超过 6 万人，但城镇户籍人口仅 3.5 万人；其他建制镇城镇户籍人口在 1000—3000 人，但实际常住人口在数千至近万人不等；也就是说，乡村居民到县城、建制镇购房、自建房常住人口数量很大，已经有很多农村居民迁入镇内常住了。可以认为，这是民间自发的分散式就地城镇化行为。如果政府加以鼓励支持，这一过程将更为迅猛。

二是乡镇财政没有富余。各乡镇财政收入与财政支出基本持平，尤其财政支出，各乡镇从 1000 万—3000 多万元不等，总数不足 3 个亿元，这意味着上级政府的财政转移支付，基本都集中在县级政府统筹安排使用，乡镇级政府机构财力非常薄弱，财权非常有限。如果要扩大发展乡镇镇区规模，尤其是城镇公共设施建设，必须由更高级政府统筹计划安排，单纯依靠各乡镇自身力量将非常困难。

三是城镇基础设施较差，公共服务保障体系质量低下。从考察的情况看，乡镇城镇公共基础设施普遍较差，电力目前基本有保障，但供水、排污都有很多问题，镇内道路除主干道外，支路狭窄，路面质量差，城镇环卫处理存在问题，卫生状况一般；幼儿园、中小学、医院硬件设施建设不错，但缺乏高水平的教师与医生，个体诊所很受欢迎；城镇普遍布局凌乱随意，缺乏规划。如果要扩大建设，需要政府从规划引导、公共基础设施建设方面下大力气。

四是乡镇集镇基本没有工业，服务业主要集中在日常生活所需。集镇现有产业体系及人员构成极为单纯，一部分是政府、学校等行政事业性人员，另一部分是小商小贩和居于集镇的村民，相当部分居民家庭农闲从事商贸，同时兼顾土地种植，城镇经济活跃度不高。

五是关于县域内小城镇布局规划的选择问题。考虑龙州县的城镇分布问题，其现有建制镇密度 2.2 个/千平方千米，也就是说，每个建制镇平均服务面积约 450 平方千米，平均服务半径约 12 千米。对推进村民就地城镇化，发展小城镇，有如下两种方式可供考虑。

第一，依托现有建制镇，扩大建设为中心集镇及集镇群——集中式就地城镇化。如果以现有建制镇为基础推进村民就地城镇化，每个扩建的城镇辖区范围内的人口基数大一些，未来镇内人口集中可以多一些，对于提高城镇基础设施及公共服务效率有好处。但是，这种方案情况下，部分原城镇土地在边缘地带村民由居住镇回到自己的土地劳作，仍然需要骑摩托车半小时以上，自行车 1 个小时，而步行则基本不可能了。另外，村民心理上一般仍较习惯于迁居去到自己行政归属所在的乡集镇，毕竟，可能平常需要办理的公共事务主要还是去到自己土地所归属的乡镇，亲朋故旧也更多一些，更大建制镇的好处是商业气氛更浓厚，学校、医院也可能因为人员多而更好一些，但这些不会有本质的差异，水平大同小异。

边境地区乡镇，常常建在山区之中的小盆地——俗称“坝子”处。如果适宜建设区域受限，可以考虑在老镇周边1—3千米处，选择几处条件适宜的坝子，作为新镇区建设地，新镇区与老镇区加强交通沟通，公共服务共享，形成区域小城镇集群，达到既形成集镇中心相对提高聚集度，又符合地理条件现实，同时也缩短了村民回到耕种土地的距离。人口集中了，新的工商业更有条件发展。

第二，以现有乡政府所在集镇为基础，扩大建设集镇群——分散式就地城镇化。

如果考虑以现有乡所在集镇为基础，推进村民集中城镇化，则每个集镇服务半径可大大缩短，集镇密度提高到了5.2个/千平方千米，每个镇平均服务面积不到200平方千米，服务半径可缩小到8千米以内，从空间距离上可以让原村民更贴近自己的土地。目前看，本地人口密度能够支持，村民也更习惯或适应这种方式，更容易做到离土不离乡，可以保持比较灵活的就业方式，居住在镇上，继续耕种自己的土地。

上述两种方式，只是政府规划城镇空间布局时候的考虑。基本思想是，鼓励村民尽量就地集中，从分散散居状态变为相对集中居住状态，即就地城镇化，尽量将新农村建设的集中安置点在空间上聚集布局，依托原有建制镇、集镇、大居民村的已有基础，在一个较集中的空间区域内，选择地理地质条件更好、更适于开展城镇建设的场址，如土地平整性、水源、日照风向等条件，建设区域中心集镇。

### 3.5.3 沿边城镇中的重点开发开放试验区

广西沿边地区在合作模式、平台建设、产业发展等方面加快对外开放先行先试，改变以口岸贸易物流为主的经济增长方式，积极构建沿边特色产业体系。空间布局上，以防城港市防城区、东兴市、凭祥市、靖西市等沿边重点地区为开放枢纽，依托南宁、钦州、北海、百色和越南同登、芒街、下龙、朔江、河内等城市，逐步形成以“一圈三带”为核心，海陆联动、优势互补、区域分工、共同发展的沿边地区开发开放空间布局。

（1）凭祥国家重点开发开放试验区。地处祖国南疆的凭祥被誉为“中国南大门”，西南两面与越南接壤，拥有“打开门就是越南，走两步就进东盟”的区位优势，是我国面向东盟开放合作的“一带一路”重要节点城市，2016 年 8 月，国务院正式批复设立广西凭祥国家重点开发开放试验区。凭祥边境经济合作区、凭祥综合保税区、凭祥沿边金融综合改革试验区、凭祥国家重点开发开放试验区、中国－东盟边境贸易凭祥国检试验区五大开放平台相继落户凭祥，使凭祥对外开放合作具有独特的优势。凭祥综合保税区是我国第一个与境外实现互联互通、跨境合作的综合保税区。

作为一座国门城市，凭祥积极完善全方位对外开放格局，在推进“一带一路”建设中呈现出无限生机与活力。凭祥市依托得天独厚的区位优势、口岸便利、政策优惠，抢抓机遇主动参与国家“一带一路”建设，全力推进沿边开发开放各项工作，积极加强与东盟国家互联互通、贸易畅通。2017 年，国务院批复同意凭祥友谊关公路口岸扩大开放浦寨、弄尧 2 个通道，凭祥实现与越南新清口岸、谷楠口岸的“无缝对接”，发展优势进一步增加。凭祥铁路口岸物流中心已经成为广西首个口岸性质的铁路物流中心，也是国际陆海贸易新通道开通的首个陆运铁路口岸物流中心。

凭祥是国际陆海贸易新通道的陆路重要节点，广西已开通凭祥—海防港、凭祥—河内—胡志明、凭祥—越南—老挝沙湾拿吉—泰国穆达汉—马来西亚黑木山的“三条黄金物流线路”，是中国连接中南半岛陆路距离最短的物流线路。凭祥推动“通道经济”向“口岸经济”转型升级。对外贸易保持稳定增长。2018 年外贸进出口 975.8 亿元人民币，同比增长 18.37%，占广西的 23.5%，总量继续稳居广西县域第一位。边境小额贸易总额 576.8 亿元，增长 11%，占全国的 20%，继续巩固全国领先的地位。

（2）东兴重点开放开发试验区。广西东兴市位于我国大陆海岸线最西南端，东南濒临北部湾，西南与越南接壤，是广西乃至中国通往越南以及东南亚最便捷的国际大通道，也是中国与东盟唯一海陆相连的口岸城市。[①]其处于泛北部湾经济合作“一轴两翼”的核心区，是广西北部湾经济区“东联西进，南下北上”的门户要冲，广西出海出边“一枢纽两大港三通道四辐射”的咽喉要道，是我国西南经济区和华南经济区衔接中国－东盟自由贸易区的桥梁和前沿基地，是中国迈向东盟第一城。东兴国家重点开发开放试验区是同类试验区面积最大、既沿海又沿边、唯一有港口的试验区，担任建设成为深化我国与东盟战略合作的重要平台、沿边地区重要的经济增长极、通往东南亚国际通道重要枢纽和睦邻安邻富邻示范区的重任。

东兴是中越边境最大的陆路口岸，东兴市是2012年国务院批准设立的三个国家级重点开放开发试验区之一。创造了全国第一个人民币与越南盾兑换特许业务试点、全国第一个东盟货币服务平台、全国第一家跨境保险服务中心、全国第一笔经常项目跨境外汇轧差净额结算业务、全国首个开办边境游网上预约办证、颁发全国首张34证合一的“一照通”营业执照等8个“全国第一”，另有第一个启动工商登记认缴制、第一个海港进境水果指定口岸、第一个个人跨境贸易人民币结算试点等20项改革创新成果成为“广西第一”。为加快打造全国沿边经济发展新增长极和改革创新先行区、中越经贸合作示范区奠定了坚实的基础。2018年1—11月，东兴试验区实现生产总值420.78亿元，同比增长10.3%；规模以上工业企业107家，实现工业总产值1584.53亿元，同比增长12.9%；外贸进出口总额86.8亿美元，同比增长3.5%。

我国的改革开放取得了举世瞩目的成就，但是，不同区域、不同群体之间出现了巨大的发展差距。效率与公平必须取得相对平衡。各民族共同富裕，让每一位国民都能够有质量、有尊严、有幸福感的生活，这是我们党和国家的根本目标所在。内陆与边疆、城镇与乡村的均衡发展，是实现全面建成小康社会目标的重大问题。

---

① 市区与越南经济特区——芒街市仅一河之隔，距越南首都河内市308千米，距越南广宁省会下龙市180千米，距广西首府南宁市178千米，距防城港39千米。

# 第4章　广西70年的产业发展

## 4.1　产业发展历程

### 4.1.1　农业的发展历程

1950—1957年，从农户到互助组和合作社。1950年秋，广西开始土地改革。土地改革后，农民在自己的土地上以户为单位自主经营。1951年，广西在第一批开展土地改革的地区首先建立农业生产互助组，刚开始是季节性的互助组，后来发展为常年互助组。互助组是在耕地和其他生产资料私有制的基础上，农户自愿进行劳动协作，共同使用某些生产资料的生产组织。到1953年底，全区互助组发展到21.46万个，参加的农户达89.69万户，占全区农户总数的22.36%。截至1954年底，全区互助组猛增至43.07万个，入组农户为245.07万户，占当年总农户的60.65%。

1953年春，广西在发展互助组的同时，开始试办了4个初级农业生产合作社（以下简称“初级社”）。初级社是以土地入股、耕畜农具入社、统一经营、集体劳动，同时保留了社员生产资料私有，在分配上实行以劳动报酬为主、兼顾土地分红，耕畜农具等均得到一定的报酬为特点的集体经济组织。到1953年夏秋时，全区试办的初级社增至18个，参加农户为98户。截至1954年底，全区共建立初级社3781个，入社农户占全区农户总数的2.06%。到1956年1月，全区初级社发展到7.3万个，入社农户占全区总农户的86.2%。

在办初级农业合作社的同时，广西在1954年已试办了23个高级农业生产合作社（以下简称“高级社”）。高级社是土地和主要生产资料归集体所有，实行集体劳动、统一经营和按劳分配的农业生产合作社。到1955年底，全区试办的高级社共达180个。截至1956年底，全区共有高级社1.08万个，入社农户占全区总农户的95.10%。高级社平均每社为367户，其中最大的达1000多户，最小的为50多户。一般是一乡一社，占总乡数的87%，一乡几个社的占13%。平均每社户数之多，仅次于北京、天津、安徽，居全国第4位；农户入社，比例之高，仅次于北京、河北、黑龙江、天津，居全国第5位。

1958—1978年，从人民公社到生产大队和生产队。1958年，同全国各地一样，广西把小社并为大社并转为人民公社。据1958年9月13日统计，全区在原有1万多个高级社的基础上经过合并、升格，建成了918个人民公社，入社农户为404万户，占广西总农户数的97%以上。人民公社每社平均为4400户，其中2000户以下的为216个，2000—6000户的为466个，6000—10000户的为184个，1万户以上的为52个。

人民公社建立后，其经营管理体制不断的变化。一是公社统一核算，统一分配。农业社原有一切公共财产全部移交公社：社员的劳动报酬采用等级工资与奖励工资相结合的分配方法。当时人民公社还实行组织军事化、行动战斗化、生活集体化，大办公共食堂，实行粮食供给制。1958年冬到1959年夏，大多数社队食堂实行“吃饭不要钱”，基本取消了“按劳分配”的原则。二是以大队为基础，三级核算。1959年4月，广西开始实行由公社“统一领导，以队（大队）为基础，分组管理，权力下放，三级（公社、大队、生产队）核算，各计盈亏”的管理体制。1959年5—6月，又恢复了社员自留地，允许社员家庭私养畜禽，社员房前屋后的林木退归社员所有等。三是三级所有，队为基础。1961年，原来以大队为基本核算单位改为以生产队为基本核算单位，1962年又实行生产队独立核算，自负盈亏；生产队对生产的管理和分配有自主权。自此，人民公社“三级所有，队为基础”的经营管理体制便全面稳定下来。

1979年以后，回归农户，农户与专业合作社联动发展。1979年，广西一些地区较穷的生产队首先大胆实行“包产到户”和“包干到户”责任制。1980 年 9 月，吃粮靠返销、生产靠贷款、生活靠救济的“三靠”队实行包产到户。到 1980 年底，广西实行包产到户或包干到户的生产队由上半年占全区生产队总数的 15. 0% 发展到 16. 6% 。到 1981 年夏收夏种时发展到 60% 。到 1982 年底，包干到户的生产队占生产队总数的 96. 3% ，1983 年达 99. 24% 。1984 年广西撤销公社建乡、镇，家庭联产承包责任制稳定发展。但在实行家庭联产承包责任制初期，没有注意统分结合，该统的没有统，不该分的又分了。直到 1985 年才开始建立地区性合作经济组织的试点。2007 年，广西全区农民专业合作经济组织发展到 3700 个，农业产业化经营组织达 9512 个。

### 4. 1. 2　工业的发展历程

新中国成立以后，广西工业经历了几十年的发展历程，大致可以分成三个时期。

第一个时期为 1949—1978 年，是广西工业曲折发展的时期。新中国成立初期，通过没收官僚资本主义、扶持私营工业、发展公私合营工业，解放了生产力，工业生产得到迅速发展。第一个五年计划期间，在逐步实现国家工业化路线的指导下，国家逐步增加工业投资，广西建成了贵县、伶俐、明阳、田阳等一批糖厂，新建了一批小型企业，促进了生产的发展。1958 年后，广西和全国其他地区一样，加快工业发展步伐，3 月，区党委召开地、市书记会议，发出大办工业的口号，提出“县县办工业、乡乡有工业”，6 月，自治区制订《1958—1962 年广西工业发展 20 条纲要》，从而掀起了大办工业的高潮，柳州、南宁、桂林、梧州 4 大城市均兴建了新工业区，先后建成了柳州钢铁厂、柳州水泥厂、柳州机械、柳州造纸厂、南宁铝厂、南宁麻纺厂、南宁橡胶厂、西津水电站、桂平糖厂等企业。与此同时，从 1956—1969 年由上海内迁广西的橡胶厂、钢精厂、衬衣厂、罐头厂、糖果厂、皮鞋厂、制药厂等 26 个工厂也纷纷投产，成为广西工业行业的骨干企业。广西工业获得了高速增长，但也出现了一些问题，主要是同农业的发展不相适应，重工业搞得过快，挤掉了部分轻工业，效益也不理想。“文化大革命”时期，广西继续执行“以钢为纲”的方针，组织钢铁、煤炭、电力、小化肥和农业机械“大会战”，结果经济效益很差，但仍建成了一批骨干企业，如南宁绢纺厂、宜山玻璃钢厂、柳江造纸厂等，扩大了生产能力。据不完全统计，截至1978年，广西工业投资近百亿元，在工业几乎是空白的条件下，建立了轻工、纺织、电力、煤炭、钢铁、有色金属、机械、电子、化工、石油、森工等一大批工矿企业，生产能力大为增加，加强了广西的现代工业基础。

第二时期为1979—2000年，是广西工业快速发展的时期。从1979年起，广西开始加强老企业的技术改造。1981年起的“六五”时期，广西提出了八大优势发展战略，其中工业的发展优势是制糖、水电、有色金属、建材等，并把其作为工业的四大支柱；在企业中逐步推行承包责任制。从此，广西充分依托资源优势，加强了水电、建材、冶金和制糖工业的投资和建设。改革开放以来，在全面推进广西经济发展的同时，各级政府都十分重视工业的发展，广西的工业发展进入了历史上的最好时期。这一时期的主要表现为：第一，工业规模显著扩大，先后兴建了柳州钢铁厂扩建工程、来宾冶炼厂、大化水电站、恶滩水电站、黎塘水泥厂、南宁平板玻璃厂、南防铁路、南昆铁路等工程，使广西工业经济的总量显著扩大，发展水平明显提高。第二，技术水平明显提高，一方面增加技改投资，加强对现有企业的技术改造；另一方面引进了一大批国外的先进技术和设备，使广西工业的技术水平和竞争能力都有进一步提高。第三，基础工业有所加强，支柱产业逐步形成。以水电为主的电力工业有了较大程度的发展，先后兴建了一大批水电站和火电站，1999年，全区发电量达到253.42亿千瓦时；以制糖工业为主的食品工业迅速发展，1999年，生产糖374.3万吨，成为全国最大的糖业基地；以铝、锡、锌为主的有色金属工业的发展明显加快，十种有色金属产量50.39万吨，成为广西经济发展的支柱产业，大厂矿务局成为我国屈指可数的大型企业，平果铝矿成为全国重要的铝业生产基地；以水泥为主的建材工业日益扩大，1999年，广西有建材工业3342家，主要产品有水泥、平板玻璃、大理石板材等30多个门类，上百个品种，1999年，生产水泥达2062.55万吨；以汽车制造为主的机械工业发展较快，能批量生产微型汽车、装载机、内燃机、水泥成套设备、制糖成套设备、中小型水电成套设备、手扶拖拉机、空气压缩机等10多种优势产品。第四，工业布局发生显著变化，桂中经济区继续向前发展，桂东南、桂西北工业发展速度明显加快；乡镇工业有了较快发展，1999年，广西有乡镇工业企业17.38万家，总产值达822.82亿元。

第三个时期为从2001年至今，2001年是广西工业“十五”发展规划的开始。广西提出以党的十五届五中全会和自治区党委七届九次全会精神为指导，按照自治区党委提出的“三大战略、六大突破”的总体要求，促进五大经济区协调发展，做大五大支柱产业，推进五个高新技术产业，抓好一批特色产品和技术的发展思路，优化产业结构，加快推进广西工业化进程。

2001年8月，在自治区党委、自治区人民政府的领导下，广西招商引资的示范性工程“百企入桂”活动拉开了帷幕，通过招大引强，利用外来资金和技术，带动广西工业发展。2001年至2004年底，全国有27个省市和港澳台地区近900多家民营企业的1200多位企业家应邀到广西考察投资。在这4年时间里，广西与区外签订合作项目4752个，合同引进区外资金2079.05亿元，实施项目3762个，到位资金502.49亿元。各项指标的增长速度都达到两位数以上。以实际到位资金为例，2002年比2001年增加到1倍多；2003年比2002年增长了30%；2004年比2003年增加到1.47倍。

广西按照“突出重点、择优扶强”的原则，重大技术改造项目取得进展。2001年和2002年工业完成更新改造投资分别为39.18亿元和67.50亿元，分别占自治区更新改造投资的45.2%和64%。2002年完成工业总产值2036.56亿元，比2000年增长20.2%，年均增长9.6%；完成工业增加值699.16亿元，比2000年增长19.8%，年均增长9.4%。

2002年11月8日，党的十六大胜利召开。按照全面建设小康社会的总体要求，广西提出了“以信息化带动工业化、以工业化带动城镇化，实现富民兴桂新跨越”的奋斗目标，工业的发展迎来了新的发展阶段。广西加大了对工业的投资力度，加大了对重大项目和大产业的支持力度，推动了广西工业实现快速发展；深入开展节能减排工作，根据国务院《关于开展资源节约活动的通知》要求，2004年制定并经自治区人民政府同意下发了《广西开展资源节约活动工作方案》，组织开展资源节约活动，提高资源利用率；2004年，工业的政府管理体制出现重大改革，以自治区经贸委和自治区乡镇企业局等机构为基础，成立了广西壮族自治区经委，主管全区工业工作。

2003年，随着国家进入新一轮经济高速增长周期，广西工业发展也开始加速。2003年，广西工业增加值增长率为16.4%，比2002年的9.32%高出7个百分点；2004年，工业增加值首次突破千亿元，达到1044.80亿元，增长速度高达28.39%；2005年，工业增加值为1264.84亿元，增长率达到21.06%。2001—2005年完成工业投资1430亿元，其中技术改造投资为730亿元。

2006年以来，广西工业进入"十一五"规划期，提出全面实施"工业兴桂"战略，以工业化、城镇化互为依托，走新型工业化道路，发展壮大机械、有色金属等六大优势产业，快速提升三大特色产业，加快构建"干"字形工业布局等发展思路，积极推进广西工业化进程。

在新一届党委、政府的领导下，依托中国－东盟博览会这一平台，广西积极抓好北部湾经济区开放开发，着力推进钦州千万吨炼油，防城港千万吨钢铁、钦州金桂纸业、粮油加工等重大项目建设，集聚和打造广西北部湾经济区临海重化工业带。2008年，国家批复《实施广西北部湾经济区经济区发展规划》，广西北部湾经济区经济区开放开发上升为国家发展战略。

广西狠抓工业园区建设，积极推进承接产业转移工作，先后制定出台了《关于进一步加快工业园区（开发区）发展若干意见（试行）的通知》（桂政办发〔2006〕72号）、《关于推进承接产业转移工作的决定》（桂发〔2007〕18号）、《关于进一步推进工业园区又好又快发展的若干意见（试行）的通知》（桂政办发〔2007〕137号）等重要文件，工业园区建设和承接东部产业转移工作取得重大突破。2007年，工业增加值首次突破2000亿元，达到2090亿元，占全区生产总值的35%，工业对经济增长的贡献率由2002年的30.3%提高到48%，成为经济增长的第一动力，对财政收入增长的贡献率由42%提升到51%。

### 4.1.3　服务业的发展历程

广西的服务业以旅游产业为典型，广西旅游业起步较早，并伴随着我国改革开放政策的实施和全区经济社会的发展而迅速发展，概括起来，广西的旅游业大致经历了四个发展阶段：初创阶段、产业奠基阶段、新兴产业形成阶段和旅游强省阶段。

（1）初创阶段（1954—1978年）。

中华人民共和国成立后，为了进行国际交往和接待社会主义国家的代表团和旅游团，广西成立了一些接待机构。20世纪50年代先后成立了国旅南宁分社、国旅凭祥和桂林支社；50年代末，接待机构开始接待入境自费旅游者。“文革”时期，广西旅游业一度中断；70年代初，广西旅游业开始出现生机，1973—1977年是广西旅游业发展较快的时期。1973年5月，桂林市正式对外开放，当年接待外宾977人次，随后逐年增加，初步形成以桂林为代表的广西旅游业。但在这一阶段特别是其前期，旅游工作实际上是对外交往的一条重要渠道，以政治接待任务为主，属于“接待事业型”旅游业。为适应旅游业进一步发展的需要，1978年，广西旅行游览事业管理局正式成立（1983年更名为广西旅游事业局，2000年更名为广西旅游局）。

（2）产业奠基阶段（1979—1990年）。

党的十一届三中全会确定将工作重点转移到社会主义现代化建设上来并开始实施改革开放政策后，广西旅游业进入了开拓发展和产业奠基时期。1979年，国务院确定桂林市为风景游览城市。1980年，自治区党委把旅游资源列为广西的八大优势之一。1982年，桂林市被命名为我国第一批24个历史文化名城之一，桂林漓江风景名胜区被批准为第一批国家级风景名胜区。1986年，桂林市又被列为全国7个重点旅游城市之一。以桂林市为代表的具有现代意义的广西旅游业由此产生，旅游业也由“接待事业型”开始向“经济产业型”转变。

20世纪80年代是广西旅游业在改革开放的大潮中奋力开拓、迅猛发展的时期。全区接待海外旅游者由1978年的5.42万人次，增加到1988年的49.91万人次，增长了8倍。1990年，接待海外旅游者又达51.83万人次，旅游创汇达8065万美元。在这个阶段，广西国内旅游也取得很大进展。1984—1998年，全区旅行社接待国内游客从14万人次增加到120万人次。1990年，全区各旅游景点接待人数达545.67万人次，景点收入达6.43亿元。至本阶段末期，桂林以漓江为代表的旅游景区逐步完善，北海银滩旅游区建设开始启动，左江风景区已显雏形，全区其他许多景区逐次开发，广西旅游产业基础初步形成。

（3）新兴产业形成阶段（1991—2006年）。

20世纪90年代以来，广西的旅游业向广度和深度发展，取得了全面的进展，逐步成长为全区国民经济中的一个新兴产业和特色产业。1992年12月，时任国务院总理李鹏视察广西时指出："广西旅游资源丰富，北有桂林，南有北海，既要重视国际旅游，也要重视国内旅游。"1993年1月，时任国务院副总理朱镕基视察广西时指出："丰富的旅游资源是广西的第一个优势，桂林山水甲天下，北海银滩也很有特色，旅游业发展了可以带动农业、商业和服务行业。"各级领导的重视和改革开放给广西旅游业的发展带来了机遇，广西旅游业作为新兴产业进入初步形成的阶段。在该阶段，旅游业日益受到各级党委、政府的重视并提到工作的重要议事日程上，开始像抓工业、农业、外贸那样抓旅游业，旅游业被列入国民经济和社会发展计划中并成为重要组成部分；自治区及大部分地、市成立了旅游发展领导小组，加强了对旅游工作的领导；自治区党委、政府颁布的《关于进一步加快广西旅游产业发展的实施方案》和自治区人大常委会颁布的《广西旅游管理条例》，推动了全区旅游业加快发展；自治区设立了旅游发展资金，为全区旅游开发和建设提供了资金保证，并有效带动了全社会及外资对全区旅游业的投入；全区各旅游行政管理机构不断健全和完善，有力地保证了全区各项旅游工作的开展；全区各有关部门、行业大力支持旅游业，为旅游业的快速发展提供了必要条件。经各方的共同努力，这一阶段内，全区旅游业得到了持续、快速、稳定的发展，主要体现在：旅游客源市场实现了从主要接待海外旅游者到海外市场、国内市场和边境出境市场三者的互相结合、互相促进。旅游景区（点）和旅游产业开发方兴未艾，单一的观光产品正在向观光、度假和专项特种产品相结合的多类产品发展。旅游基础设施不断改善。旅游“六要素”即行、游、住、食、购、娱配套发展。旅游市场经济秩序日益规范化。旅游产业管理体制基本建立，旅游法规逐步完善。

2001年，全区入境旅游者达126.72万人次，在全国居第7位；旅游外汇收入达3.006亿美元，在全国居第11位。接待国内旅游者4403.12万人次，国内旅游收入179.17亿元人民币。当年，全区旅游总收入达204.12亿元人民币，相当于全区生产总值的9.1%，广西旅游业已成为全区经济新的增长点和新兴产业、特色产业。

经过多年的努力及“十五”期间的快速发展，广西已发展成为中国旅游大省，正向旅游强省的目标迈进。广西已发展成为中国旅游大省，具体表现在三个方面：一是旅游各项经济指标创历史新高，旅游经济总量快速增长。“十五”期间，全区旅游总收入累计1203亿元，比“九五”增长58.1%。其中，2005年广西接待入境旅游人数、国内旅游人数、旅游总收入分别为147.7万人次、6493万人次和307.11亿元，在西部省（区、市）中分别名列第2、3、3位。二是旅游产业规模和体系不断壮大，产业基础不断增强。截至2005年底，全区拥有各类旅游行政、企事业单位1000多家，其中旅行社355家、星级酒店352家、旅游景区（点）800多处。三是旅游产业素质和水平不断提高，产业结构日趋完善优化。“十五”期间累计投入约240亿元人民币，陆续开发建设了一批特色鲜明、吸引力和竞争力强的精品旅游景区。截至2005年，广西有国家级和自治区级风景名胜区34处，旅游度假区10处，森林公园38处，重点文物保护单位290处，自然保护区64处，地质公园6处。山水景观、滨海风光、边境风貌、民族风情和红色旅游构成了广西的特色旅游。

（4）旅游强省阶段（2006年至今）。

2006年11月，自治区第九次党代会提出了建设旅游强省的发展战略。自实施旅游强省战略以来，旅游业已成为广西重要的国民经济支柱产业和新的经济增长点。2010年2月26日，广西旅游工作会议在南宁召开。会议提出了广西旅游业近期的宏伟目标：打造千亿元产业，加快旅游强省建设步伐，努力把旅游业培育成为广西国民经济的战略性支柱产业和人民群众更加满意的现代服务业。国务院《关于加快发展旅游业的意见》和《国务院关于进一步促进广西经济社会发展的若干意见》出台，更为广西旅游业的发展提供了千载难逢的机遇。

“十二五”开局之年，广西旅游业发展迅猛，提前一年实现千亿元产业目标。数据见证了广西旅游新跨越：旅游总收入达 1277.81 亿元，同比增长 34.09%，相当于广西 CDP 的 10.92%。旅游收入突破千亿元，旅游业已成为广西名副其实的支柱产业之一。

## 4.2 产业发展成就

### 4.2.1 农业发展的成就

在党的十一届三中全会的路线、方针指引下，广西同全国一样，在农村进行了经济体制改革，推行家庭联产承包责任制，调整生产关系，制订一些与之相配套的改革措施，给农业带来了新的活力，农业生产取得了令人瞩目的成就，以占全国 3.39%、质量不太好的耕地，基本养活了全国 3.86% 的人口，解决了 1200 多万贫困人口的温饱问题，使全区农村贫困人口由 1984 年底的 1500 万人降至 1997 年底的 366 万人，贫困人口发生率相应由 41.9% 降至 9.3%。

（1）农业全面发展，农村经济总量持续增加。

1950—1978 年的 20 年间，广西农业总产值平均每年增长率为 4%，而 1978—1989 年，农业总产值由 46.2 亿元增加到 212.2 亿元，共增长 61.6%，平均每年递增 4.5%。从 1990 年起，广西农村经济又步入全面振兴和快速发展阶段，农业总产值由 1990 年的 252.2 亿元发展到 1995 年的 743.5 亿元；农村非农行业发展迅速，产值由“七五”期末的 77.51 亿元增加到 1995 年的 843.25 亿元，1996 年全区农林牧渔业总产值达 899.58 亿元，1997 年达到 980.24 亿元，比 1978 年增长 21.23 倍。在农产品产量增加的同时，按人口平均的主要农产品数量也在逐年增加，具体情况见表4－1。

**表4－1　主要年份农产品总产量及人均产量统计**

| 年份 | 粮食 | | 油料 | | 辅料 | | 水果 | | 肉类 | | 水产品 | |
|---|---|---|---|---|---|---|---|---|---|---|---|---|
| | 总产/万吨 | 人均/公斤 | 总产/万吨 | 人均/公斤 | 总产/万吨 | 人均/公斤 | 总产/万吨 | 人均/公斤 | 总产/万吨 | 人均/公斤 | 总产/万吨 | 人均/公斤 |
| 1978 | 1083.30 | 318 | 17.74 | 5.3 | 25.1 | 8.1 | 15.96 | 4.7 | 37.4 | | 11.71 | 3.5 |
| 1985 | 1117.10 | 291 | 22.82 | 6 | 86 | 16.8 | 38.62 | 10.1 | 72.31 | 16.2 | 18.9 | 4.9 |
| 1990 | 1402.57 | 334 | 25.19 | 6 | 138.04 | 33 | 91.61 | 21.8 | 104.15 | 21.6 | 32.35 | 7.7 |
| 1995 | 1553.31 | 344 | 45.35 | 10 | 179.66 | 39.8 | 266.6 | 59 | 250.17 | 45.4 | 103.3 | 23 |
| 1996 | 1606.04 | 352 | 51.6 | 11.3 | 237.51 | 52 | 239.93 | 53 | 295.52 | 53 | 122.8 | 27 |
| 1997 | 1669.11 | 362 | 55.52 | 12 | 244.9 | 53 | 315.52 | 68 | 322.96 | 68 | 191.7 | 42 |

数据来源：《广西统计年鉴》1979—1998年。

（2）主要农产品产量创历史最高水平，一些经济指标在全国排序中位次前移。

继“七五”时期农业由徘徊到快速发展后，到“八五”期末，全区粮食、甘蔗、油料、水果等农作物产量创历史最高水平，1995年全区粮食总产量达1553.31万吨，比1990年增加150.74万吨，1996年粮食总产量比1995年增长3.39%，1997年又比1996年增长3.93%。同时，全区农业一些主要经济指标在全国各地区位置排序中不断前移，如甘蔗、水果、水产品等。

（3）林业生产成果显著，森林资源日益增加，林业已成为广西经济的重要产业。

广西是全国南方重要林区之一，党的十一届三中全会后，广西造林绿化工作取得了前所未有的发展，实现了森林资源由负增长到净增长的历史性转变。到1997年底，全区森林面积达1066.67万公顷，森林覆盖率为39.29%，木材产量为365.86万立方米，全年林业社会总产值为109.11亿元。森林企业工业总产值为11.94亿元。

（4）乡镇企业崛起，农民人均纯收入增加。

从20世纪80年代中期开始，广西乡镇企业迅速崛起。1978年，全区乡镇企业营业收入为7.2亿元，1984年达14.3亿元。1985—1993年是高速发展时期，乡镇企业总产值从21.88亿元增加到403.15亿元，乡镇企业日益发展为农村经济的支柱。1995年，全区乡镇企业完成营业收入2798.43亿元，总产值（1990年不变）2224亿元，利税总额198亿元，分别比1994年增长90%、77.5%和69.7%。乡镇企业完成的生产总值占全自治区生产总值的38%；乡镇企业工业增加值占全自治区工业增加值的44.4%。1996年乡镇企业完成营业总收入2501亿元，在全国排位由1995年的第15位上升到第12位，乡镇企业生产总值为565亿元，在全国排位由第16位上升到第13位，占自治区生产总值的29.9%，上缴税金42.37亿元，占自治区地方财政收入的47%。1997年完成营业总收入3254亿元，比1996年增长30.1%，实现增加值639亿元，占自治区生产总值的30.9%，实现利税222.8亿元，增长31.7%。农民的收入不断增加。1980年全区农村居民人均纯收入为173.44元，1985年为302.96元，1990年为639.45元，1995年为1446.147元，1996年为1703元，1997年为1875元。20年来，农村居民人均纯收入提高了10倍，农村居民的生活得到了极大的改善。

“十一五”期间，广西经济社会、生态环保和农业发展取得了巨大成就，为“十二五”时期广西又好又快的发展奠定了坚实基础。就农业、农村而言，广西“十一五”期间取得的巨大成就表现在五个方面。一是产值增幅大。2006—2010年广西农林牧渔业总值从1448.4亿元增加到2610亿元，农业增加值从912.5亿元增加到1670.37亿元，农村居民人均纯收入由2495元增加到4543元，增幅均超过了80%。二是农耕技术大大更新。广西农业科技人员因地制宜，大胆探索，自主创新集成推广了“三避”（避雨、避晒、避寒栽培）、“三免”（水稻、玉米、冬季马铃薯免耕栽培）、间套种等多项农业实用新技术。三是节本增效显著。“十一五”以来，广西累计推广“三避”技术760万公顷、间套种96.67万公顷、测土配方施肥93.33万公顷。推广水稻免耕抛秧技术440.88万公顷，节本增收68亿元；马铃薯免耕栽培41.33公顷，节本增收40.3亿元；玉米免耕栽培89.67万公顷，节本增收6.73亿元；水稻抛秧833万公顷；植保“三诱”技术186.67公顷以上，节支增收20亿元。四是农业形成产业带。农业科技创新，推动了广西农业特色优势产业的规模发展，近年来，广西重点推动桑蚕、食用菌等十一大优势产业加快发展，促进产业转型升级，全力推进优势农业优势产业向优势区域集中。目前，广西形成了桂林、南宁、来宾市食用菌产业带，桂西北、桂中、桂南三大桑蚕优势产业带，崇左、来宾、南宁、柳州等主要糖料蔗产业带，桂东南、桂西、桂中木薯优势产业带，桂北、桂中柑橘产业带，左右江和桂东南香蕉产业带，桂南、桂东南荔枝产业带。五是农业地位上升。在这期间，广西农业在全国的地位越来越突出：①粮食单产连续4年创新高，优质稻等产量居全国前列。②“菜篮子”稳定增长，蔬菜种植面积113.33万公顷，成为全国最大的冬菜生产基地。③肉类、水产品产量连续4年居全国第8位，其中对虾产量居全国第2位，罗非鱼产量居全国第3位。④糖料蔗、蚕茧、木薯、木材等产量居全国首位，分别占全国总产量的60%、33%、70%、14%以上。此外，广西水牛存栏数居全国第一位，动植物良种覆盖率达90%以上，新技术的大面积推广，农产品质量安全水平不断提升，农民专业合作经济组织发展到5219个，农业产业化经营全面推进，等等。

广西70年以来，农村经济飞速发展，经济综合实力明显增强。2017年，广西农林牧渔总产值达4742.8亿元，比1958年增加4724.2亿元，1959—2017年年均增长9.8%；比1978年增加4696.6亿元，1979—2017年年均增长12.6%。2018年，全区粮食总产量1372.8万吨，比上年增加2.3万吨，增产0.2%；油料产量66.66万吨，增产2.7%；甘蔗产量达7292.76万吨，增产2.2%；蔬菜产量（含食用菌）3432.16万吨，增产4.6%；园林水果产量1790.55万吨，增产13.3%。全区猪牛羊禽肉产量418.4万吨，比上年增长1.6%。水产品产量329.81万吨，比上年增长3.1%，其中海水产品产量192.22万吨，增长0.6%。木材产量3100万立方米，比上年增长1.6%。天然松脂70.4万吨，增长1.2%。油茶籽23.32万吨，增长3.3%。

农林牧渔业结构调整趋向多元化。随着农业结构调整不断向纵深发展，广西的畜禽、水产养殖业迅猛发展，改变了单一的种植业生产结构，农业生产结构性矛盾逐步得到缓解，出现了农林牧渔业全面发展的新格局。从种植业、林业、牧业、渔业占农林牧渔业总产值的比重看，种植业比重明显下降，养殖业比重显著上升，林业比重保持稳定，农林牧渔业产值比例更趋合理。2017 年，广西种植业、林业、牧业、渔业占农林牧渔业总产值的比重分别为 53.67%、7.31%、23.96%、10.55%，与 1958 年和 1978 年相比，种植业比重分别下降 2.62 个百分点和 26.44 个百分点，林业分别下降 0.65 个百分点和上升 2.37 个百分点，牧业分别上升 9.44 个百分点和 10.16 个百分点，渔业分别上升 9.37 个百分点和 9.40 个百分点。农林牧渔业结构由单一的种植业为主向种养相结合的结构发展。

农产品种植结构不断优化。种植业结构由以粮食为主向粮食和经济作物协调发展转变。70 年来，广西在加强和稳定粮食生产的同时，适当调减了粮食种植面积。为发展高效经济作物腾出了空间。2017 年，粮食播种面积 2976.2 千公顷，占比为 48.4%；经济和其他作物播种面积 1968.0 千公顷，占比为 51.6%。经济和其他作物面积占比连年上升，由 1958 年的 9.23% 上升到 1978 年的 20%，2017 年占比达到 51.6%。

林业生产稳步推进。全区各地结合精准扶贫、精准脱贫工作，积极开展“美丽广西　宜居乡村”专项绿化活动，稳步推进国家储备林基地、全国亚热带珍贵树种培育基地和特色经济林基地建设，调整优化树种结构，培育扩大优质森林资源。林业经济继续保持稳中向好势头。据林业部门预计，2017 年，全区完成植树造林 235.80 千公顷，其中人工造林 52.53 千公顷，封山育林 23.933 千公顷，退化林修复 1.53 千公顷，人工更新 157.8 千公顷（含桉树萌芽更新 104.6 千公顷）。全社会木材砍伐运输量 3810 万立方米，同比增长 11.4%。

畜牧业结构由单一的生猪养殖向家禽和草食牲畜养殖协调发展转变。2017 年，全区肉类总产量 41231 万吨，同比增长 1.1%。其中猪肉产量 254.97 万吨，同比增长 2.3%；牛肉产量 11.71 万吨，羊肉产量 3.32 万吨，分别增长 2% 和 1.8%；禽肉产量 133.81 万吨。猪肉占肉类的比重由 1978 年的 97.9% 下降到 61.8%，牛羊肉比重由 1978 年的 2.19% 上升到 3.6%，禽肉比重上升到 32.5%。养蚕业迅猛发展，2017 年蚕茧产量达 39.6 万吨，1959—2017 年年均增长 12.6%，1979—2017 年年均增长

15.3%。奶类产量1004万吨，比1980年增长20.6倍，年均增长8.7%。

水产业发展由以捕捞为主向养殖为主转变。几十年来，广西各地以市场为导向不断改革水产养殖方式，渔业中的养殖和捕捞所占的比重发生了显著变化，水产养殖业成为渔业发展的主要增长点。2017年，水产养殖业产量占水产品总产量的比重由1978年的24.8%上升到79.4%。从1999年起，广西沿海实施休季休渔制度，海洋捕捞产量明显下降。2017年海洋捕捞比重由1980年的99.2%下降到32%，下降67个百分点。随着海洋渔业资源减少和养殖技术的进步，养殖业快速增长并成为广西渔业产量增长的主要动力。

主要农产品专业化和区域化生产格局基本形成。广西大力推进优势农产品产业带建设。几十年来，优势农产品和特色农产品向优质高产高效优势产区集中，一批生产规模大、市场相对稳定的优势农产品生产基地效益得到进一步提升。一方面，传统优势产业明显壮大。"双高"糖料蔗基地的甘蔗，32个较大规模的优质稻生产基地县的水稻、桂北柑橘优势产业带、桂南和桂东南香蕉等优势产业带颇具规模。另一方面，新兴优势产业生产区域化明显。2017年，南宁、柳州、贵港、河池和来宾五市的蚕茧产量占广西产量的92.6%，比2000年提高了59个百分点。此外，桂南、桂东逐步形成了速生丰产工业原料林产业带，桂东逐步形成了瘦肉型猪和三黄鸡产业带，桂西逐步形成了牛肉产业带，桂南逐步形成了高效水产品和家禽产业带。茶叶、食用菌、香料和松脂等产品也逐渐趋向规模化和区域化。

广西在农业经营结构调整方面，充分发挥广西的生态环境条件，积极发展优质高效农业。蔗糖业、优质水果及养殖业等的发展，都有效地改善了农业经济结构，提高了农业经济效益，使广西成为我国最主要的蔗料和蔗糖生产基地，广西的食糖生产线制造技术也处于世界领先水平。

### 4.2.2　工业发展的成就

新中国成立之初，广西工业十分薄弱。1950年，广西工业总产值仅2.31亿元，其中轻工业2.11亿元，占工业总产值的91.7%，重工业0.20亿元，占工业总产值的8.3%；人均工业产值12.3元，工业增加值

1.39 亿元；在工业内部，个体手工业产值占工业总产值的 83.18%。新中国成立后，经过二十多年的艰苦创业，广西工业取得了显著的成就，到 1978 年改革开放时，工业结构更加优化，已经形成了初具规模的现代工业体系。

经过几十年的艰苦奋斗，工业得到了较快的发展，工业总量不断扩大，工业在全区经济中的地位不断加强。按当年价格计算，1978 年，广西工业总产值 69.97 亿元，是 1950 年 2.31 亿元的 30 倍；工业增加值 23.29 亿元，是 1950 年 1.39 亿元的 17 倍，工业增加值占全区生产总值的比重由 1950 年的 14.8% 上升到 30.7%。工业化进程由初期阶段向中期阶段加速推进，开始迈向中后期发展阶段。1958—2017 年，全区工业增加值总量翻了 10.4 倍，年均增长 11.1%。

随着工业的发展，工业内部结构不断优化。按总产值计算，1950 年广西轻、重工业比重分别为 91.7% 和 8.3%，到 1978 年，轻、重工业比重分别为 54.6% 和 45.4%，重工业比重上升了 37.1 个百分点，轻工业的比重不断下降，重工业比重显著上升，工业结构更加重型化（见图 4－1）。其中，重工业中的采掘工业、原料工业和加工工业的比重分别为 14.4%、28.1% 和 57.5%，加工工业比重占一半以上。从所有制结构看，企业呈现多元化发展的态势，多种所有制经济得到充分的发展。按总产值计算，1950 年国有经济和集体经济的比重分别占 16.5% 和 83.5%。1978 年，国

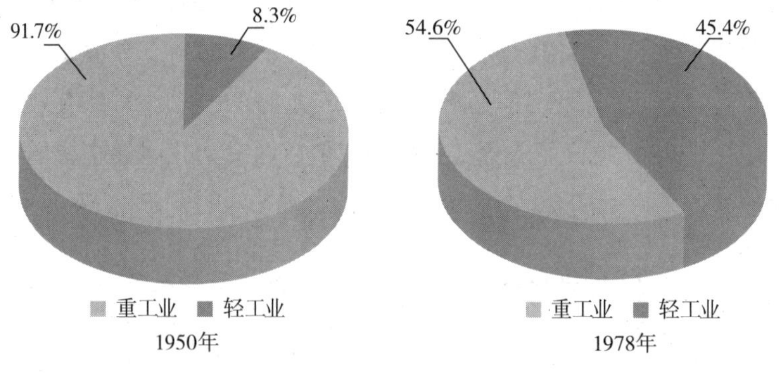


**图 4－1　1950 年和 1978 年轻、重工业对比示意图**

数据来源：《广西统计年鉴》。

有经济、集体经济和其他经济的比重分别占78.8%、16.6%和4.6%。国有经济所占比重大大提高，充分体现了当时以公有制为主体的基本经济特征。

新中国成立后，广西工业产业蓬勃发展，产业规模不断扩大，产业体系更加齐全，拥有了国家大类和中类分类中的绝大部分行业，机械、冶金、有色金属、食品（制糖）、电力、纺织、建材等优势工业产业发展更为突出。其间，1978年广西机械工业完成工业总产值6.21亿元。

随着生产技术的不断提升和生产能力的不断提高，广西工业生产规模不断扩大，工业产品产量大幅提升。1978年，广西原煤产量828.54万吨，是1950年5.2万吨的159倍；生铁32.09万吨，钢19.2万吨，钢材16.27万吨；铁矿石成品矿产量75.83万吨，是1950年0.11万吨的689倍；锰矿石成品矿产量11.5万吨，是1950年0.07万吨的1593倍；机制糖产量27.2万吨，是1950年3.02万吨的9倍；丝2440吨，丝织品1791万米，服装2709万件；化肥118.41万吨，水泥224.38万吨；内燃机59.01万千瓦，汽车1050辆；发电量49.47亿千瓦时，是1950年0.22亿千瓦时的225倍。不仅钢、钢材、水泥等一大批工业产品都实现了零的突破，而且机制糖、卷烟、有色金属、汽车、内燃机、水泥以及一些日用工业品占有较大的国内市场份额，享有较高的声誉。详见表4-2。

**表4-2　1950—1978年主要工业产量及增长情况**

| 种类 | 1950年产量 | 1978年产量 | 1978年产量是1950年产量的倍数 |
|---|---|---|---|
| 铁矿石（万吨） | 0.11 | 75.83 | 689 |
| 钢材（万吨） | — | 16.27 | — |
| 锰矿石（万吨） | 0.07 | 111.5 | 1593 |
| 机制糖（万吨） | 3.02 | 27.2 | 9 |
| 发电量（千瓦时） | 0.22 | 49.47 | 225 |
| 原煤（万吨） | 5.2 | 828.54 | 159 |
| 化肥（万吨） | — | 118.41 | — |
| 水泥（万吨） | — | 224.38 | — |
| 汽车（万辆） | — | 1050 | — |
| 内燃机（万千瓦） | — | 59.01 | — |

数据来源：根据《广西百年工业》数据整理所得。

改革开放以来，在历届党委、政府的正确领导下，经过全区人民的艰苦努力，广西工业发展取得重大进展，工业经济综合实力显著增强，工业化进程明显加快，经济竞争力明显提升。20 世纪 90 年代以前的广西经济结构带有较明显的封闭型农业经济特征，由于地处边疆战争前线，工业发展受到边疆战事的制约，重工业和基础设施建设薄弱，1993 年以来，广西经济发展结构发生了较大变化，第二产业的比重迅速增长，从 1992 年的 29% 增长到 40.9%，增长了 11.9%，三次产业的结构由“二三一”转变为“二一三”。

2007 年，全区工业增加值突破 2000 亿元，达到 2090.11 亿元，按可比价格计算是 1978 年的 34 倍，工业增加值占全区生产总值的比重由 1978 年的 30.7% 提高到 2007 年的 35.1%，工业对经济增长的贡献率达到 48%，成为经济增长的第一动力，工业的主导地位基本确立，对财政收入增长的贡献率提升到 51%（见表 4－3）。

**表 4－3　1978—2007 年广西工业增长统计**

| 年份 | 工业增加值/亿元 | 比上一年增长速度/% | 工业增加值占全区生产总值的比重/% |
|---|---|---|---|
| 1978 | 23.29 | — | 30.7 |
| 1979 | 25.12 | 7.86 | 29.7 |
| 1980 | 27.78 | 10.59 | 28.5 |
| 1981 | 29.71 | 6.95 | 26.2 |
| 1982 | 30.98 | 4.27 | 24 |
| 1983 | 32.39 | 4.55 | 24.1 |
| 1984 | 36.97 | 14.14 | 24.6 |
| 1985 | 45.92 | 24.21 | 25.4 |
| 1986 | 58.41 | 27.2 | 28.4 |
| 1987 | 70.96 | 21.49 | 29.4 |
| 1988 | 86.38 | 21.73 | 27.6 |
| 1989 | 97.11 | 12.42 | 25.3 |
| 1990 | 104.79 | 7.91 | 23.3 |
| 1991 | 123.66 | 18.01 | 23.8 |
| 1992 | 161.44 | 30.55 | 25 |

续表

| 年份 | 工业增加值/亿元 | 比上一年增长速度/% | 工业增加值占全区生产总值的比重/% |
|---|---|---|---|
| 1993 | 273.03 | 69.12 | 31.3 |
| 1994 | 404.59 | 48.19 | 33.8 |
| 1995 | 246.25 | 14 | 30.8 |
| 1996 | 503.32 | 9.12 | 29.6 |
| 1997 | 524.49 | 4.21 | 28.9 |
| 1998 | 561.34 | 7.03 | 29.4 |
| 1999 | 570.76 | 1.68 | 29 |
| 2000 | 612.33 | 7.28 | 29.4 |
| 2001 | 639.55 | 4.45 | 28.1 |
| 2002 | 699.15 | 9.32 | 27.7 |
| 2003 | 813.79 | 16.4 | 28.8 |
| 2004 | 1044.8 | 28.39 | 30.4 |
| 2005 | 1264.84 | 21.06 | 31.1 |
| 2006 | 1529.33 | 20.91 | 33 |
| 2007 | 2090.11 | 36.67 | 35.1 |

数据来源：根据《广西统计年鉴2008》整理而得。

从自治区成立到“十五”（1958—2005年）期末，工业逐渐成长，规模突破千亿元。1959—2005年，全区工业增加值年均增长10.3%，比同期全区生产总值年均增速快2.7个百分点。1959—2005年工业对经济增长的贡献率年均达到40%以上，2005年的贡献率达到46.3%，工业逐步成为全区经济发展的主导力量。2005年，全区工业增加值为1264.84亿元，按现价计算，比1958年扩大了217.5倍。工业增加值占生产总值比重由1958年的23.6%提高到2005年的31.7%，工业增加值与第一产业增加值之比由1958年的0.46提高到2005年的1.38，全区经济结构基本实现从农业主导型向工业、服务业并重的过渡转型。

“十一五”（2006—2010年）期末，全区规模以上工业实现销售收入9059.8亿元，比“十五”期末增长2.66倍，年均增长29.6%，比“十五”时期年均增长20.1%快9.5个百分点。全区工业增加值年均增长

19.5%，增速明显高于前期，比同期全国工业年均增速快7.6个百分点，比同期全区生产总值年均增速快5.5个百分点，2010年工业对全区经济增长的贡献率达到54.6%，以工业为主的第二产业成为是经济增长的最重要力量。

“十二五”（2011—2015年）时期，工业保持较快增长，工业化进程深入推进，总量突破六千亿元。2011—2015年，全区工业增加值年均增长11.8%，全区工业增加值年均增速比同期全国工业年均增速快3.9个百分点，比同期全区生产总值年均增速快1.7个百分点。全部工业对经济增长年均贡献率为51.2%，支撑广西经济年均增长高于全国2.4个百分点。工业增加值总量从“十一五”期末的3885.20亿元扩大到“十二五”期末的6408.64亿元，占地区生产总值的比重为38.0%。工业产业发展取得积极成效，千亿元产业增至10个，其中两千亿元产业增至7个，百亿元企业增至26家。

“十三五”时期以来，广西工业发展进入增速换挡期，开始步入以结构调整转型升级为主的稳增长阶段。支柱产业的发展举足轻重。制糖工业居全国首位，目前共有糖厂89家，成品糖年生产能力达到1478万吨。从1993年起，广西成品糖产量一直居全国首位。2017年，生产成品糖9362万吨，占全国成品糖产量的63.7%。广西是全国著名的“有色金属之乡”，有色金属工业独具特色，锡、锑、铝土矿的储量均占全国1/3。2017年，广西氧化铝产量1045.80万吨，位居全国第4名，电解铝产量突破100万吨，10种有色金属产量为230.21万吨，比1958年增长343倍。广西的电力产业，为国民经济持续稳定发展提供了有力的保障，目前已经形成水电、火电、核电、风电等较为完善的供电体系，2017年，广西全年发电量为1401.11亿千瓦时，比1958年增长795倍。广西的汽车生产于20世纪70年代初起步，当时的年产量只有200—300辆，1983年年产量首次达到1000辆，1997年突破10万辆大关，2008年达车70.16万辆。2017年，广西汽车产量为2465万辆，在全国排第6位。

广西实施“工业兴桂”“工业强桂”战略，大力推进工业化进程，广西工业发展取得长足进步。在70年的积极探索和开拓进取中，广西工业从单一结构发展成为今天门类更齐全、结构更合理、具有一定地方和民族特色的工业经济体系，工业已成为自治区经济的主体支撑，工业经济实力稳步提高，产业结构转型升级，动力转换成效凸显，投资结构不断优化，集聚发展态势趋强，非公经济快速发展，区域工业协同推进，工业发展格局不断优化，工业自主研发创新能力加大，新行业发展优势明显。

广西工业园区始建于1990年，原有各类园区92个。改革开放以来，特别是进入21世纪以来，广西将工业园区（经济开发区）的发展作为实施工业化、城镇化战略的重点工作来抓。充分发挥各工业园区的区位、资源、产业优势，通过完善基础配套设施、改善园区生活环境等措施，积极承接发达地区的产业转移，加快重点产业项目和企业的集聚，大大提升了园区工业核心生产能力和骨干带动作用。目前，已初步形成一批特色产业园区，生产领域涉及汽车及零部件、机械制造、化工、建材、电子、制药、农产品加工等多个行业。2017年，全区工业园区共116个，其中，国家级工业园区13个。在园工业企业为9308家，其中，规模以上工业企业为3310家，占全区规模以上工业企业数的58.5%。园区规模以上工业总产值占全部规模以上工业总产值的66.9%。工业园区已成为带动广西工业发展新的增长极。

近十多年是广西工业发展的黄金时期。工业化后发优势明显，更得益于国家的大力支持，广西北部湾经济区、钦州保税港区的建立以及中国－东盟自由贸易区的建设等政策优惠条件，极大地推动了广西经济的发展。"十二五"以来，广西初步形成了节能环保、新一代信息技术、生物产业、高端装备制造、新能源、新材料、新能源汽车、大健康和海洋等战略性新兴产业体系。

### 4.2.3　服务业发展的成就

改革开放以来，广西服务业发展较快，20世纪80年代末，服务业增加值占全区生产总值的比重首次超过30%，90年代进入平稳发展阶段，增加值年均增长速度接近10%，高于全区生产总值生产速度。进入21世纪以后，随着广西工业进程加快、居民消费结构升级，现代物流、金融、信息、会展、旅游教育培训等新兴服务业快速发展，使得服务业增长速度明显加快。2000年，广西服务业增加值为789.9亿元，2006年发展到1917.5亿元，年均增长11.3%，与全区生产总值同步增长，2006年服务业增加值占全区生产总值的比重达到39.7%。

2000年以来，广西调整和优化经济结构为主线，积极促进第一、第二、第三产业协调发展，努力消除服务业发展的机制性障碍，大力发展服务业，使服务业保持较快的发展，呈现出快速发展的势头，服务业所创造的增加值和吸纳劳动力就业的能力显著增强。

2000—2006年，广西服务业增加值连续7年保持了两位数的增长，年均增长速度达到11.3%，超过同期全区生产总值增长速度0.8个百分点。详见图4-2和图4-3。

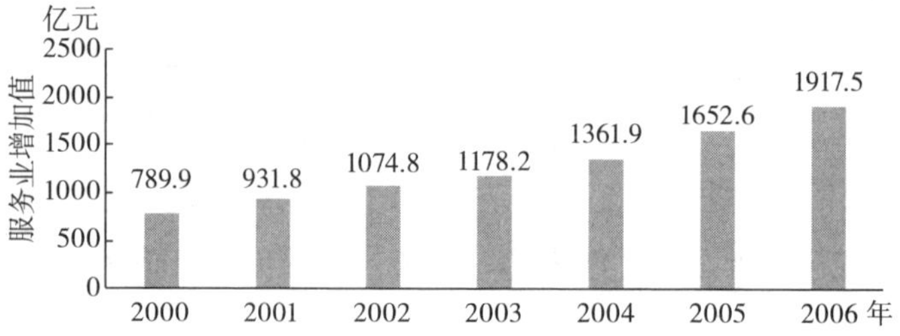


**图4-2　2000—2006年广西服务业增加值统计**

数据来源：《广西统计年鉴》。

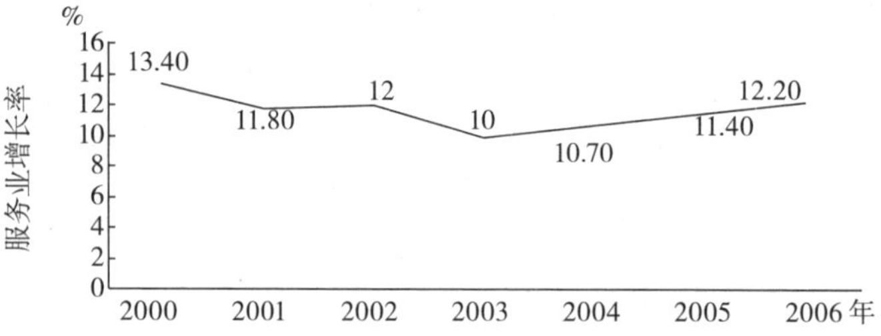


**图4-3　2000—2006年广西服务业增长率统计**

数据来源：《广西统计年鉴》。

从服务业的规模看，2000年全区服务业增加值为789.9亿元，2003年突破了1000亿元，2005年突破1500亿元，2006年达到1917亿元。与全国比较，广西服务业发展属中等水平，2006年广西服务业增加值在全国排第16位，在西部地区排第2位。2004年末，广西从事服务业的产业经营单位达到16万个，占全区第一、第三产业经营单位总数的86.8%。服务业多种经济成分共同发展的格局比较明显，2004年末，全区服务业公有制经济类型企业、非公有制经济类型企业、混合经济类型企业单位数，分别占服务业企业单位总数的比重为37.5%、43.6%、18.9%；三类企业主营业务收入，分别占服务业全部企业主营业务收入的比重为36.1%、20.4%、43.5%。从事服务业的个体经营单位也大幅增加，2006年，广西服务业个体经营户户数达到1606万户，比2001年基本单位普查时增加了61.2万户，增长61.6%。

随着服务业的较快发展，服务业投资增长迅速。2006年，全区城镇服务业固定资产投资达到7454亿元，比2000年增长了36倍，年均增长27.8%，占城镇固定资产投资的比重，由2000年的33%提高到2006年的45.9%。服务业投资呈现出以国家投资为主投资主体多元化、各种经济成分共同发展的格局，第一次经济普查数据显示，2004年广西服务业法人企业（除金融保险业以外）国家资本占实收资本的比重为55.5%，超过一半；集体资本、个人资本、港澳台资本、外商资本所占比重分别为5.3%、11.1%、3.6%、2.4%。

随着城乡居民收入水平的提高，城乡消费市场繁荣活跃，全区批发零售贸易餐饮业不断发展壮大。2006年，全区社会消费品零售总额达到1600.8亿元，比2000年增长99.1%，年均增长12.2%。2006年，批发零售贸易餐饮业创造增加值568.6亿元，比2000年增长75.9%，年均增长9.9%。

交通运输邮电业较快发展。2000年以来，广西不断加大对交通运输和邮电通信业的投入，基本建成了现代化的立体交通运输体系和邮电通信网络，运输通过能力和邮电通信能力迅速提高。2006年，运输邮电仓储业实现增加值261.1亿元，比2000年增长85.5%，年均增长10.8%，占服务业的比重由2000年的15.9%下降到2006年的13.6%。“十五”期间，全社会各种运输方式完成货物运输周转量4907亿吨千米，比“九五”时期增长43.7%；完成旅客运输周转量2570.9亿人千米，比“九五”时期增长30%。邮电业务总量继续保持高速增长的势头，2006年全区邮电业务总量达到3852亿元，比2000年增长3倍，年均增长速度达到26%。

房地产业快速崛起。2006年全区房地产开发投资达到369.98亿元，比2000年增长8.56倍，年均增长45.7%，占全社会固定资产投资的比重，由2000年的5.8%快速上升到16.5%，成为近年来广西固定资产投资规模迅速扩张的重要推动力。全区房地产交投两旺，市场活跃，商品房销售价格持续上扬，促使房地产业快速发展，并有力地推动了建材、装饰、运输、物业管理等行业的发展，为推动经济增长、改善人居环境发挥了积极作用。2006年全区房地产业增加值占服务业增加值的比重达到9.9%，比2000年提高3.9个百分点。

金融保险业快速成长。2005年金融业完成增加值81.6亿元，占服务业比重为5.5%，分别比2000年提高2.8个百分点。全区保险业实现保费收入73.11亿元，比2000年增长1.4倍。

信息化水平进一步提升。信息化基础设施进一步加强。基本形成了以光缆为主，微波、卫星为辅的全区数字化传输网络，为信息交流、资源共享和发展网络经济提供了有力保障；广播电视光缆干线网升级改造，使全区光缆干线网与全国广播电视网互联互通，“村村通”广播电视工程取得积极成效。电子政务建设稳步推进，基本建成了由自治区级政务内网、政务外网和机要专网三个相互独立物理隔离的网络平台构成的广西电子政务网络平台。南宁、柳州、桂林、玉林等重点城市以及国有大中型企业实施了一批数字城市、企业信息化示范工程项目，并取得重要进展。

2009年以来，广西服务业规模不断扩大，服务业增加值上新台阶，总量冲破5000亿元，由2009年的2919.13亿元增加到2016年的7226.60亿元，现价总量比2009年增加147.6%，年均增长10.39%。2016年，服务业增加值占GDP的39.6%，拉动GDP增长3.3个百分点，对经济发展的拉动进一步提高。

随着服务业的快速发展，广西交通运输仓储和邮政业、批发零售业、住宿餐饮业等传统服务业改造提升步伐加快，服务功能不断加强。服务业行业更加丰富，结构较单一的状况得到改善，特别是物流、金融、信息、文化创意、科技咨询等行业发展迅速，服务业整体发展更协调，现代服务业的比重进一步提高。2016 年，广西金融业实现增加值占服务业的比重比 2009 年提高了 4. 2 个百分点；信息传输、计算机和软件业实现增加值占服务业的比重比 2009 年下降了 0. 6 个百分点。服务业市场化发展较快，近年来，广西通过激发市场活力、民营类服务业经济发展加快，服务业市场化程度不断提高。2016 年，广西民营类服务业经济增加值比 2009 年翻一番多，占全区服务业增加值的比重不断提高。

服务业效益不断提高。随着广西服务业行业、规模不断拓展和逐步扩大，服务业效益进一步提升，服务业对税收的贡献作用越来越明显，已成为全区重要税源之一。近年来，服务业成为就业的重要渠道，广西服务业吸纳就业人数稳步增加，就业人员增长明显快于劳动力总资源和全社会就业人员的增长，对缓解就业市场压力贡献突出。2016 年，广西服务业从业人员为 918 万人，比 2009 年多 147 万人，平均每年增加 18. 38 万人，累计增加 19. 1% 。2017 年，广西现代服务增加值为 5513. 84 亿元，占服务业比重 67. 3% ，比 1978 年提高了 9. 9 个百分点。其中，金融业和房地产业占比分别为 15. 5% 和 10. 6% ，比 1978 年分别提高 6 个和 3 个百分点。

广西改革开放以来，产业结构进一步优化，服务业已经成经济增长的第一动力。1978—2017 年广西三大产业生产总值详见图 4 –4。

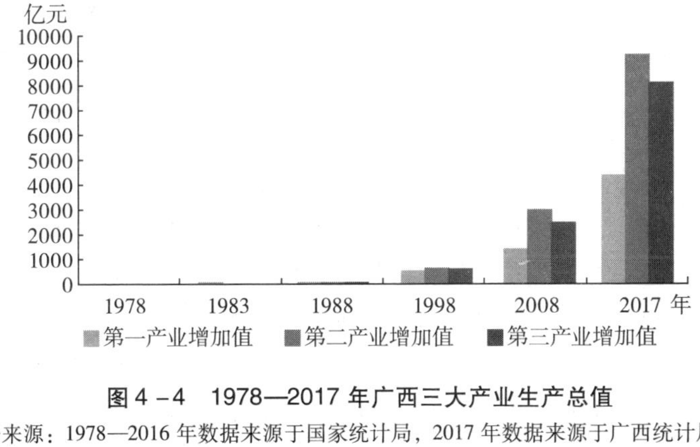


**图 4 –4　1978—2017 年广西三大产业生产总值**

数据来源：1978—2016 年数据来源于国家统计局，2017 年数据来源于广西统计局。

自治区成立初期，广西仍以轻工业为主，重工业所占比例不高。随着广西对重工业发展的投入逐步增加，钢铁、有色、水泥、电力等与国民经济发展息息相关的重点项目相继建成投产，有力地促进了重工业实力增强。1993年重工业产值达480.59亿元，占工业总产值的份额达到53.2%，首次超过轻工业成为广西工业的主要力量。进入21世纪后，随着基础设施和能源、新材料等产业的加快发展，重工业的发展有了质的飞跃，重工业占工业总产值比重逐年上升。2000年为52.1%，2005年为60.3%，2010年为66.9%，2017年为72%，实现了由轻工业带动向重工业拉动的转变。在轻工业内部，制糖业所占比例较大，2017年制糖产值达770.48亿元，比1985年增长12.7倍，占轻工业比重为9.9%。在重工业内部，有色产业、汽车产业得到充分发展，2017年分别完成增加值641.4亿元、682.3亿元，对全区规模以上工业增长的贡献率分别为12.1%、7.1%。2018年全区全部工业增加值比上年增长4.7%，规模以上工业增加值增长4.7%，全区规模以上工业企业利润1100.1亿元，比上年增长1.9%。

三次产业结构逐渐优化，转型升级稳步推进。1978年三次产业结构为40.90:34:25.10，2001年，三次产业结构为25.20:35.50:39.30。2017年三次产业结构为14.20:45.60:40.20。第一产业增加值在三次产业增加总值中所占比例下降明显，相反第三产业增加值在三次产业增加总值中所占比例上升明显。2012—2017年，产业结构显著优化。三次产业结构由2012年的16.6:48.0:35.4优化为2017年的14.2:45.6:40.2，三次产业对GDP增长的贡献率分别为8.3%、41.9%和49.8%。第三产业对经济的贡献率提高，从1978—2017年，提高了15.1个百分点，实现了产业结构总体上从农业主导型向工业主导型的重大转变。

2017年，广西服务业增加值突破8000亿元，增速达9%，比2016年提高0.4个百分点，占全区生产总值的比重超过40%，对经济增长的贡献率首次突破50%，居三次产业首位，拉动全区经济增长3.7个百分点，为广西经济稳增长作出突出贡献。创建全域旅游示范区和广西特色旅游名县，2018年，广西共接待游客达6.83亿人次，国内外游客增长30.6%，仅一年的增量就达到1.6亿人次，是广西总人口的3倍多。

# 4.3　产业发展存在的问题与发展前景

## 4.3.1　产业发展存在的问题

（1）农业是人类社会赖以生存和发展的主要物质生产部门，农业生产的任务是永续不断地向社会提供日益丰富的农产品。农业取得了巨大成就，但在发展过程中存在一些问题，主要表现在四个方面。

一是作物产量较低，潜力发挥不充分。根据《中国农业统计年鉴2009》资料，广西耕地面积为421.75万公顷，占全国总耕地面积的3.47%，但粮食总产量只有1394.7万吨，只占全国粮食总产量的2.64%，广西耕地粮食生产潜力没有充分发挥出来。就水稻而言，全国稻谷单位面积产量为6563公斤/公顷，而广西稻谷单位面积产量只有5227公斤/公顷，广西稻谷单产比全国稻谷单位面积产量低13.57%，相当于每公顷少1336.05公斤。这不仅说明了广西水稻产量还比较低，还有较大的增产潜力；而且还说明广西优越的光、温、水等资源没有得到充分利用，资源潜力未能发挥，资源生产潜力亟待挖掘。

二是土壤退化严重，生产环境恶劣。广西存在严重的土壤退化问题，对农业生产环境造成了不利的影响。水土流失加剧，红壤酸化严重，近20年来，旱地红壤pH值平均降低了0.1—0.2个单位，预计到2045年，土壤pH值还将有所下降，而盐基饱和度则将下降约50%。水田和林旱地土壤中全氮和速效磷大多处于轻度贫瘠到严重贫瘠水平。近20年来，自然荒地和稀疏林地的土壤肥力退化，由林地开垦的旱地土壤肥力也下降，红壤坡耕地中有机质和钾退化严重。特别是经济作物存在严重的连作障碍，红壤微生物功能退化。

上述问题相互影响，使农业生产环境变劣。引起这种现象的主要原因，就是长期对土地资源的不合理利用，从而产生土壤肥力退化和生态环境恶化，并由此导致农业生产环境变劣，对农业可持续发展构成严重威胁。

三是农业基础脆弱，发展后劲不足。由于农业基础脆弱，导致广西农业灾害频发，出现“大雨大（水）灾、小雨小（水）灾、无雨旱灾”，给农业生产和人民生命财产带来严重损失。严重的自然灾害必然对广西农业发展后劲产生不利影响。

四是农业科技落后，发展能力不强。广西地处西南边陲，与东、中部各省（区、市）相比，广西农业科技总体上比较落后，科技对农业及经济发展的支撑能力不强。农业科技投入低，由于广西属于经济相对落后地区，因此，每年投入到农业科技方面的资金和财力非常有限，远不及广东、浙江、江苏等发达地区。

广西地处祖国南疆，特点是“八山一水一分田”。山地面积广，地形地貌千差万别，错综复杂。以水、热、光农业气候资源组合类型划分，广西属于全国最为丰富的区域之一，农业气候资源生产力指数达到 0.8—0.9，与福建、广东并列全国之首。同时，由于我国亚热带资源稀缺，而广西是我国极少数地处亚热带的省区之一，热区面积分别占全区总面积和全国总面积的 47% 和 25%。主要农产品如甘蔗、亚热带水果、蔬菜、肉类、水产品等的生产在全国具有比较优势。此外，广西土特产资源也十分丰富，有“土特产品仓库”之称。土特产品种有 1120 种，八角、茴油、桂皮、松脂等产品的产量位居全国前列，香菇、云耳、木耳、白果、薏米、罗汉果在全国知名度较高。广西属于经济欠发达省区，区域内部许多地区开发较晚，开发程度较低，农业生产主要还是以传统农业为主，现代化学物质投入较少，工业化对环境污染程度较轻，大气环境、水环境、土壤环境等的状况要明显优于我国开发较早、开发程度较高的东中部地区，非常适宜发展市场需求量大的无公害特色农产品。

广西是我国唯一沿江、沿海、沿边三沿于一体的少数民族自治区，正好位于我国地理东西分界线的南侧端点上，从而起着我国经济承东启西的桥梁作用。自从 1992 年 5 月国家作出“要充分发挥广西作为西南地区出海通道的作用”的战略决策后，经过 20 多年的建设，广西现已初步建成了出海出边的三条大通道，从根本上改变了过去交通不便、信息不灵的“老、少、边、山、穷”的形象。独特的区位优势大大降低了空间交易费用，成为广西发展特色农业，为国内外市场提供特色农产品的有利条件。

（2）工业化进程滞后，结构性矛盾突出。改革开放初期，广西工业化进程出现反复，1978 年工业占全区生产总值比重为 30.7%，1990 年下降到 23.3%，2000 年逐步上升到 29.4%，2007 年达到 35.1%。产业集聚度不高，产业链短，关联度低。有色金属、制糖、钢铁、茧丝绸等优势产业集中在产业价值链低端，缺乏多层次加工体系，特色资源很难发挥优势；企业技术水平不高，自主创新能力弱；产业技术大部分依赖外部输入，产业园区发展水平偏低，发展方式粗放；中小企业活力不强，发展环境有待完善；生产要素瓶颈制约，资源能源供应趋紧，主要是土地供应缺口大；工业用地指标少、价格高，特别是农业用地转用指标、园区用地指标严重不足；城市规划和土地规划调整以及新增建设用地报批的时间长、难度大，工业用地供求的结构性、区域性矛盾突出；资金投入强度小；工业支撑体系不完备，生产性服务业落后，主要表现在基础设施滞后。

广西的工业发展顺应当前工业绿色、循环，低碳发展的大趋势，重视人民群众对清新空气、清澈水质、清洁环境的新期待，使工业发展更多惠及民生、增进福祉。一方面，要在产业升级上做加法，积极支持绿色低碳、节能环保设备和产品开发，提高智能产品、高端装备的制造能力，加快节能环保、再制造、新能源汽车等产业发展，加快合同能源管理、节能资源协议、高耗能产品能耗限额标准等新模式推广应用加快形成工业绿色发展的长效机制；另一方面，要在污染排放上做“减法”，加强重点行业和企业的节能管理，健全能源消费总量控制和预警监控机制，依法淘汰落后产能，积极化解产能过剩，深入开展工业清洁生产和重点行业大气污染防治，大力提升循环经济能力和水平。

创新驱动，重点推动新产业新业态实现突破，新常态下的驱动力是创业创新，靠的是不断创办新企业、开发新产品、培育新的增长点。当前，新产业、新业态层出不穷，广西应结合现有产业基础和产业发展能力，把握好不同产业的发展规律，紧抓一些具有趋势性和苗头性的产业，明确产业升级的主攻方向，调整好产业政策实施的着力点和切入点。加强对新型市场模式和消费心理的研究分析，重视教育医疗、健康养老、文化娱乐、体育健身、电子商务以及生态环境修复治理、环保技术产品等领域对供给的拉动作用，加快制造业向个性化定制柔性化生产网络化销售等先进制造方式和商业模式转型，继续加大对先进装备制造、节能与新能源汽车、新一代信息技术、新材料生物医药、节能环保等6个基础较好战略性新兴产业的支持，实现新兴产业发展有限突破，加快培育新的工业增长动力。

（3）服务业观念落后，认识不足。传统观念认为，应该首先发展第一产业和第二产业，只有这两个产业发展后才能发展服务业，没有这两个产业为依托，服务业就不能超越发展。这类传统观念相对传统经济发展而言，并不是不正确，可是当前世界经济已进入一个新的阶段，信息技术飞速发展给服务业带来巨大转变，服务业内在和范畴进一步拓展，必须重新认识服务业。从广西发展实际来看，一些地方对服务业发展认识不足，认为服务业税收少，特别是由于服务业点多面广，规模较小，很多地方长期以来投入在服务业发展方面的精力比工业和农业要少很多。投入不足，投资力度不大。这些年，广西在项目投资方面力度很大，但从投资分配比例来看，服务业投入少，更多资源财力都花在其他产业投资上，这是广西服务业发展缓慢的重要原因。软环境不够优，企业面临的不良问题是阻碍因素。当前，广西服务业企业发展过程中，在政策环境、经济环境、经营环境等方面还有很多不良因素，阻碍服务行业企业发展壮大。此外，技术人才、管理人才储备不足，同行恶性竞争、劳动力成本提高也是当前服务业企业经营环境中存在的主要问题。

### 4.3.2 产业发展前景

广西服务业的发展重视开发满足休闲需求的多层次旅游产品。广西旅游多年来一直以观光型的旅游产品模式为主，旅游产品项目单一。现有的休闲旅游产品开发比较缓慢，多层次的旅游休闲需求要求改变目前传统观光型旅游产品开发模式。一方面，要以中低档产品为主，发展多种类型的休闲旅游活动，满足大众需求；另一方面，要满足旅游者的高层次需求，设计出适合休闲旅游高端市场需要的产品。高学历、中高收入的青年群体是目前休闲旅游市场的主体，他们的消费能力强、拥有带薪假期且生活压力较大，针对这部分目标市场可以开发养生度假产品、针对白领女性的时尚个性旅游产品、高尔夫休闲产品、高科技体验产品等。但休闲产品的最终目标是服务于大众，满足广大市民的需求。调查结果显示，多数城市居民在对休闲旅游新产品的建议中表示希望多开发乡村旅游产品、体育和文化休闲产品等参与体验性强的项目。在休闲旅游产品开发中注重体验式产品的开发，不仅能够满足旅游者的感官享受，更重要的是，要让他们在旅游过程中得到综合体验感。

重点加快休闲文化产品建设。文化是人类文明的积淀，是休闲旅游的突出特征。著名经济学家于光远曾说，休闲旅游活动本质上是一种高层次的文化活动。休闲旅游活动更强调人们在旅游过程中精神文化深层次的享受，丰富休闲旅游产品文化内涵，提升产品的文化品位，关键在于充分挖掘休闲旅游产品的文化内涵满足旅游者精神文化层次的享受。广西具有丰富的饮食文化，通过培育广西饮食文化项目品牌，设立广西饮食文化主题年，打造广西饮食文化产品节庆等一系列举措，树立具有广西地方特色的休闲饮食文化品牌。广西具有丰富灿烂的历史和文化资源，文化与旅游的结合，可以为城市居民休闲文化旅游提供丰富的文化产品，提升市民的文化品位和休闲品质。

# 第 5 章　广西 70 年的金融贸易发展

## 5.1　金融机构与金融市场的发展

2010—2018 年，广西金融业增加值平均每年增长 15.1%，2018 年末，广西存款余额约 3 万亿元，贷款余额约 2.7 万亿元，金融对经济的引擎作用不断地凸显。广西跨境人民币结算量连续多年在我国 8 个边境省区排第一位。

### 5.1.1　金融机构发展

广西地方金融机构在地方各级党委、政府的大力支持下，以改革创新为契机，内抓管理、外抓形象，资产质量、流动性和盈利能力得到了极大改善，凭借贴近市场、决策灵活、运作高效的优势，对促进地方经济发展，尤其在服务“三农”、支持城乡中小企业发展方面发挥了不可替代的作用。但是由于历史包袱重、管理基础差，阻碍发展的各种体制性、机制性矛盾没有彻底化解，面临的竞争压力越来越大，所以，找准定位、缩小差距、充分发挥自身优势、走上健康可持续发展道路是一场持久战。

#### 5.1.1.1　广西银行业发展及现状

一个地区金融机构的发展状况也是该地区金融发展水平的重要体现。广西经济的跨越式发展为银行业的发展提供了广阔的机遇和舞台。

经国家银监会批准，广西北部湾银行股份有限公司于 2008 年 10 月 23

日在南宁正式揭牌成立，这标志着广西构建南宁区域性金融中心、加快推进北部湾经济区开放开发的战略部署又迈出了坚实的一步。新组建的广西北部湾银行股份有限公司注册资本20亿元，并将逐步设置分支机构，形成覆盖全区的网点布局，适时在中国其他地区、东盟国家和地区增设分支机构、业务网点，逐步发展成为在中国－东盟自由贸易区具有国际水平的现代商业银行。银行机构顺应时势不断壮大，实力逐渐提升。

2012年底，广西基本形成了以政策性银行和大型国有商业银行为核心，股份制商业银行、城市商业银行、农村信用社以及外资银行共同发展的局面。城市商业银行3家，农信社1家，三类新型农村金融机构25家，金融租赁公司1家，外资银行分支2家，国有银行及股份制银行分支机构13家，财务公司1家。① 详见表5－1。

**表5－1　2017年广西银行业金融机构情况**

| 机构类型 | 营业网点 | | | 法人机构/个 |
|---|---|---|---|---|
| | 机构个数/个 | 从业人数/人 | 资产总额/亿元 | |
| 大型商业银行 | 1982 | 38448 | 12774 | 0 |
| 国家开发银行和政策性银行 | 66 | 1735 | 5274 | 0 |
| 股份制商业银行 | 206 | 4197 | 2627 | 0 |
| 城市商业银行 | 437 | 7927 | 4858 | 3 |
| 城市信用社 | — | — | — | 0 |
| 小型农村金融机构 | 2392 | 25020 | 7929 | 95 |
| 财务公司 | 2 | 52 | 165 | 1 |
| 信托公司 | — | — | — | 0 |
| 邮政储蓄银行 | 969 | 10442 | 1787 | 0 |
| 外资银行 | 4 | 89 | 52 | 0 |
| 新型农村金融机构 | 238 | 3416 | 385 | 45 |
| 其他 | 1 | 42 | 40 | 1 |
| 合计 | 6297 | 91368 | 35891 | 145 |

数据来源：广西银监局、中国人民银行南宁中心支行、广西金融工作办公室。

① 李忠民. 西部金融蓝皮书：中国西部金融发展报告（2012）［M］. 北京：社会科学文献出版社，2012.

截至2018年末，广西金融机构本外币各项贷款余额为26688.31亿元，同比增长14.91%，增速较上年末上升2.38个百分点，高于全国2.05个百分点，增速排全国第6位，西部第2位。2018年，广西新增本外币各项贷款3445.23亿元，同比多增859.64亿元，增量再创历史新高。广西金融机构本外币各项存款余额为29789.78亿元，同比增长6.77%。其中，受互联网理财收益下降居民储蓄意愿增强、政府融资行为规范平台派生存款减少、企业利润增速下滑、大型企业资金归集总部等因素影响，住户存款和非银行业金融机构存款持续多增；广义政府存款同比少增，非金融企业存款多减明显。广西银行业本外币资产总额为3.85万亿元，同比增长7.34%；银行业盈利水平稳步提高，累计实现账面利润406.47亿元，同比增长7.25%。[①] 银行业稳健经营。资产总额和负债总额分别增长8.5%和8.2%；税后净利润增长21.2%，经营状况好转；贷款不良率1.7%，同比下降0.2个百分点，资产质量有所改善；"引银入桂"取得新进展，国家进出口银行进驻广西，村镇银行实现地市全覆盖目标，银行主体不断丰富；法人金融机构流动性比例较年初提高1.8个百分点，流动性水平合理适度。[②]

#### 5.1.1.2 广西证券业发展及现状

国海证券有限责任公司2001年经中国证监会批准，由原广西证券有限责任公司通过增资扩股脱胎而成，是广西成立的第一家可从事综合类业务的全国性证券公司。

截至2012年末，广西辖区内共有5家证券公司开设分支机构，共有境内上市公司30家（2008年共有25家），上市公司总股本为183.9亿股，同比增长15.6%；总市值为1276.9亿元，同比增长6.3%。2012年，广西上市公司通过资本市场融资56.1亿元。其中，百洋股份在深圳证券交易所挂牌上市，募集资金5.3亿元。债券筹资额为50.8亿元。[③]

---

① 崔瑜．2018年广西金融业发展回顾及2019年展望［J］．区域金融研究，2019（3）．

② 中国人民银行南宁中心支行货币政策分析小组．广西壮族自治区金融运行报告（2018）［R］．南宁：中国人民银行南宁中心支行，2018.

③ 李忠民．西部金融蓝皮书：中国西部金融发展报告（2012）［M］．北京：社会科学文献出版社，2012.

截至2017年末，广西共有境内上市公司36家，1家证券公司，1家基金公司，新增新三板挂牌公司12家、广西区域股权市场挂牌企业384家、证券分公司8家、证券营业部10家、已登记私募基金管理人29家。① 详见表5-2。

表5-2 2017年广西证券基本情况

| 项目 | 数量 |
|---|---|
| 总部设在辖内的证券公司数/家 | 1 |
| 总部设在辖内的基金公司数/家 | 1 |
| 总部设在辖内的期货公司数/家 | 0 |
| 年末国内上市公司数/家 | 36 |
| 当年国内股票（A股）筹资/亿元 | 8 |
| 当年发行H股筹资/亿元 | — |
| 当年国内债券筹资/亿元 | 681 |
| 其中：短期融资券筹资/亿元 | 329 |
| 中期票据筹资额/亿元 | 212 |

数据来源：广西证监局、中国人民银行南宁中心支行。

截至2018年末，广西共有37家境内上市公司，82家新三板挂牌企业，区域性股权市场挂牌企业2769家；广西沪深证券交易所直接融资318.97亿元，较2017年增长78.2%。证券业稳步发展，新增新三板挂牌公司12家，证券交易总额同比下降2.5%。②

#### 5.1.1.3 广西保险业发展及现状

广西保险业稳步发展。截至2012年末，各保险公司累计实现原保险保费收入（以下简称“保费收入”）238.26亿元，同比增长12.04%，其规模在全国31个省（区、市）中排名第23位，增速排名第13位。据初步统计，广西保险密度为508.9元/人，较上年增加51.1元/人，保险深度为1.84%，较上年增长0.02个百分点。截至2012年末，广西保险业总资产达495亿元，比2010年底增加77亿元。财产险业务实现保费收入92.25亿元，同比增长16.69%；人身险业务实现保费收入146.01亿元，同比增长9.29%。2012

①② 中国人民银行南宁中心支行货币政策分析小组．广西壮族自治区金融运行报告（2018）[R]．南宁：中国人民银行南宁中心支行，2018.

年，广西保险市场体系进一步完善，服务网络覆盖面不断拓宽。截至年底，广西共有省级保险公司33家，比上年增加2家，其中财产险公司19家，人身险公司14家；共有各级保险分支机构（含营销服务部）2039家，比上年增加21家，保险服务网络进一步延伸；保险代理、经纪、公估法人及分支机构达到93家，较上年增加15家；银行、车商等兼业代理机构达6126家，同比净增加2064家。截至2012年底，广西共有保险从业人员7.3万人，比上年减少约0.2万人，其中保险营销员5.46万人，比上年减少0.4万人。①

2017年，广西新增保险经营主体1家，新增保险公司分支机构69家、专业保险中介机构47家；广西保险从业人员新增2.6万人。② 详见表5－3。2018年，广西保险业实现保费收入629.2亿元，同比增长11.3%。新增保险从业人员2.6万人，财产和人身保险保障功能较好发挥。③ 1958—2017年广西金融机构存贷款发展情况详见表5－4。

**表5－3　2017年广西保险业基本情况**

| 项目 | 数量 |
|---|---|
| 总部设在辖内的保险公司数/家 | 1 |
| 其中：财产险经营主体/家 | 1 |
| 人身险经营主体/家 | 0 |
| 保险公司分支机构/家 | 2151 |
| 其中：财产险分支机构/家 | 1139 |
| 人身险分支机构/家 | 1012 |
| 保费收入（中外资）/亿元 | 565 |
| 其中：财产险保费收入（中外资）/亿元 | 196 |
| 人身险保费收入（中外资）/亿元 | 369 |
| 各类赔款给付（中外资）/亿元 | 182 |
| 保险密度（元/人） | 1157 |
| 保险深度/% | 3 |

数据来源：广西保监局。

① 李忠民．西部金融蓝皮书：中国西部金融发展报告（2012）［M］．北京：社会科学文献出版社，2012.

②③中国人民银行南宁中心支行货币政策分析小组．广西壮族自治区金融运行报告（2018）［R］．南宁：中国人民银行南宁中心支行，2018.

表5-4　1958—2017年金融机构人民币各项存款和贷款余额　单位：亿元

| 年份 | 各项存款合计 | 各项贷款合计 | 年份 | 各项存款合计 | 各项贷款合计 |
|---|---|---|---|---|---|
| 1958 | 6.09 | 11.10 | 1988 | 165.57 | 210.61 |
| 1959 | 8.44 | 14.68 | 1989 | 211.22 | 277.75 |
| 1960 | 7.41 | 16.99 | 1990 | 271.17 | 326.29 |
| 1961 | 7.50 | 16.27 | 1991 | 351.85 | 389.76 |
| 1962 | 6.57 | 13.46 | 1992 | 501.66 | 499.20 |
| 1963 | 6.10 | 11.74 | 1993 | 662.74 | 664.71 |
| 1964 | 6.51 | 12.02 | 1994 | 915.25 | 835.53 |
| 1965 | 7.94 | 14.63 | 1995 | 1152.32 | 1055.67 |
| 1966 | 7.65 | 17.88 | 1996 | 1361.17 | 1203.41 |
| 1967 | 10.24 | 18.53 | 1997 | 1568.83 | 1423.48 |
| 1968 | 10.43 | 20.13 | 1998 | 1792.10 | 1516.49 |
| 1969 | 10.18 | 22.27 | 1999 | 2010.14 | 1719.19 |
| 1970 | 10.84 | 23.57 | 2000 | 2269.06 | 1613.25 |
| 1971 | 12.50 | 25.96 | 2001 | 2518.94 | 1764.05 |
| 1972 | 13.00 | 26.61 | 2002 | 2784.14 | 1941.07 |
| 1973 | 14.77 | 29.86 | 2003 | 3175.34 | 2320.66 |
| 1974 | 15.94 | 31.59 | 2004 | 3673.19 | 2759.65 |
| 1975 | 16.00 | 35.65 | 2005 | 4202.84 | 3056.86 |
| 1976 | 17.51 | 39.17 | 2006 | 4971.86 | 3595.25 |
| 1977 | 18.86 | 43.56 | 2007 | 5749.94 | 4287.79 |
| 1978 | 19.67 | 46.18 | 2008 | 7024.10 | 5066.68 |
| 1979 | 24.49 | 48.30 | 2009 | 9583.13 | 7268.41 |
| 1980 | 29.64 | 55.05 | 2010 | 11746.77 | 8867.52 |
| 1981 | 37.26 | 60.05 | 2011 | 13453.00 | 10409.00 |
| 1982 | 43.24 | 66.12 | 2012 | 15856.00 | 11941.00 |
| 1983 | 48.35 | 72.20 | 2013 | 18267.24 | 13653.38 |
| 1984 | 71.82 | 90.70 | 2014 | 20078.97 | 15585.46 |
| 1985 | 94.96 | 118.38 | 2015 | 22566.96 | 17656.76 |
| 1986 | 124.85 | 152.47 | 2016 | 25257.56 | 20175.77 |
| 1987 | 160.54 | 186.26 | 2017 | 27714.24 | 22781.81 |

数据来源：《数说广西——改革开放40周年和广西壮族自治区成立60周年经济社会发展纵览》。

### 5.1.2 金融市场发展

经过70年的积淀，广西金融市场稳步发展。

一是债券市场平稳发展。2018年，广西累计发行各项债券3707.63亿元，同比下降4.81%。受市场行情及发行窗口选择影响，各主体债券发行量走势表现分化，其中，累计发行地方政府债券同比下降18.26%；发行金融债同比下降42.81%；发行同业存单同比增长3.67%；发行各类企业债券同比增长15.38%。从市场交易来看，2018年，债券市场流动性整体较为适宜，广西具备全国银行间债券市场交易资格的法人金融机构的业务开展以债券回购和现券交易为主，其中，债券回购资金净融入10947.84亿元，同比净增加3727.96亿元；现券交易25245.33亿元，同比增长227.64%。

二是票据市场交易大幅增长。2018年，经济结构优化调整加速，资金需求有所增加，广西金融机构票据承兑业务量大幅上涨。截至2018年末，广西累计签发银行承兑汇票2072.69亿元，同比增长28.03%。金融机构票据贴现业务呈大幅增长态势，广西银行业金融机构累计办理票据贴现1566.03亿元，同比增长87.17%。

三是黄金市场发展不断规范。2018年，广西共有17家银行业金融机构以及广西结算中心开办黄金市场业务，业务种类包括代理金交所、实物黄金、账户金、黄金租赁、黄金远期、黄金期权六类。广西各类黄金市场业务累计成交144.00吨，金额达390.81亿元。

四是外汇市场运行平稳。2018年广西银行结售汇小幅逆差，较2017年有所收窄。2018年，广西银行结售汇总计204.69亿美元，同比下降4.1%，产生结售汇逆差71.92亿美元，同比下降4.21%。跨境资金规模上升，收涨支降，净流出规模缩减过半。2018年，广西银行跨境收支总量达489.13亿美元，同比上涨10.22%，其中，跨境资金流入同比上涨29.81%；跨境资金支出同比下降2.19%，全年跨境资金净流出42.51亿美元，同比下降57.38%。

总体来看，2018年全年全区金融业增加值1403.19亿元，比上年增长

6.9%。2018年末，全区金融机构本外币各项存款余额29789.78亿元，比年初增加1890.14亿元，其中人民币各项存款余额29620.03亿元，增加1905.80亿元。2018年末，金融机构本外币各项贷款余额26688.31亿元，比年初增加3445.23元，其中人民币各项贷款余额26143.38亿元，增加3355.04亿元。详见表5－5。

表5－5　2018年广西金融机构本外币存贷款余额及其增长速度

| 指标 | 年末数/亿元 | 比上年末增长/% |
| --- | --- | --- |
| 各项存款余额 | 29789.78 | 6.8 |
| 其中：住户存款 | 15334.39 | 11.0 |
| 其中：人民币 | 15282.07 | 11.1 |
| 非金融企业存款 | 8176.92 | －3.0 |
| 各项贷款余额 | 26688.31 | 14.9 |
| 其中：境内短期贷款 | 1395.86 | 16.4 |
| 境内中长期贷款 | 9013.50 | 24.2 |

数据来源：《广西统计局国家统计局广西调查总队——2018年广西国民经济和社会发展统计公报》。

## 5.2　沿边金融综合改革成效

2013年7月，广西在东兴率先开展个人跨境贸易人民币结算试点，沿边金融综合改革试验区建设大幕开启。截至2018年，广西抢抓国家深入实施“一带一路”倡议的重大历史机遇，积极践行“三大定位”新使命，以“铺一条路、搭一个平台、建一个循环圈”作为金融开放创新的主攻方向，在畅通人民币资金汇划渠道、搭建银行间市场区域交易平台、建立跨境投融资循环圈等方面进行了许多有益尝试，推动金融开放和跨境贸易投资便利化不断升级。

### 5.2.1　沿边金融改革的举措

在中国人民银行等部委的大力支持下，2014年以来，广西陆续推出跨境人民币贷款、个人跨境贸易人民币结算等业务试点，跨境人民币业务品种从传统边贸拓展到整个经常项目以及资本项目投融资结算领域，业务主体由企业拓展到个人，结算方式由银行柜台结算延伸到电子商务，服务实体经济的功能得到充分发挥。广西主要采取了以下措施，强化金融对广西沿边金融综合改革地区经济发展支持的对策：

第一，加强金融双向开放力度，深化与境外国家金融双向合作。广西天然有着作为面向东盟的门户和通道的区位优势，特别是广西沿边金融综合改革地区，多是面向东盟的前沿地区。因此，在未来的发展过程中，广西要着重发挥这一优势，将自身打造成为与东盟国家开放合作的战略支点。而无论是广西自身的经济发展，还是与东盟合作的开展，均离不开金融的支持。从现阶段来看，广西在探索沿边金融综合改革的过程中，已实施了一些深化与东盟国家金融双向合作的举措，如搭建区域性跨境人民币业务平台，打造沿边跨境金融合作的有形载体以及鼓励和支持第三方支付机构开展跨境支付业务，等等。这些措施的出台为广西与东盟合作的开展奠定了金融基础。但要真正发挥广西的战略支点作用，这些举措还不够，还需进一步加强金融双向开放的力度，进一步深化与境外国家的金融双向合作。

第二，培育发展多层次资本市场，完善多元融资体系。近年来，广西一直在培育和发展多层次资本市场，也取得了一定的成效，直接融资的比重有所提高。但比较而言，广西资本市场的发展还是较为落后，直接融资比重的提升较为缓慢，因此，为切实保障广西沿边金融综合改革地区经济社会的快速发展，广西应加大培育发展多层次资本市场的力度，进一步完善多元融资体系。

第三，扩大金融创新试点，争取先行先试政策。要进一步发挥沿边金融综合改革对广西沿边金融综合改革地区经济社会发展的促进作用，不仅要用好现有的改革政策，更要继续争取更多的金融创新试点和先行先试政策。根据广西沿边金融综合改革地区经济社会发展的特点，未来广西应着重争取促进与东盟投资贸易便利化方面的金融先行先试政策，这样有利于充分发挥沿边金融综合改革地区的“沿边”优势。具体来看，可围绕打造中国－东盟自由贸易区升级版、共建“21 世纪海上丝绸之路”等合作倡议的优先方向和具体需求，积极争取能够满足推进这些倡议和合作所产生的金融需求的先行先试政策。

第四，加大金融人才培养力度，完善人才保障体系。企业的发展离不开人才，金融的发展也不例外，更需要有金融人才作为行业发展的支撑。广西作为西部地区，在吸引高端金融人才方面不具备优势，因此，广西不仅要注重引进高端人才，也要注重本地区金融人才的培养。特别是沿边金融综合改革地区中的百色市，此前，百色经济发展一直较为落后，这年来才出现追赶的势头，在金融人才吸引方面更不具备优势。通过本地区金融人才的培养，可以为这些地区输送金融人才，促进这些地市经济社会的快速发展。

2018 年，广西出台金融支持实体经济发展 16 条措施，贷款余额增长 14. 8% ，居全国前列；平安银行南宁分行、中银香港东南亚业务营运中心落户全区；中国出口信用保险公司广西分公司、国富人寿保险公司挂牌成立；举办工业高质量发展银企对接活动，参与企业 2000 多家，融资规模超 1300 亿元。

### 5. 2. 2 沿边金融改革的成效

广西沿边金融综合改革试验区建设 6 年来，已在 10 个方面取得显著成效，总结出 12 条可复制推广的经验，为全国金融改革创新提供了有益探索。广西与东盟国家在资金互融、监管互动、人员互联、信息互通等方面的合作不断深化，金融开放合作平台不断夯实，近 6 年来广西跨境人民币结算量一直在全国 8 个边境省区中保持第 1 名，为人民币面向东盟区域化奠定了坚实基础。自治区内 23 家银行的 319 个分支机构开办了跨境人民币业务，2967 家企业办理人民币跨境结算，105 个国家和地区与广西发生跨境人民币收付。2014—2016 年，人民币连续几年成为广西第一大国际结算币种。

通过 6 年来的金融支持，广西沿边金融综合改革地区经济持续发展，详见图 5 -1。

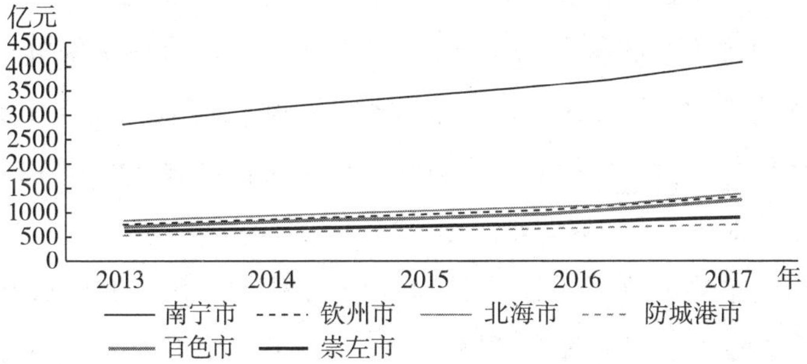


**图5－1 2013—2017年广西沿边金融综合改革地区GDP增长走势**

数据来源：《广西统计年鉴》（2014—2018年）。

#### 5.2.2.1 跨境人民币业务创新成效显著

自2010年6月试点开始至2018年末，广西跨境人民币结算总量达9715.38亿元，自沿边金融综合改革试验区建设以来，一直在全国8个边境省区中排名第一位。广西24家银行的332个分支机构开办了跨境人民币业务，3350家企业办理人民币跨境结算，112个国家和地区与广西发生跨境人民币收付。2014年11月，广西开展跨境人民币贷款试点，截至2018年末，广西26家企业从境外银行融入资金68.46亿元，打造人民币对东盟国家货币区域银行间交易平台，2018年共发生人民币对柬埔寨瑞尔银行间市场区域交易22笔，成交金额达338万元人民币，折合21亿柬埔寨瑞尔。为了打造广西连接东盟国家和地区银行的区域性跨境人民币业务清算平台，区域性跨境人民币业务（南宁）平台上线，已连接广西区内近2500个银行网点和境外近1000家代理行，覆盖港澳台、东盟、南亚及美、欧、日等主要经济体。截至2018年末，共处理跨境人民币业务61199笔，清算金额3.61亿元。

#### 5.2.2.2 沿边金融综合改革助推贸易投资便利化不断增强

成功搭建面向东盟的外币现钞跨境调运通道，从第一笔调运业务开展至2018年末，广西银行累计调入越南盾9笔，金额达350.66亿越盾，折合154.66万美元；调入泰铢6笔，金额达40535万泰铢，折合1272.66万美元。开展经常项目跨境外汇轧差净额结算试点，截至2018年末，广西8

家企业开办试点业务，减少97.5%的资金汇兑量。推进全口径跨境融资宏观审慎管理政策，截至2018年末，广西办理全口径跨境融资业务96笔，签约金额达30.42亿美元，提款金额达27.36亿美元。试点开展跨国公司外汇资金集中运营，广西8家企业获得试点资格，累计借入外债折2.93亿美元，累计对外放款4549.2万美元。

目前，东兴试验区人民币兑越南盾汇率定价新机制的成功经验已复制、推广至崇左、百色等中越边境地区，逐步形成广西市场的统一汇率报价，夯实中方银行越南盾汇率定价的主导性，构建起统一、高效的人民币与越南盾汇率“零售市场”价格发现体系，并为做大做强人民币对越南盾银行间区域交易市场奠定坚实基础。

## 5.3 国内贸易的发展

自改革开放以来，广西国内贸易持续快速发展，市场规模不断扩大，城乡居民消费和工农业生产需求得到了保障。广西与全国各省（区、市）的贸易往来日益频繁，2008年实现社会消费品零售总额2338.45亿元，与1978年相比，年均增长15.19%，扣除价格因素年均实际增长7.4%，其中批发零售业零售额为803.39亿元，与1978年相比，年均增长18.9%，扣除价格因素年均实际增长8.5%，社会消费品零售额的实际增长幅度超过了GDP的增幅。商业流通体制发生巨大变化，现代化的流通格局基本形成。2000年以来，广西流通产业所有制结构、企业组织结构、企业经营机制等发生了巨大变化，超市、便民店、连锁店、专卖店、仓储式商场等新型流通业态迅速发展，已形成多层次、多形式、多类型运行方式并存的市场网络和流通新格局，对促进市场繁荣和国民经济社会发展作出了积极贡献。

住宿和餐饮业发展迅速。随着广西城乡居民生活水平的不断提高，居民生活消费观念和习惯的变化，外出旅游就餐增加，尤其是国家实行“黄金周”假日制度，星级宾馆和快捷酒店不断增加，极大地推动住宿和餐饮业的发展。2008年广西住宿业和餐饮业零售额达到279.94亿元，比1978

年增加了163.7倍，年均增长18.55%，比同期社会消费品零售总额年均增速高3.36个百分点，在社会消费零售总额中的比重为11.97%，比1978年提高6.91个百分点。住宿、餐饮业企业规模、档次不断提高，消费、卫生环境和服务水平明显改善。

广西正在全力推进商务高质量发展，加快推动消费升级、增加高品质服务供给，不断壮大消费新增长点，切实增强消费对经济发展的基础性作用。2018年，通过继续开展“壮族三月三”电商节等促消费活动，电商交易额增长13.4%，快递业务量增长51.5%，居全国前列。2018年，社会消费品零售总额增长9.3%，高出全国0.3个百分点；全区电子商务交易额完成8000亿元，增长13.4%。

## 5.4　国际贸易的发展

新中国成立70年来，特别是改革开放以来，广西全面实行对外开放政策，提出并实施了外向型带动战略，对外经济成就显著，对外贸易规模不断扩大，对外开放水平不断提高，招商引资深度和广度不断拓展，区域合作不断加强，全方位、多层次、宽领域的对外开放格局初步形成。

### 5.4.1　对外贸易规模不断扩大，结构进一步优化

1958年，全区进出口总额仅为0.51亿美元，1978年为2.69亿美元，到2017年达到572.10亿美元，为1958年的1122倍，年平均增速达到12.6%，为1978年的213倍；2017年平均每天的进出口总额比自治区成立初期的1958—1962年5年的累计之和还要多。对外贸易的迅速发展，对国民经济发展的作用也日益增强，外贸依存度（进出口总额相当于地区生产总值的比重）由1958年的1.19%提高到1978年的6.04%，到2017年达到19%。广西外贸结构调整取得积极成效，贸易方式、商品结构、经营主体、市场布局不断优化。其中，贸易方式更趋合理，一般贸易实现高速增长，成为拉动外贸增长的重要引擎。边境贸易保持稳定，所占比重逐渐

降低；加工贸易龙头企业引领作用凸显，增速明显。商品结构方面，传统劳动密集型产品出口恢复增长，机电产品和高新技术产品出口增势显著带动出口提质增效。经营主体方面，民营企业蓬勃发展，在外贸领域占领主导地位，内生动力逐渐增强。市场布局方面，广西在稳定对传统贸易伙伴进出口份额的同时对其他主要市场发展势头良好，布局更加多元化。

自治区成立初期到19世纪60年代中期，广西对外贸易主要以出口创汇为主，直到1965年才有少量的商品进口。到1978年，进出口总额增速虽然比较快，但总量仅有269亿美元，其中，进口额仅为0.20亿美元。改革开放后，广西对外贸易体制历经多次改革，不断完善，除个别年份外，其他年份均稳定发展，进入21世纪后，随着世界经济的恢复和我国正式加入WTO，广西对外贸易进入了一个新的发展阶段。详见图5-2。

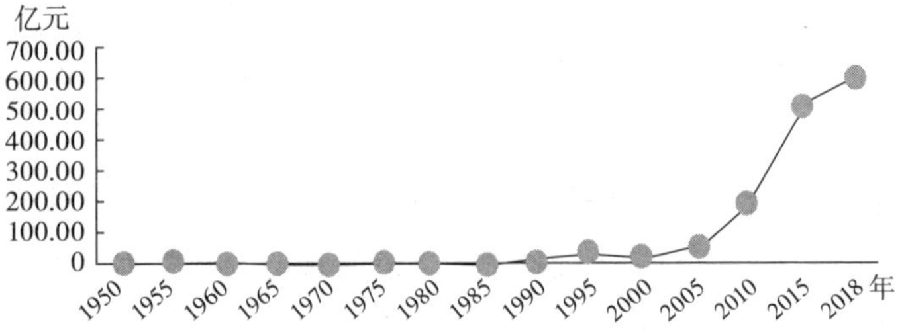


**图5-2　1950—2018年广西进出口总额**

数据来源：1978—1989年数据来源于《广西统计年鉴1990》，1990—2017年数据来源于《广西统计年鉴2018》，2018年数据来源于《广西统计公报2018》，按1美元=6.9201人民币汇率折算所得。

随着对外贸易总量的增加，对外贸易的商品结构也出现较大的变化。就出口结构而言，自治区成立后相当长时期，广西出口以初级产品为主，到1978年，广西出口初级产品占全部出口产品的比重仍达47.3%，工业制成品的比重仅为52.7%。随着广西经济的快速发展，出口商品结构不断得到优化，高附加值商品出口比重提高。2017年，全区工业制成品出口所占比重已上升至59.8%，比1978年提高7.1个百分点。详见图5-3。

2017年出口额超1000万美元的商品达到134种，其中，服装及衣着附件，纺织纱线织物及制品、自动数据处理设备及其部件、鞋类、成品油、陶瓷产品、蔬菜、灯具、照明装置及零件等59种商品出口量超过1亿美元。

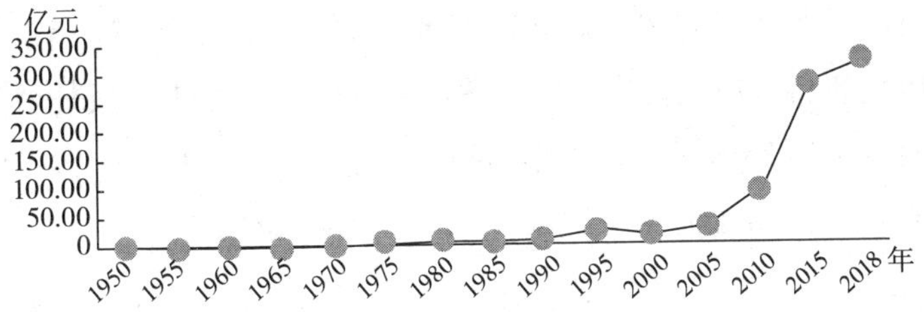


**图5－3　1950—2018年广西出口总额**

数据来源：1978—1989年数据来源于《广西统计年鉴1990》，1990—2017年数据来源于《广西统计年鉴2018》，2018年数据来源于《广西统计公报2018》，按1美元＝6.9201人民币汇率折算所得。

在不断巩固传统的中国港澳地区、美国、日本及欧盟市场的同时，广西积极开拓新兴市场，与周边国家（地区）、东盟及其他贸易伙伴的贸易合作蓬勃发展，贸易伙伴遍及全球七大洲，贸易市场多元化格局逐步形成。目前，东盟已经成为广西最大的贸易伙伴。

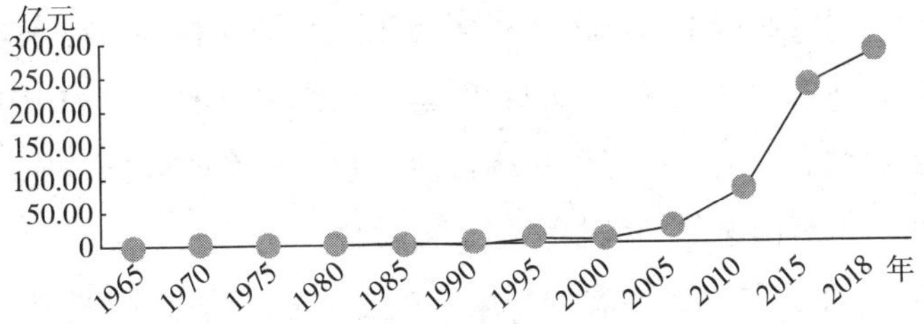


**图5－4　1965—2018年广西进口总额**

数据来源：1978—1989年数据来源于《广西统计年鉴1990》，1990—2017年数据来源于《广西统计年鉴2018》，2018年数据来源于《广西统计公报2018》，按1美元＝6.9201人民币汇率折算所得。

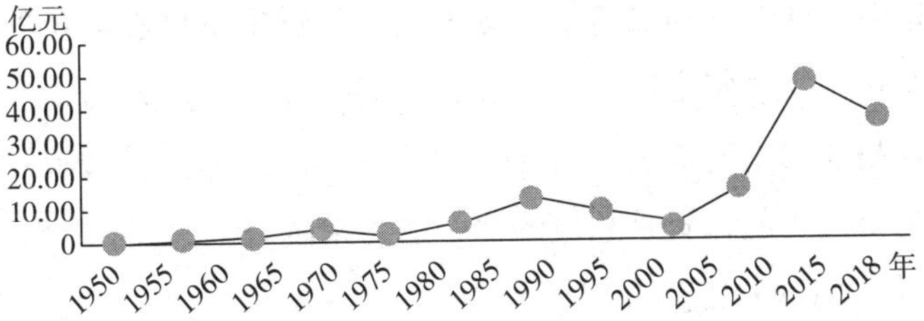


**图5－5　1965—2018年广西进出口差额**

数据来源：1978—1989年数据来源于《广西统计年鉴1990》，1990—2017年数据来源于《广西统计年鉴2018》，2018年数据来源于《广西统计公报2018》，按1美元＝6.9201人民币汇率折算所得。

2018年，广西外贸进出口总值达4106.7亿元，比上年增长5%，进出口规模创历史新高，加工贸易进出口增长13.8%。崇左市完成外贸进出口总量占广西总量的35.9%，其中出口1093亿元，增长16.3%，占广西出口总量的50.2%。跨境人民币结算占广西总量的38%。

### 5.4.2 中国－东盟博览会成功举办，国际影响力日益提升

由中国和东盟十国经贸主管部门及东盟秘书处共同主办，广西人民政府承办的国家级、国际性经贸交流盛会——中国－东盟博览会永久落户广西首府南宁，2004—2017年，已经成功举办了14届，为广西对外开放提供了良好的机遇。东盟为广西第一大贸易伙伴，2017年，广西与东盟双边贸易额为280.77亿美元，占广西进出口总额的49.1%。其中，广西对东盟出口157.27亿美元，自东盟进口123.50亿美元，对东盟贸易顺差3.77亿美元。

广西作为我国西部唯一的沿海省区与东盟经济圈相接，与东盟国家海陆相连，拥有独特的区位优势。随着中国－东盟关系的发展和中国－东盟自由贸易区建设的推进，在广西壮族自治区政府和东盟各国政府的大力推动下，广西与东盟国家的经济联系越来越紧密。

自2002年中国与东盟签署《中国－东盟全面经济合作框架协议》后，截至2012年，东盟已连续12年保持广西第一大贸易伙伴和第一大出口市场的地位。

《中国－东盟全面经济合作框架协议》签订后，广西与东盟国家的贸易额迅速攀升。2002—2012年，广西与东盟的进出口总额由6.3亿美元攀升至120.5亿美元，年度增长率最低21.10%，最高达59.10%；贸易顺差也整体上保持快速上升势头，由2002年的2.54亿美元增至2012年的66.3亿美元，占全区进出口贸易总值的比率也越来越大，由2002年的25.84%增至2012年的40.90%。

在图5－6中，我们对比分析了西部沿边五省区2011—2017年的边境小额贸易进出口总额情况。边境小额贸易主要是由边境地区小企业及边民个体参与，对边民和地方城镇的作用更为明显，直接反映了地方经济的活

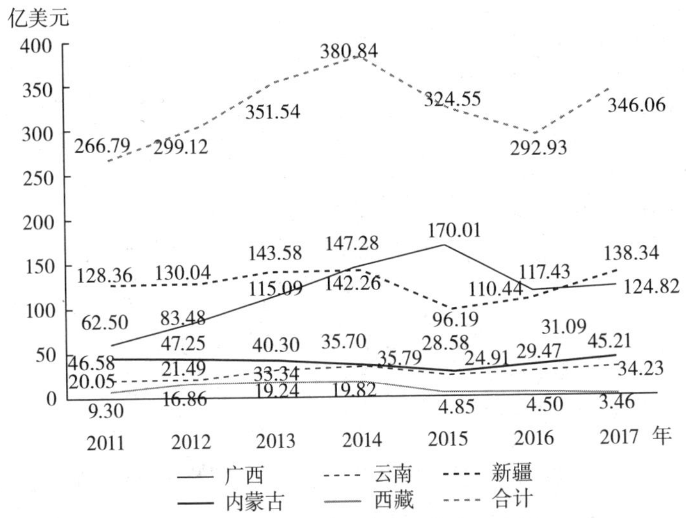


**图5－6　2011—2017年西部沿边五省区边境小额贸易进出口总额**

数据来源：作者根据各省区统计年鉴、统计公报公布的数据整理得出。

注：甘肃省唯一的边贸口岸——马鬃山陆路边境口岸，自1993年8月关闭至今，因此甘肃没有边境小额贸易的统计数据。

跃性。就总量而言，广西、新疆领先。

广西与东盟贸易的最大特点就是，边境小额贸易占了很大比重，2002—2011年广西凭借得天独厚的区位优势，大力发展边境小额贸易，进出口货物为203.2亿美元，年均增速38%，占同期广西与东盟国家外贸比重的60.8%，一般贸易进出口货物为113.3亿美元，年均增长30%，占同期广西与东盟国家外贸比重的33.9%。2012年，广西以边境小额贸易方式对东盟进出口83.5亿美元，增长33.5%，占同期广西与东盟进出口总值的69.3%。详见图5－7。

广西作为中国西南边境贸易区通向东南亚的主要门户，地处中越边境，边境贸易是其经济发展的重要组成部分，对广西经济尤其是边境地区的经济发展起到了巨大的推动作用。改革开放以来，特别是1984年国务院颁布《边境小额贸易暂行管理办法》以后，中国的边境贸易真正走上正轨，随后边境贸易在边境地区、少数民族地区的经济发展中起着不可忽视的作用。广西边境贸易在此宏观条件下，依托沿边地域特色和口岸优势，持续稳定增长，边境小额贸易总额不断扩大。1987年边境小额贸易额为3

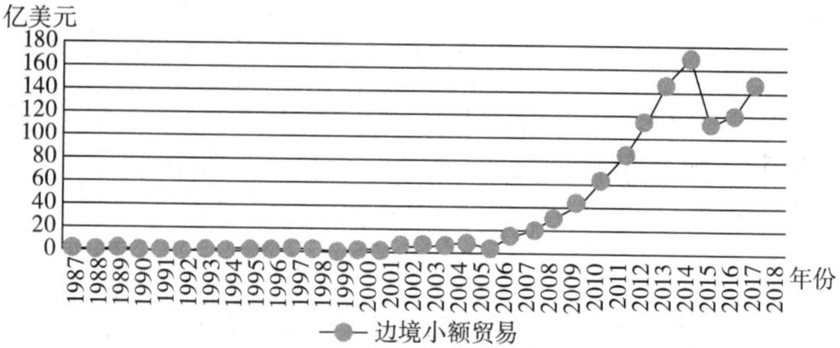


**图 5－7　1987—2018 年广西边境小额贸易趋势**

数据来源：《广西统计年鉴》（1987—2018 年），2018 年数据来源于《广西统计公报 2018》；1987 年以前的其他年份没有此指标。

万美元。"十一五"期间，随着中国－东盟自由贸易区的建立，边境小额贸易飞速增长，到 2010 年达到 42.41 亿美元，占同期广西外贸总值的 24%。2015 年，据南宁海关统计，边境小额贸易额达 170.01 亿美元，占同期广西外贸总值的 33%，广西边境小额贸易额居全国首位。2018 年，凭祥市边境小额贸易总额达 574.63 亿元，约占广西外贸总值的 53.39%，约占全国外贸总值的 21.54%，边境小额贸易总额连续 4 年居全国第 1 名。

广西对越南贸易的一个重要特征是边境贸易占了极大的比重，特别是其中的边境小额贸易。地理上的连接给边境贸易创造了前提，广西有 8 个边境县市与越南的广宁、谅山、高平、河江 4 个边境省接壤，沿陆上边境有东兴、凭祥、友谊关、水口、龙邦 5 个国家一类口岸，有 7 个国家二类口岸和近 25 对边民贸易互市点，沿海还有 4 个边贸码头。其中凭祥、东兴、防城港是最主要的边境小额贸易口岸，占广西边境小额贸易总额的 90% 以上。

近年来，广西与越南不断推进跨境旅游，开辟海上旅游线路，共同培育中越旅游品牌，培训旅游人才等合作措施。2008 年 3 月，广西与越南河内、广宁、谅山三省市签署了《中越边境旅游管理合作备忘录》，合作开拓越南北部至广西南部的跨国旅游市场。已开通的北海至越南下龙、河内的海上旅游航线，成为当时中国唯一允许凭边境通行证出国旅游的线路。2009 年 2 月，中国政府批准凭祥正式恢复边境旅游异地办证试点工作，使得中越旅客出入境更为便捷。2011 年 3 月，广西正式实施公民参团赴越南边境旅游办理出入境通行证即时受理，当天办结工作制。2013 年上半年，广西北海、防城港、崇左、百色 4 个城市的 6 个口岸启动了异地办证业务，东兴口岸借助国家重点开发开放试验区，取得了外国人落地签证的政策，所有这些都进一步深化了广西与越南的旅游合作。合作成效也非常显著，越南是广西最大的旅游客源国，2012 年广西接待越南游客近 50 万人次，同时经广西到越南的中国游客也快速增加，2012 年广西的旅行社组织了 17.24 万名中国游客去越南旅游。

中国海关总署主办的《中国海关》杂志对外公布了 2018 年“中国外贸百强城市”排行榜。榜单显示，广西共有崇左市、防城港市、南宁市、柳州市、北海市 5 个城市入围，其中崇左市排名第 35 名，位列广西第一。

# 第6章　广西70年的对外开放

广西沿海又沿边，只要借助好“外力”就可以让广西的发展“如虎添翼”，才能做好对外的陆海开放。广西是少数民族地区，又是人口大区。与我国东部发达地区相比，劳动力成本优势明显，开放的市场前景很广阔。

## 6.1　沿边开放

### 6.1.1　沿边开放的概述

改革开放以来，国家高度重视广西沿边地区开发开放问题，特别是中国共产党第十八次全国代表大会以来，相继出台了《关于加快沿边地区开发开放的若干意见》《沿边地区开发开放规划（2014—2020年）》《推动共建丝绸之路经济带和21世纪海上丝绸之路的愿景与行动》等一系列的特殊扶持政策和措施，特别是针对广西沿边开发开放实际情况，先后批复同意《广西云南沿边金融综合改革试验区总体方案》，批准实施《珠江—西江经济带发展规划、左右江革命老区振兴规划》《广西北部湾经济区发展规划（2014年修订）》，确立广西东兴、凭祥为国家重点开发开放试验区，实现了国家战略规划对广西的全覆盖，极大地推动了广西沿边地区的经济社会发展，为巩固边疆安定团结作出了积极贡献。

2015年3月，习近平总书记在参加全国“两会”广西代表团审议时强调，发挥广西与东盟国家陆海相连的独特优势，加快北部湾经济区和珠江

—西江经济带开放开发，构建面向东盟的国际大通道，打造西南中南地区开放发展新的战略支点，形成“一带一路”有机衔接的重要门户。“国际通道、战略支点、重要门户”是国家对广西发展最明确、最全面的科学定位，给广西沿边开发开放带来了新的重大机遇。

广西陆地边境线长1020千米，海岸线长1959千米，有百色、崇左、防城港3个边境市（地级市），其中东兴、防城区、宁明、凭祥、龙州、大新、靖西、那坡8个县（市、区）、38个边境乡镇、225个边境行政村与越南的河江、高平、谅山、广宁4个省18个县接壤。拥有凭祥（铁路）、友谊关、东兴、水口、龙邦、平孟6个国家边境一类口岸，爱店、峒中、硕龙、岳圩、科甲、平而6个边境二类口岸和26个边民互市点。地处中南经济圈、西南经济圈、华南经济圈与东盟经济圈的交汇点，加上近年来国家不断加大沿边开发开放力度，沿边经济带建设相关的众多优惠政策、发展平台和保障措施相互叠加覆盖，随着国家“一带一路”倡议和广西“双核驱动三区统筹”地方规划的稳步推进，广西沿边地区正由原来开放的末梢逐步转变为开放的前沿，是中国面向东盟开放合作的窗口和前沿阵地，提升沿边开发开放水平是广西全方位对外开放的重要组成部分。

广西地处对外开放前沿阵地，位置独特，左右逢源，沿边地区发展开放型经济、建立沿边开放型经济新体制具有很好的有利条件。

一是广西得天独厚的区位优势。自2002年启动的中国－东盟自贸区建设，开启了中国与东盟国家经贸合作的“黄金十年”。2015年《中国－东盟自贸区升级议定书》的签署，标志着中国与东盟的关系从原来的“黄金十年”，真正进入了“钻石十年”。广西位于祖国南疆，面向东盟，与越南接壤兼有陆海边疆，是一个沿海、沿江、沿边的多民族边疆省区，是我国唯一与东盟海陆相连的省区，也是中国唯一一个与东南亚国家陆地和海洋相连的省区。近年来，沿边开放发展迅速，合作交流成绩斐然，已经成为广西对外开放合作的一大亮点。在国际经济地图上，广西正好处于泛珠江三角区域与东盟自由贸易区两大市场之间，具有自然形成的战略地位和得天独厚的陆海边疆开发开放条件。随着中国－东盟自由贸易区的加快推进，广西北部湾经济区的建立，广西处于中国－东盟自由贸易区的前沿，便于边海并进与东盟国家开展全方位开发开放合作，是我国实施自由贸易区战略的重要方向，成为连接东盟、连接越南的前沿城市，成为双向沟通华南与西南的结合部，中国与东盟、东亚与东南亚的连结点，成为我国西南地区最便捷的陆路大通道和我国走向东盟、走向世界的重要门户和战略枢纽。

二是政策优势明显。广西沿边地区享有的政策优势十分明显，可同时享有少数民族地区自治政策、西部大开发政策、沿海地区开放政策和边境地区开放政策。党的十八大提出了“创新开放模式，促进沿海内陆沿边开放优势互补”的战略思路。国务院出台了《关于加快沿边地区开发开放的若干意见》《沿边地区开发开放规划（2014—2020 年）》，对广西沿边开发开放和沿边经济带建设提出了新的要求。2016 年 1 月 7 日，国务院又印发《关于支持沿边重点地区开发开放若干政策措施的意见》，打造沿边优势经济带，实施“一带一路”倡议与建设，激发了广西沿边开发开放和沿边经济带建设的热情。广西是国家实施西部大开发 12 个省（区、市）之一，享有国务院《关于实施西部大开发若干政策措施的通知》和《关于西部大开发若干政策措施的实施意见》规定的5 大类19 条具体优惠政策措施，包括了西部大开发的产业政策和区域政策，增加资金投入的政策，增强西部地区的吸引力，提高竞争力的举措，吸引人才和发展科技教育的政策等。

### 6.1.2　沿边开放取得的成就

20 多年的沿边开放有力地促进了广西经济社会的发展，使广西开放型经济规模不断扩大，发展速度持续增长。1991 年实施沿边开放战略之前，广西进出口总额为54. 48 亿元，其中出口总额为44. 31 亿元，进口总额为10. 17 亿元，到2018 年，广西进出口总额达到4106. 71 亿元，其中出口总额为2176. 14 亿元，进口总额为1930. 57 亿元，27 年间年均增长 17. 36%，其中出口总额年均增长15. 51%，进口总额年均增长21. 45%。[①]

① 1991 年数据来源于《广西统计年鉴2018》，2018 年数据来源于《广西统计公报2018》。

#### 6.1.2.1 边境贸易持续快速增长

边境贸易是边境地区对外开放的重要组成部分，是广西沿边贸易的主要形式。近年来，通过认真落实边境贸易政策，做好对边贸企业的宣传服务，激发边贸企业经营边境小额贸易积极性，吸引更多边民参与边民互市贸易，广西边境贸易规模日益扩大，边疆经济日益活跃，对促进全区外贸持续增长，拉动边境地区社会经济发展，带动边民脱贫致富的作用日益显著。2018 年，广西边境小额贸易进出口总额达 1076.23 亿元，在全国沿边省区中排第 1 位，比上年增长 28.69%，占全自治区进出口总额的 26.21%。其中出口 1032.50 亿元，增长 29.22%，占全自治区出口总额的 53.48%；进口 43.73 亿元，增长 17.27%，占全自治区进口总额的 2.01%（见表 6－1）。边境小额贸易占广西与越南进出口贸易总额的 61.52%，占与东盟进出口贸易总额的 52.21%。友谊关口岸继续保持中国对东盟出口第一大陆路口岸，这是广西沿边地区边境贸易迅猛发展的一个缩影，东盟继续保持广西最大贸易伙伴地位。

表 6－1 广西边境小额贸易统计表

| 分类 | 边境小额贸易 | | | 2018 年外贸总额/亿元 | 占比/% |
|---|---|---|---|---|---|
| | 2017 年/亿元 | 2018 年/亿元 | 同比增长/% | | |
| 出口 | 799.02 | 1032.5 | 29.22 | 1930.57 | 53.48 |
| 进口 | 37.29 | 43.73 | 17.27 | 2176.14 | 2.01 |
| 进出口总额 | 836.31 | 1076.23 | 28.69 | 4106.71 | 26.21 |

数据来源：2017 年数据来源于《广西统计年鉴 2018》，2018 年数据来源于《广西统计局 2018》。

#### 6.1.2.2 跨境经济合作区建设取得重大突破

2013 年 10 月，李克强总理访问越南期间，中越两国政府签署《关于建设跨境经济合作区的谅解备忘录》，同年 11 月，广西分别与越南谅山和广宁省举行“推进中越跨境经济合作区建设商讨会”，相互通报两国落实该备忘录的情况和建设跨境经济合作区的有关设想，就建设跨境经济合作区事宜进行交流，这标志着中越跨境经济合作区建设由地方构想上升为两国共识，实现了重大突破。按照该备忘录精神，商务部初步确定了广西东兴、凭祥和云南河口三个市县为中越跨合区中方建设选址；编制完成了《中越跨境经济合作区建设共同总体方案》《中越东兴—芒街跨境经济合作区东兴园区建设方案》《中越凭祥—同登跨境经济合作区总体发展规划》；跨境经济合作区关检“三个一”试点、中越“两国一检”联合查验平台建设启动，批次进出、集中申报，智能化卡口验放，简化无纸化通关随附单证，简化统一进出境备案清单，保税展示交易，先进区、后报关，区内自行运输、集中汇总纳税等 8 项新业务已在入区企业分步试验运行。在中越双方的推动下，东兴—芒街、凭祥—同登、爱店—峙马、水口—驮隆、龙邦—茶岭等中越跨境经济合作区建设加快推进，大新县正在加快推进中越德天—板约瀑布国际旅游合作区开发建设。

#### 6.1.2.3 边境地区互联互通多层次推进

近年来，广西积极推进高速公路县县通、高铁市市通、民航片片通、内河条条通建设，打造面向西南中南、粤港澳、东盟的综合运输通道。在沿边开发开放方面，广西充分发挥作为中国与东盟海陆空相连的独特区位优势，加快推进与邻国越南交通基础设施互联互通建设并取得了巨大成效。对外连接越南的东、中、西三条高速公路和高速铁路已基本成型，重点打造中国南宁—凭祥—越南谅山—河内、中国南宁—东兴—越南芒街—海防、中国百色—龙邦—越南高平“一主两辅”的 3 条陆路运输通道。对内连接我国西南、中南、华南的高速公路、高速铁路、港口航道和空港航线等陆海空立体交通网络也初具规模。2014 年底，继南宁至友谊关、南宁至百色、防城港至东兴通往越南的 3 条高速公路建成通车后，百色至靖西、靖西至那坡高速公路建成通车，实现了广西规划通往越南的 4 条高速公路全部建成通车。2018 年底，崇左至水口高速公路建成通车，这条高速公路是中国西南地区通往越南等东盟国家的高速公路通道之一，途经崇左市江州区、宁明县、龙州县，主线全长 93.47 千米。国际道路跨境运输实现直通服务，广西获批国际（中越）道路运输线路 28 条，其中客运 15 条、货运 13 条。未来，随着中国与新加坡“中新经济走廊”建设和广西与越南“两高、两铁、两桥”等互联互通基础设施项目的加快推进，广西将逐步成为我国连接东盟各国最便捷的陆海空大通道、大枢纽和大中心。

#### 6.1.2.4 边境口岸通关便利化程度提高

2015年公布的《广西边境地区开发开放规划》提出要建设以南宁为轴心，以防城港、崇左、百色为枢纽，连接东兴、凭祥、水口、龙邦、平孟等一类口岸，并辐射沿边地区的南宁—防城港—东兴、南宁—崇左—凭祥、南宁—百色—靖西沿边经济合作带。制定了《广西北部湾经济区口岸通关一体化工作方案》，理顺口岸垂直监管关系，优化部门协同联动，积极打通高效便捷的货物进出口通关通检环节。在全国率先推行四部门实现"五个一体化"，海关、检验检疫、边防、海事四部门，实现行政管理一体化、通关作业一体化、信息技术一体化、综合服务一体化和口岸协调管理一体化，实现口岸信息的共建共享、互联互通和整合协调的综合效果，为广西口岸经济的发展提供了综合配套的服务和支持。积极开展与越南的经贸合作，通过通关便利化改革，推动口岸延长通关时间和"两国一检"等跨国联合通关新模式，简化跨国通关手续，沿边口岸通关通检能力明显提高。一是口岸开放范围不断扩大。龙邦、平孟口岸分别于2007年、2011年正式对外开放；友谊关、东兴、水口口岸扩大开放，爱店口岸成功升格为一类口岸，中越友谊关口岸扩大开放至浦寨、弄怀，东兴口岸扩大至北仑河二桥口岸服务区。二是通关环境进一步改善。2011年以来，广西投入大量建设资金安排口岸建设项目，大部分一类口岸已按照标准建设口岸联检楼、验货场等查验基础设施，口岸基础设施得到大幅改善，进一步了提升边境口岸"国门"形象。三是口岸信息化水平逐步提高。开通了友谊关电子口岸，防城港口岸海运物流服务平台，整合建成了北部湾保税物流信息服务平台，提升口岸监管和通关效率，降低企业成本。四是通关效率进一步提升。开展"5+2""白+黑"预约通关试点探索，建立边民自助通道、推行"属地报关，口岸验放"、检验检疫与海关"直通放行"等新型查验监管方式，建立口岸相关部门协作机制，口岸通关便利化水平明显提高。

#### 6.1.2.5 沿边开放合作平台不断完善

东兴市江平工业园区、友谊关工业园、龙州县工业区、凭祥综合保税区的产业发展初具规模，中越（靖西）工业园区、靖西岳圩中越产业园加快建设。2016 年 8 月，国务院批准设立“广西凭祥国家重点开发开放试验区”。这是继广西的东兴、云南的瑞丽和勐腊（磨憨）、内蒙古的满洲里和二连浩特、黑龙江的绥芬河至东宁之后，国家在沿边地区设立的第 7 个重点开发开放试验区。国家在确定广西东兴、凭祥两个重点开发开放试验区建设的实施方案、战略定位、总体思路和主要任务的同时，也进一步明确了广西沿边开发开放和沿边经济带建设的总体方向。以凭祥和东兴两个重点开发开放试验区为龙头和支点的沿边地区，正逐步形成集跨境商贸、加工仓储、物流配送、旅游观光为一体的集散中心和重要通道。东兴试验区已经设立多年，先行一步，各项建设正在细化落实和加快推进。在商事登记制度、口岸开放开发、出入境改革和沿边金融综合系列改革方面成果丰硕，“一带一路”与“两廊一圈”得到积极对接。凭祥试验区有良好的口岸经济基础，投资力度不断加大，配套设施不断完善，综合业务不断增加，贸易结构不断调整，进出口商品不断丰富，物流节点和交通枢纽的优势不断凸显，园区的进出口贸易、保税物流及加工贸易等多项经济指标领跑全国沿边综合保税区，面向东盟主通道的作用将进一步加强。配合国家的沿边开发开放战略，广西沿边沿海的多个园区相互呼应，联动配合，已经开始收获进展的成果。其中，包括东兴和凭祥国家重点开发开放试验区、北海出口加工区、钦州保税港区、南宁保税物流中心等，广西对外经贸体系和沿边产业建设的布局，基本保持沿边、沿海甚至是沿江梯次推进、扇形展开、点面结合、逐步完善。同时，各项政策措施衔接紧密，机制措施逐步到位，为扩大沿边经济带的建设创造条件，打下基础。

#### 6.1.2.6　人文交流日益频繁

通过举办中国 - 东盟博览会、中越边境（东兴—芒街）旅游博览会、中国 - 东盟（百色）现代农业展示交易会等加强与东盟国家合作。自治区与越南已互为重要的旅游客源地和目的地，广西北部湾—东盟海上丝路邮轮航线已于 2015 年春节前首航，中越就德天—板约瀑布国际旅游合作区建设积极推进，东兴—芒街跨境自驾游正式启动，中国 - 东盟博览会旅游展成功举办。中国 - 东盟知识产权大数据运营平台、广西—东盟食品药品安全检验检测中心、中国 - 东盟环保合作示范平台等加快建设。与柬埔寨、老挝等国家电视台联合译制并播出多个电影电视节目，成功举办中国－东盟戏剧周。广西建成面向东盟的非通用语种、卫生、会展等国家级人才培训基地9个，有东盟留学生近1万人。与泰国、老挝、缅甸、柬埔寨、印度尼西亚5国建成双边技术转移中心，中国－东盟技术转移协作网络成员增加。中国－东盟医疗保健合作中心获批建设，与越南初步建立跨境传染病联防联控机制。与东盟多国联合译制10多部影视剧并在当地播出。中国首个区域性国际广播频率——“北部湾之声”在东盟6国设立工作站。与东盟结成友好城市50多对。驻南宁的外国领事机构有6个，分别为越南、柬埔寨、泰国、老挝、缅甸和马来西亚。

### 6.1.3 沿边三市的对外开放

#### 6.1.3.1 防城港市的对外开放

防城港市为广西辖地级市，1968年建港，1993年建市，1993年5月23日，国务院批准撤销防城港区和防城各族自治县，设立地级防城港市，辖港口区、防城区（含东兴边境经济合作区）、上思县，辖2个市辖区、1个县，代管1个县级市，行政区域总面积6238.49平方千米，2017年末常住人口为94.02万人,[①] 有汉族、壮族、瑶族、京族等21个民族，是京族的唯一聚居地、北部湾海洋文化的重要发祥地之一。

防城港被誉为“西南门户、边陲明珠”，东邻钦州市，南临北部湾，其辖区的东兴市与越南的广宁省接壤；西与宁明县为界，北接扶绥县，东北连南宁市邕宁区。地处广西北部湾经济区的核心区域和华南经济圈、西南经济圈与东盟经济圈的结合部，位于中国东部沿海南端和西南沿边起点的交汇处、广西北部湾之滨，陆路、水路皆可连通东南亚，是中国仅有的两个沿边与沿海交汇的城市之一。西部地区最大的海港——防城港，是中国唯一一个与东盟陆海相通的城市，是中国大西南连接东盟最便捷的通道。2018年12月21日，防城港被国家发展改革委、交通运输部列入“港口型国家物流枢纽承载城市”“陆上边境口岸型国家物流枢纽承载城市”。

① 数据来源：《2017年防城港市国民经济和社会发展统计公报》。

作为“21世纪海上丝绸之路”的重要始发港、中国－东盟自贸区的主门户、广西北部湾经济区的核心城市，在国家建设“一带一路”等重大战略中居于特殊重要的地位。近年来，防城港市紧紧围绕中央赋予广西的“三大定位”，抓住“南向通道”建设的重大机遇，发挥区位、政策、资源优势红利，发挥沿海沿边优势，突出西部地区、边境地区和民族地区特色，在贸易、行政改革、跨境合作和融资创新等方面取得明显成效。从昔日“海上胡志明小道”，到国际陆海贸易新通道，防城港正充分发挥沿海沿边开放优势，努力做好互联互通、开放经济、改革创新、统筹发展四篇大文章，全力打造区域性国际枢纽港。今天的防城港市，昂首阔步迈进全新时代。

1968年3月，防城港始建，当时作为援越抗美海上隐蔽运输航线的主要起运港，被称为“海上胡志明小道”的起点；1974年8月，国务院批准将防城港逐步扩建为对外开放尤其是对东南亚国家开放的贸易港口；1975年，作为广西第一个万吨级泊位的防城港1号泊位建成；1983年，国务院批准防城港为外国籍船舶开放港口，防城港正式对外轮开放；1984年，国务院批准北海（含防城港）为全国14个沿海开放港口城市之一，防城港拉开了边生产边建设的序幕；同年4月，防城港第一次成功引进并接卸了广州远洋公司的万吨级货轮“贵阳号”，开创了广西沿海港口接卸万吨货轮的历史新篇章。1993年5月，防城港市设立，市委、市政府提出了“以港兴市”“建设防城港服务大西南”“建设大西南出海大通道”等口号，加快港口、交通和城市基础设施建设，承担起我国西南、中南地区大宗货物进出转运的主要任务。为了适应发展需要，防城港市一直在持续推进港口码头建设。2005年7月，防城港成为全国第四个拥有20万吨级码头的港口；2012年，防城港年货物吞吐量突破1亿吨；2015年4月，我国第4座40万吨级码头正式落户防城港。

如今的防城港已发展成为我国沿海主要港口之一，被称为西部地区第一大港，是我国西南地区走向世界的海上主门户，是连接中国－东盟、服务西部的物流大平台。据统计，防城港沿北部湾海域南下，到越南海防港151海里、胡志明港800海里，到新加坡1338多海里，到泰国曼谷港1439

海里，是中国大陆与东盟海上运距最近的港口，是我国最大的硫黄中转、磷酸出口港以及铁矿石、煤炭、化肥等重要战略物资的中转基地，是中国南方能源和原材料的转运中心，与全球170多个国家和地区开展贸易往来、250多个港口通航，海运网络覆盖全球，港口年吞吐能力过亿吨。整个港口全部建成后，年通货物能力达10.17亿吨、客运650万人次。目前，防城港已建成万吨级以上泊位41个，有20万吨级泊位3个，40万吨级码头及航道正在推进，与100多个国家和地区的250多个港口通商通航，年货物吞吐量从2012年起便已超亿吨。2017年全年港口货物吞吐量为10355万吨，为广西贡献了47.3%的港口吞吐量，其中集装箱吞吐量完成26.89万标准箱。[①] 详见图6-1。

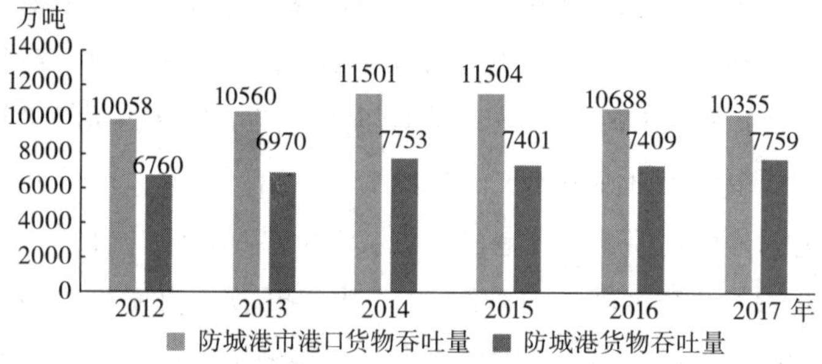


**图6-1　2012—2017年港口货物吞吐量统计**

数据来源：《广西统计年鉴》。

近年来，防城港市贯彻落实中央、自治区稳增长政策，精准出台强有力的工作措施，推动全市外贸进出口呈现逆势上扬、持续稳定增长势头强劲的良好态势。边民互市贸易高速增长，推动边民脱贫增收，扩大沿边开放，推动边境加工产业发展。防城港地处沿边地区，边民互市贸易的转型升级，有利于沿边地区稳边固边兴边、打击走私和脱贫攻坚。据海关统计，2017年，防城港市全年货物进出口总额达768.54亿元，增长32.4%，其中，出口总额达115.06亿元，增长2.9%；进口总额达653.48亿元，增长39.4%。外贸进出口规模居全区第2位，其中进口占全区进口总量的

① 数据来源：《2017年防城港市国民经济和社会发展统计公报》。

32.5%，居全区第1位。全年边境小额贸易（边民互市贸易除外）达93.32亿元，增长9.4%，其中，出口90.00亿元，增长7.0%；进口3.32亿元，增长190.3%。进出口货物主要分类见表6-2，进出口总额主要国家和地区统计见表6-3，2012—2017年进口额和出口额增长情况见图6-2。据招商部门统计，全年新引进外来投资项目173个，新增招商引资到位资金（含续建项目）573.64亿元。其中，内资到位资金536.29亿元，外资到位资金37.35亿元（折5.72亿美元）。①

**表6-2　2017年防城港货物进出口总额主要分类及增长统计**

| 指标 | 绝对数/亿元 | 年增长率/% |
|---|---|---|
| 外贸进出口总额 | 786.54 | 32.4 |
| #一般贸易 | 410.74 | 81 |
| 加工贸易 | 18.09 | -24.6 |
| 边境小额贸易 | 93.32 | 9.4 |
| 保税监管场所 | 30.02 | 56.7 |
| #国有企业 | 187.89 | 65 |
| 外商投资企业 | 223.45 | 78.1 |
| 民营企业 | 140.84 | 21.5 |
| #出口额 | 115.06 | 2.9 |
| #一般贸易 | 10.23 | -3.3 |
| 加工贸易 | 1.72 | -74.3 |
| 边境小额贸易 | 90 | 7 |
| 保税监管场所 | 1.58 | 91.7 |
| #机电产品 | 22.95 | -21.6 |
| 高新技术产品 | 0.42 | -14.5 |
| #进口额 | 653.48 | 39.4 |
| #一般贸易 | 400.5 | 85.2 |
| 加工贸易 | 16.37 | -5.4 |
| 边境小额贸易 | 3.32 | 190.3 |
| 保税监管场所 | 28.44 | 55.1 |

① 数据来源：《2017年防城港市国民经济和社会发展统计公报》。

续表

| 指标 | 绝对数/亿元 | 年增长率/% |
| --- | --- | --- |
| #农产品 | 233. 37 | 81. 5 |
| 机电产品 | 0. 88 | -28. 5 |
| 高新技术产品 | 0. 09 | -44. 6 |

数据来源：《广西统计年鉴》。

**表6-3　2017年防城港对主要国家和地区货物进出口总额统计表**

| 国家和地区 | 进出口总额/亿元 |
| --- | --- |
| 亚洲 | 349. 33 |
| 东盟组织 | 341. 69 |
| #越南 | 317. 2 |
| 印度尼西亚 | 14. 84 |
| 拉丁美洲 | 283. 58 |
| #巴西 | 130. 58 |
| 阿根廷 | 9. 39 |
| 北美洲 | 96. 97 |
| #美国 | 54. 72 |
| 加拿大 | 42. 72 |
| 非洲 | 9. 07 |
| 欧洲 | 14. 9 |

数据来源：《广西统计年鉴》。

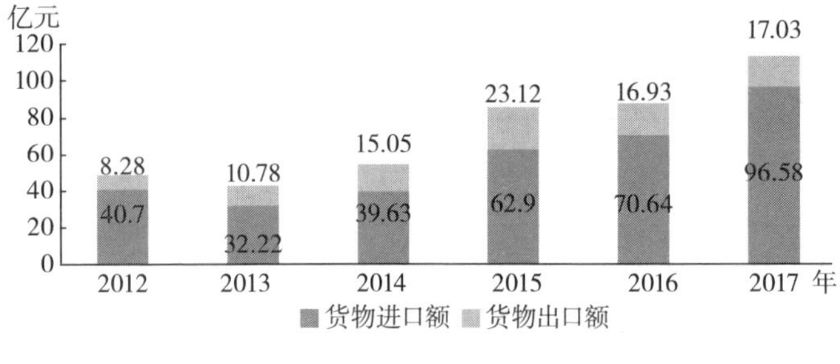


**图6-2　2012—2017年防城港货物进出口总额**

数据来源：《广西统计年鉴》。

现在的防城港市拥有广西东兴国家重点开发开放试验区、中越跨境经济合作区、沿边金融综合改革试验区、防城港边境旅游试验区等国家级开发开放平台，还是构建开放型经济新体制综合试点试验城市，2019 年又获批建设保税物流中心（B 型），是名副其实的国家战略聚集区和先行先试特区。

借着沿边金融改革的春风，防城港先行先试创造 5 个“全国第一”和 15 个“广西第一”。成功开展个人跨境贸易人民币结算、跨境贷款等业务；建成全国第一个人民币与越南盾特许兑换业务试点、全国第一个东盟货币服务平台、全国第一家跨境保险服务中心；引进北京联合货币、中国平安财产保险等一批金融机构；东兴国家重点开发开放试验区东盟货币服务平台形成的汇率成为上海外汇交易中心的官方汇率。随着沿边金融改革的深入，形成了可复制的人民币对越南盾“抱团定价”“轮值定价”的“东兴模式”。与此同时，开展个人跨境贸易人民币结算、跨境贷款等业务，率先在全国实现了人民币与越南盾点对点现钞跨境双向调运，建立了全国首创的新型民间金融机构——边民信用互助社，创造出一系列可复制、可推广的“防城港经验”。

在跨境旅游合作方面，防城港市加快落实跨境旅游合作区、边境旅游试验区申报工作，编制上报了防城港市跨境旅游合作区、边境旅游试验区建设实施方案及中越“两国四地”黄金旅游线路的规划建设，开通了边境游网上预约办证等。2018 年 4 月，国务院同意设立广西防城港市国家边境旅游试验区之后，防城港市充分利用东兴—芒街“两国一城”的区位优势，与越南联合打造旅游线路，将中越跨境自驾游范围扩大到中国广西桂林和越南广宁下龙；联合打造旅游景区，共享中越陆地界河（北仑河）水面和海上国界（北仑河入海口）水面，积极谋划推进 5A 级北仑河景区、国门景区等一批中越跨境旅游合作区建设项目。2018 年，东兴口岸出入境人数达 1219 万人次。其中，防城港市中越跨境旅游共接待 293. 32 万人次，通过办理中越边境旅游通行证参与旅游人数达 29. 32 万人次。

如今，防城港市很多创新工作走在广西乃至全国前列：企业登记制度改革、个人跨境贸易人民币结算等先行先试政策成果成功转化；跨境劳务合作、跨境旅游等合作体制机制初步成形；在全国率先启用边民互市“一指通”系统；还争取到了人民币特许兑换以及进境种苗（景观树）、进境水果、进境粮食指定口岸等特许口岸通关政策。启动防城港市“一照通”登记制度改革工作，在原“六证合一、一照一码”的基础上，整合涉及20个部门共34项行政审批事项，通过“一窗受理、内部流转、同步审核、信息互认、多证合一”的模式，建立“一照通”服务平台。

互联互通是实现开放发展的基础，有历史记载表明，防城港是古代南向“海上丝绸之路”始发港之一，为对外传播华夏文明和加强中外政治文化经济交流作出了贡献。进入新时代，作为“一带一路”上的重要节点城市和中国对接东盟的“桥头堡”，作为“21世纪海上丝绸之路”重要门户城市，防城港市充分利用自身独特的区位、港口、地缘优势，因势而动，勇抢机遇，牢牢把握每一次发展机遇，积极参与广西加快推进互联互通南向通道建设工作，着力推进建设南向通道沿线铁路、公路、海港、口岸、物流园区等基础设施，重点建设东湾多式联运基地、港航服务中心，形成以海铁联运为主，以公铁联运、公海联运、跨境公路运输为辅的多式联运体系，努力将我市建设成为连接东盟国家重要的国际陆海贸易新通道，实现与越南等东盟国家公路、铁路、口岸、通关全面对接，巩固西部第一个亿吨大港地位。

坚持海陆并进，防城港市依托与东盟陆海相连的有利条件，积极推进高速公路、铁路改扩建，加快铁路集装箱办理站、综合交通枢纽等项目建设，力争开通防城港至香港班轮“天天班”。完成国际贸易单一窗口全覆盖，建成多式联运网络综合信息平台，压缩装卸货、提离货等环节时间，推动与越南等东盟国家“两国一检”试点。积极打造成为中国－东盟区域性国际航运枢纽和港口物流中心，为我国与东盟国家的贸易往来提供了强大的物流服务能力，打通中国东部沿海、中西部腹地通向越南河内的东盟大通道。1997年，钦防高速建成通车；2013年12月，防东高速建成通车；2017年，钦防高速改扩建项目启动。两条高速公路北接首府南宁，辐射西南、中南地区，东连泛珠三角路网，大大提升防城港作为西南出海大通道的出海出边能力，成为广西乃至全国南下出海出关的捷径。2006年，南防铁路进行新一轮改造，同时增加防城港火车站至港口码头的通道，大幅度地提高货物进出港口的速度。南防铁路不仅为中国铁路网增添了一条出海通道，也为防城港市构建西南地区出海大通道增加了一个重量级砝码。2013 年 12 月 30 日，南宁—防城港动车首发，防城港市正式进入“高铁时代”，融入北部湾经济区主要城市 1 小时经济圈。2017 年 12 月 18 日，新建防城港至东兴铁路项目正式开工，为防城港经济社会发展带来新机遇、注入新动力，防城港对接东盟桥头堡作用日益凸显。2017 年 9 月，中越北仑河二桥正式建成通车，同年，防城港口岸扩大开放、东兴北仑河二桥口岸、峒中口岸（含里火通道）扩大开放获得国务院批复同意，与此同时，防城港市加快口岸通关便利化，开发应用国际贸易“单一窗口”、边民互市贸易“一指通”等通关系统，申报及通关时间缩减 2/3 以上。

#### 6.1.3.2　崇左市的对外开放

崇左为广西辖地级市，于 2003 年 8 月挂牌成立，是伴随着中国 - 东盟自由贸易区启动而发展起来的新兴城市，是广西最年轻的城市。广西与越南共有 1024 千米的边境线，其中 533 千米位于崇左市，崇左市是广西陆路边境线最长的地级市。崇左市位于广西西南部，面向东南亚，背靠大西南，东及东南部接南宁市、钦州市，北邻百色市，西与越南接壤。辖区总面积 17440 平方千米，辖 1 个市辖区、5 个县，代管 1 个县级市，户籍人口 249.94 万人，常住人口 208.68 万人（2017 年末），壮族人口占全市总人口的 89.43%，是全国壮族人口比例最高的城市。2018 年 12 月 21 日，崇左被国家发展改革委、交通运输部列入“陆上边境口岸型国家物流枢纽承载城市”，是中国通往东盟最便捷的陆路大通道，是中越“两廊一圈”和南宁—新加坡经济走廊的重要节点城市、广西北部湾经济区城市之一。作为中国的南大门，崇左市沿边、近海、邻首府、连东盟，“打开门就是越南，走两步就进东盟”，有四个县（市）与越南接壤，边境线长 533 千米，全市 7 个县（市、区）中 4 个县（市）与越南的谅山、高平 2 个边境省接壤，有国家一类口岸 5 个、二类口岸 2 个、边民互市贸易点 14 个、8 条出境公路、17 条边贸通道，是中国陆路口岸最多的城市，是“一带一路”南向通道的重要节点城市。崇左政策优势多重叠加，是目前广西唯一全境同时享受北部湾经济区、珠江—西江经济带、左右江革命老区“三大国家战略”的地级市，同时还拥有对外开放经济带、跨境旅游合作区、综合保税区、边境经济合作区、沿边金融综合改革试验区、边境贸易国检试验区等政策优势。2016 年 8 月，国务院批准设立广西凭祥国家重点开发开放试验区，成为中国第 7 个也是覆盖人口最多的重点开发开放试验区。

崇左市坚持以新发展观为指导，充分利用紧邻越南的区位优势，紧紧抓住国家加快实施“一带一路”发展战略以及自治区“双核驱动”“三区统筹”等机遇，围绕市委、市政府提出的“两篇大文章”“四大攻坚战”发展目标要求，适应经济发展新常态，坚持稳中求进工作总基调，攻坚克难，稳定对外贸易全年回稳向好。2017 年外贸进出口总额 198. 52 亿美元，比上年增长 7. 98%，其中，出口额为 132. 18 年美元，比上年增长 21. 72%；进口额为 66. 33 亿美元，下降 11. 84%。进出口差额（出口减进口）65. 85 亿美元，实际利用外资 370. 23 万美元，下降 79. 24%。① 外贸进出口总额、出口总额、进口增幅、对东盟进出口和出口、对越南进出口和出口、机电产品出口、纺织品出口、农副产品出口、对东盟水果进出口、列入广西外贸出口额前 50 强企业、中草药材出口、红木进口等十几项指标居广西第一位。

外贸进出口方面，2016 年全市外贸进出口总额（含保税物流）完成 1230. 82 亿元，同比增长 1. 1%，（不含保税物流）完成 1232. 18 亿元，同比下降 0. 49%，占全区外贸进出口总额 3165. 9 亿元的 38. 92%。其中，出口完成 719. 31 亿元，同比下降 17. 0%，占全区外贸出口总额 1519. 1 亿元的 47. 44%；进口完成 511. 51 亿元，同比增长 37. 8%，占全区进口总额 1646. 8 亿元的 31. 06%。加工贸易方面，2016 年全市有 4 家加工贸易企业开展业务，进出口额累计完成 9. 19 亿元，其中，出口完成 4. 55 亿元，进口完成 4. 61 亿元，加工贸易占全市进出口总额的比重为 0. 75%。此外，2016 年崇左市列入广西外贸进出口前 50 强的企业有 22 家，占广西进出口前 50 强企业的 44%，是列入广西外贸进出口前 50 强最多的地级市。这 22 家企业进出口额为 555. 15 亿元，占广西外贸进出口前 50 强进出口总额的 34. 5%。边境贸易方面，2016 年全市边境贸易成交额为 1036. 25 亿元，占

① 数据来源：《崇左市 2017 年国民经济和社会发展统计公报》。

全市外贸进出口总额的84%，全市外贸进出口依然靠边境贸易拉动，边境贸易作为崇左市主要贸易方式的地位不变。其中边境小额贸易成交额为624.08亿元，占全区边境小额贸易的79.32%，占全国的28.23%[①]。全市边境小额贸易进出口及出口总额稳居全国、全区首位，中国边境贸易第一大市的位置保持不变，对全市边境地区经济和社会发展起到了重要的推动作用，边境贸易已成为崇左乃至广西对外宣传的一张名片。

中越边境线上，崇左口岸释放前所未有的活力。抓住国家"一带一路"建设的深入推进和改革开放重点南移等机遇，建市以来，崇左先后建成并投入使用友谊关口岸旅客联检楼、凭祥铁路口岸旅游出入候检广场、水口口岸联检楼扩建、爱店口岸联检楼扩建、爱店口岸验货场扩建、科甲口岸监管场所、凭祥（卡凤）国检试验区、中越友谊关—友谊国际口岸货运专用通道、中越946号界碑互市通道建设工程、凭祥市平而边境互市贸易区道路建设工程、浦寨—新清国际货运专用通道等一批边境口岸基础设施和水口、那花、布局、油隘、平而、岩应等边民互市点基础设施和互联互通基础设施建设，进一步完善口岸功能，提升口岸承载力，夯实边贸发展基础。崇左正积极融入中新国际陆海贸易新通道建设，扩大沿边开发开放步伐，深入实施"陆路东盟崇左看"发展战略，树立"陆路东盟"城市品牌效应。

建市以来，崇左大力投入口岸基础设施建设，共投入65.41亿元，积极完善和口岸升级改造。2015年，国务院批准爱店口岸升格为中越双边性常年开放公路客货运输口岸；2016年，国务院同意批复水口口岸升格为向第二国开放的国际性口岸，并扩大开放至水口界河二桥；2017年，国务院批复同意友谊关口岸扩大开放至浦寨、弄尧通道，硕龙口岸升格为一类双边性口岸；2018年6月13日，爱店公路口岸对外开放通过国家验收。宁明爱店口岸获批升格为国家一类口岸；龙州水口口岸获批升格为国际口岸并扩大开放至水口—驮隆界河二桥以及获批建设水果进境指定口岸；凭祥友谊关口岸获批扩大开放至浦寨、弄尧并获批开展落地签证业务，成为广

① 数据来源：《崇左统计年鉴2017》。

西口岸功能最完备的国际口岸；硕龙口岸获批升格为国家一类双边性口岸。崇左实现4个边境县（市）一类口岸全覆盖，全市一类口岸增至5个。在友谊关口岸推行“5+2”工作制和“24小时预约通关”服务，友谊关口岸在全国沿边口岸中率先实现全信息化智能通关，在凭祥首开全国边境贸易监管模式全方位创新先河，探索“两国一检”新型通关查验新模式。目前，国际陆海贸易新通道——凭祥铁路口岸升级改造工程（一期）竣工启用，这是国际陆海贸易新通道开通的首个陆运铁路口岸物流中心；中国-东盟边境贸易国检试验区也在加快推进，促进边境贸易“快验快放”和“优进优出”，加快沿边开发开放步伐；水口口岸作为水果进境指定口岸建设工作正在整改完善，并推进“口岸+产业加工”项目建设；爱店口岸新建的公母山隧道将连接起口岸货运监管场所和中国-东盟农产品进出口物流中心项目。口岸出入境方面，2016年全市口岸出入境货物量同比增长0.83%；出入境车辆同比增长10.8%；出入境人数同比增长11.42%。口岸加工业方面，2016年全市口岸加工业实现产值31.7亿元，同比增长54.4%，全市规模以上口岸加工企业累计达到18家，其中2016年新增7家，成为拉动全市稳增长的重要力量。①

紧抓国家深入实施沿边开发开放战略机遇，构建以凭祥、龙州、宁明、大新为沿边开放枢纽，以凭祥综合保税区、凭祥边境经济合作区为重要开放合作载体，深化与东盟国家合作，大力发展对外贸易、边境加工、蔗糖循环经济、铜循环经济、生态型锰产业、红木深加工、国际旅游等产业，加快口岸、边境城镇、产业园区以及公路、铁路、桥梁等基础设施建设，打造面向东盟的进出商品集散中心、进出口加工基地以及中越文化旅游与农业合作的示范区，逐步形成中国-东盟沿边国际经济合作带。

广西凭祥综合保税区全力抓好“保畅通、强物流、抓二期、降成本、招人才”五大工作，精准施策，精准发力，稳步推进园区改革创新，崇左市、凭祥市均将综保区建设融入“十三五”规划盘子，加快打造“前岸中区后市”模式。凭祥市和边合区等各类开发开放平台，依托综保区平台作

---

① 数据来源：《崇左统计年鉴2017》。

用和口岸优势，着力拓展保税功能，将综保区政策延伸到网外，拓展外发加工功能，带动区外区内共同发展；综保区充分利用地方城市功能及资源优势，在红木产业、大宗产品加工、仓储物流和商贸服务等方面加大合作力度，实现网内提供优惠政策、发展核心项目，网外提供产业配套和商贸服务，促进网内保税与网外配套协同发展，有力推动了市园资源优势互补、产业合理分工、基础设施协同共建、区域经济协调发展，形成“区市一体化”的有机整体和互利共赢的良好发展局面。全年共完成外贸进出口总额1233.76亿元，同比增长19.3%，是全区唯一对外贸易超过千亿元产业的园区；保税进出口总额205.44亿元，增长52.4%；入区企业进出口总额221.43亿元，同比增加73.48亿元，增长49.8%，增加量和增速在全国排名前15位的综保区中均排第一位，总额在广西海关特殊监管区域中排第一位；工业总产值4.52亿元；固定资产投资1.5亿元；进出境车辆17.9万辆次，增长2.5%；过货量223.4万吨，增长4%；集装箱吞吐量10.05万标箱，首超10万标箱，增长86.8%，实现了“十三五”良好开局。①

凭祥边境经济合作区是国务院1992年9月批准设立的国家级开发区，核定面积7.2平方千米。经过十几年的发展和扩大，边合区形成“一区多园”的发展格局，下辖南山工业园、万通物流园、林产工业园、友谊关工业园4个园区，2016年，根据崇左市委、市政府提出的对边合区进行扩区调整、建设凭祥—宁明一体化的工作要求，园区战略重心转移至宁明县，正式吹响建设凭祥—宁明贸易加工区的号角，坚持开放发展主基调，牢牢把握“口岸+加工”主线，坚持项目带动，坚持改革创新，上下同心，苦干实干，全力推进凭祥—宁明贸易加工区建设，成效显著。全年完成工业总产值23.7亿元，同比增长9.8%；固定资产投资8.96亿元，增长10.1%；工业项目投资7.57亿元，增长6.2%；基础设施投资1.09亿元，增长107%。园区总入驻企业202家。在“两区”（中越凭祥—同登跨境经济合作区、凭祥国家重点开发开放试验区）建设取得明显成效的推动下，

① 数据来源：《崇左统计年鉴2017》。

凭祥边境经济合作区对外贸易取得高位增长，全年进出口总额为227.13亿元，同比增长19.7%。①

崇左市位于祖国西南边陲，处于华南经济圈、西南经济圈和东盟经济圈交汇的中心地带，处在“南宁—谅山—河内—海防—广宁”经济走廊的大通道上，造就了崇左“沿边近海连东盟”得天独厚的区位优势和地缘优势。围绕中央赋予广西“三大定位”新使命，充分发挥北部湾经济区、珠江—西江经济带和左右江革命老区“三区叠加”的政策优势，主动融入“一带一路”、中国-东盟自贸区升级版建设，积极参与大湄公河次区域经济合作，加快沿边地区开发开放，深入实施“双核驱动、三区统筹”战略，与东盟、欧美国家及港澳台地区的交流合作不断深化，与越南谅山省谅山市等缔结国际友好城市，与老挝、柬埔寨、波兰、墨西哥、美国、法国、希腊、韩国等国家9个省（市）签订友好城市意向。

崇左市沿边近海连东盟，交通便捷，市政府所在地为崇左市江州区，距南宁吴圩国际机场90千米，距自治区首府南宁市120千米，距越南首都河内230千米，目前，全市基本建成了以崇左中心城区为中心，以南友、崇钦、崇靖高速公路、湘桂铁路南宁至凭祥段为主干、以一二级公路为骨架、辐射各县（市）及各口岸、连接周边城市、层次分明、功能齐全、纵横连接、四通八达的区域大交通网络。逐步实现中心城区与各县（市）“一小时交通圈”的交通要求，基本实现县城在半小时内上高速公路、乡镇在20分钟内上二级公路网，一、二类口岸通一、二级公路或高速公路，逐步满足出市、出省区、出海、出边的便利需求，初步形成“通江、达海、至边”的交通组合优势，对接东盟“桥头堡”的功能进一步提升。湘桂铁路穿境而过，是“河内—北京—莫斯科”国际铁路联运的必经之路。崇左陆路可达越南、老挝、柬埔寨、马来西亚、新加坡、缅甸等7个国家，通过钦州、防城港海上可达世界各国。莫斯科—北京—河内国际联运铁路、湘桂铁路穿境而过，南宁—友谊关高速公路与越南一号公路相接。铁路运输，开通青岛—凭祥—越南、郑州—凭祥—越南、仁川—胶州—凭

① 数据来源：《崇左统计年鉴2017》。

祥、中越班列等物流班列，货物经凭祥快速运抵各地。中新互联互通项目南向通道的先期建设内容之一、由中国凭祥市与越南高禄县共同建设的中越友谊关—友谊国际口岸货运专用通道正式通车，中越边境陆路大通道真正实现了人货分流。崇左上连珠三角、下接东盟各国、辐射大西南的枢纽作用日益明显，是南宁—新加坡经济走廊的重要节点城市和中国通往东盟的陆路门户、最便捷的“南大门”。

#### 6.1.3.3 百色市的对外开放

百色是广西下辖地级市，位于广西西部，右江上游，地处祖国西南边陲，西与云南文山州相接，北与贵州兴义市毗邻，东与广西首府南宁紧连，南与越南接壤。2002 年，经国务院批准撤地设市。全市辖 12 个县（市、区）135 个乡镇，总面积 3.63 万平方千米，是广西面积最大的地级市，2017 年末户籍总人口 417.57 万人，全年完成地区生产总值 1361.76 亿元。[①] 是全国生态型铝产业示范基地、“中国优秀旅游城市”“全国双拥模范城”“国家园林城市”“国家卫生城市”“国家森林城市”，同时也是一个集革命老区、少数民族地区、边境地区、大石山区、贫困地区、水库移民区“六位一体”的特殊区域。

百色市是西南地区出海出境的大通道，被交通运输部确定为国家公路运输枢纽。百色地处滇、黔、桂三省（区）及中、越两国的结合部，背靠大西南，面向东南亚，是西南出海通道的咽喉，是广西与东盟国家交流的重要桥梁和基地。百色市拥有长约 360.5 千米的边境线，又紧邻北部经济区，同时受到中南经济圈、西南经济圈与东盟经济圈的辐射，百色正成为国家推进西部地区陆海新通道和“一带一路”建设重要节点城市之一。

推进百色市沿边地区开发开放是百色响应党中央、国务院面向新时期构建我国全方位对外开放新格局战略部署的行动，也是百色市在党的十九大精神指导下探索转型发展之路的重要措施。百色市沿边地区的开发开放有利于辐射带动周边地区经济发展，缩小区域发展差距，引导桂西地区融入北部湾城市群，切实推进左右江革命老区的振兴；有利于西部大开发战

---

① 数据来源：《2017 年百色市国民经济和社会发展统计公报》。

略的深入实施，打造珠江—西江经济带的新发展极；有利于广西全面实现“我国面向东盟的国际大通道、西南中南开放发展新的战略支点、与一带一路沿线国家有机衔接的重要门户”三大定位；有利于扎实推进兴边富民行动和边境地区新型城镇化发展，切实改善边境地区人民的生活质量，进一步巩固和发展平等团结互助和谐的社会主义新型民族关系，维护边疆稳定和民族团结；有利于深化中越在政治、经济、社会、文化、科技等方面的合作，促进“一带一路”倡议与越南“两廊一圈”的战略对接；有利于深入实施互利共赢外交策略，深化拓展我国与东盟国家的全面合作，实现睦邻、安邻、富邻。

2017 年百色市完成地区生产总值 1361. 76 亿元，比上年增长 8. 8%（见表 6 –4）。其中，第一产业增加值达 189. 24 亿元，增长 4. 5%；第二产业增加值达 789. 33 亿元，增长 9. 5%；第三产业增加值达 383. 20 亿元，增长 9. 8%。三次产业增加值占地区生产总值的比重分别为 13. 9%、58% 和 28. 1%，对经济增长的贡献率分别为 8. 5%、56. 9% 和 34. 6%。按常住人口计算，人均地区生产总值达 37479 元，增长 8. 1%。全年财政收入达 135. 05 亿元，增长 8. 6%。一般公共预算收入达 82. 50 亿元，增长 3. 8%。其中，税收收入达 50. 43 亿元，增长 6. 7%。一般公共预算支出 379. 71 亿元，增长 11. 3%。全年居民消费价格总指数累计为 101. 4，累计上涨 1. 4%。八大类消费价格呈现“六升两降”，其中居住上涨 1. 5%、生活用品及服务上涨 0. 1%、交通和通信上涨 1. 0%、教育文化和娱乐上涨 1. 8%、医疗保健上涨 11. 4%、其他用品和服务上涨 1. 8，食品烟酒下降 0. 1%、衣着下降 0. 9%。全年社会消费品零售总额达 277. 35 亿元，增长 12. 4%。按经营地统计，城镇消费品零售额达 244. 04 亿元，增长 12. 6%；乡村消费品零售额达 33. 31 亿元，增长 10. 5%。从企业商品销售类别看：刚性需求增长较快，热点商品增势较强，其中汽车类销售大幅回升，成为拉动我市消费品市场快速增长的主要原因。全年外贸进出口总额（人民币）达 189. 03 亿元，增长 35. 4%。其中出口 151. 25 亿元，增长 51. 3%；进口 37. 78 亿元，下降 4. 6%。①

① 数据来源：《2017 年百色市国民经济和社会发展统计公报》。

**表 6-4　2017 年百色市地区生产总值及其增长速度统计**

| 指标 | 数额/亿元 | 增长/% |
|---|---|---|
| 地区生产总值 | 1361.76 | 8.8 |
| 第一产业 | 189.24 | 4.5 |
| 第二产业 | 789.33 | 9.5 |
| 第三产业 | 383.2 | 9.8 |

数据来源：《广西统计年鉴》。

2012—2017 年百色市地区生产总值及其增长情况见图 6-3。

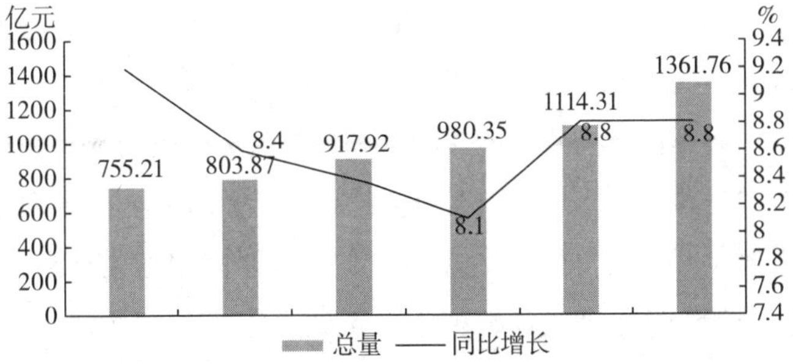


**图 6-3　2012—2017 年百色市地区生产总值及其增长速度**

数据来源：《广西统计年鉴》。

目前，百色市边境线上拥有国家一类陆路口岸 2 个，二类陆路口岸 1 个，具备打造中国-东盟交流合作重要战略支点的基础条件。2017 年 10 月 23 日，建成开园。龙邦边民互市区是中越龙邦—茶岭跨境经济合作区的重要组成部分，是自治区重点跨境口岸物流项目、左右江革命老区重大工程建设三年行动计划项目和百色沿边开发开放试验区的重点工程。此次互市区开园运营，是百色市积极落实国家"一带一路"倡议和广西"三大定位"发展战略的有力实践，标志着百色市与越南在跨境经济合作区建设上取得了实质进展，推动百色市向打造"面向东盟开放门户城市"目标迈出了重要步伐，也必将进一步增进百色与越南等东盟国家的经贸、文化、旅游等各领域务实合作，促进百色门户经济加快发展。龙邦边民互市贸易区项目位于靖西市龙邦镇广西万生隆国际商贸物流中心内，占地 5 公顷，是我国边境一个新的边民互市贸易区，共设有 10 个专用货运进出通道、31 个"前店后仓"型交易商铺，并配备对驳车位区、冻库、国检查验区和海关查验场，配套建设跨境和国内交易结算中心、海关与国检申报中心、国税申报点和边民自主申报终端，满足边民一站式采购、结算、申报需求。据了解，龙邦边民互市区运行后，通过“互联网+”边贸扶贫终端，其可辐射带动靖西市20万贫困人口脱贫致富。

百色地处滇、黔、桂三省区及中、越两国的结合部，背靠大西南，面向东南亚，是西南出海通道的咽喉，是广西与东盟国家交流的重要桥梁和基地。有国家一类口岸2个、二类口岸1个和边民互市点7个；是国家交通运输部确定的国家公路运输枢纽城市之一，南昆铁路、云桂高铁贯通百色，全市12个县（市、区）9个通高速公路，另外3个县正在修建之中。百色巴马机场开通国内9个城市航线，基本实现了长三角、珠三角和直辖市全覆盖。交通区位优势明显，目前已基本形成高速公路、铁路、航空、航运、口岸“五位一体”的立体交通格局，成为中国与东盟双向开放的前沿是国家西部大开发南贵昆经济带的中心，大西南出海便捷通道上的重要城市。在渝桂新陆路大通道的框架下，正致力于推进“重庆—贵阳—河内—曼谷—新加坡”新经济合作轴的形成。基础设施方面，随着近年来的大量投入，已经日趋完善：德靖铁路建成运营，南昆铁路南宁至百色段增建二线工程加快建设，百隆高速、百靖高速、靖那高速建成通车，同时，百色已基本建成右江千吨航道；百色巴马机场的航空旅客年吞吐量也超过8万人次，并正在筹建百色巴马机场迁建工程和靖西、德保等县级通用机场。可以说，支撑百色市沿边地区开发开放建设的硬件条件已经基本具备。

近年来，百色市主动融入国家“一带一路”和广西“三大定位”发展战略，全面贯彻落实中央、自治区沿边开发开放决策部署，着力打造面向东盟开放门户城市，充分利用“沿边”优势，整合“沿边”资源，重点打造跨境开发开放平台，积极推动了中国龙邦—越南茶岭跨境经济合作区、百色（靖西）边境经济合作区、中国-东盟（百色）农产品自由贸易示范园区等平台建设，构建沿边开发开放合作多重平台和机制，加快推进与越南等东盟国家的互联互通，开通与越南高平省的国际客货运通道和跨国旅游线路，建成了龙邦、新兴、岳圩等边民互市贸易点，有力促进了沿边开放发展进程，外贸进出口增长保持在全区前列。

百色市的靖西市、那坡县与越南高平、河江两省接壤，边境线长359.5千米，有靖西龙邦、那坡平孟2个国家一类口岸和靖西岳圩1个国家二类口岸，共有新兴、岳圩、龙邦、孟麻、平南、那布7个边民互市点。最近几年，百色市积极创新跨境开放合作平台，提升对外开放合作水平，创设百色沿边开发开放创新示范区，规划建设核心区、产业支撑区、政策覆盖区，推动建设百东新区保税物流（B级）水运口岸、进出口加工区。大力发展特色重点产业，拓展跨境开放合作新领域。围绕中国－东盟农产品自由贸易示范园区，依托百色—北京果蔬绿色专列平台，布局农产品交易中心、电子商务集中区、打造集综合贸易、商贸流通、保税物流、跨境电商等多种业态功能的农产品流通综合产业。围绕百色（靖西）边境经济合作区，充分利用龙邦、平孟、岳圩口岸区域优势，打造区域性国际商贸物流中心和区域性进出口加工基地。继续推进沿边金融综合改革，促进人民币周边区域化，提升对外开放和贸易投资便利化水平，推动沿边开放不断实现新突破。利用中国百色至越南高平国际客货运输线路开通优势，打造面向东盟和珠三角、服务大西南的出海出边物流通道和沿边区域性物流中心为目标，建设保税物流中心、保税仓库，加快国际物流、配送物流、冷链物流发展步伐。在沿边金融综合改革试验区建设方面，搭建了中国（广西靖西）东盟货币平台，实现人民币兑换越南盾柜台挂牌交易，业务覆盖9个国家和地区，2017年跨境人民币业务结算量累计达53.97亿元，①成为百色市第一大跨境结算货币。

百色市与越南高平省、河江省山水相连，文化相通，习俗相近，双方友谊源远流长。高平省盛产各种名贵木材和药材，主要矿产有锰、锡、铜、铝等，自然资源非常丰富。河江省境内多山，降水充沛，是一座丛林山地中的贸易城市，商贸流通量较大。近年来，随着中越两党、两国友好关系不断深化，以及中国－东盟自由贸易区的建成，百色市与高平、河江两省作为广西与越南广宁、谅山、高平、河江四省联工委的成员单位，在

① 2018年《中国改革年鉴——深改五周年（2013—2017）专卷》。

政治、经贸、农业、文化等方面的联系越来越密切，双边人民之间往来日益增多。总体而言，百色的口岸建设已经稳步推进，边贸发展态势良好，中越两国的地方政府在交流上十分顺畅，这为百色市沿边开发开放奠定了坚实的基础。

2016 年，百色市和越南在经济、文化、卫生等方面交流密切，取得成效。4 月，百色市与越南高平省签署《中国广西百色市与越南高平省加快中国龙邦—越南茶岭跨境经济合作区试点建设的协议》。那坡县与越南高平省河广县签署《中国广西那坡县与越南高平河广县北坡跨国旅游合作框架协议》。6 月，越南妇女代表团到靖西市龙邦镇参加“中越妇女携手，不让毒品进我家”暨“6·26”国际禁毒日宣传主题活动。7 月 16—20 日，百色市参加在越南高平省举行的双边经济开发区管委会第四次会晤。8 月 8—11 日，越南太原省代表团到百色市考察并召开座谈会。9 月 6 日，越南中央经济部一行 19 人到靖西市龙邦镇考察中国龙邦—越南茶岭跨境经济合作区建设情况。9 月 6—8 日，中国·百色靖西乒乓球国际邀请赛在靖西市举办，比赛分友谊赛和男、女团体赛，来自越南高平、河江、谅山等 3 省和广西、百色市、靖西市等 8 个代表队 80 多名运动员参加。10 月 27 日，中国百色—越南高平企业交流会签约仪式举行，中方 13 家企业与越方 14 家企业签署合作协议。其中，有 4 家企业共同建设企业联合体，投资金额达 23 亿元。中越双方 27 家企业签订合作意向协议 19 项，签约金额达 10. 89 亿元。①

## 6.2 广西与东盟

广西地处中国面向东盟开放的前沿地带，具备与东盟国家陆海相邻的独特优势，正积极构建面向东盟的国际大通道，打造西南、中南地区开放发展新的战略支点，形成“一带一路”有机衔接的重要门户。因此，抓住

① 广西壮族自治区统计局. 2017 广西统计年鉴［M］. 北京：中国统计出版社，2017.

中国－东盟博览会和中国－东盟自由贸易区的历史性机遇，因地制宜，最大限度地发挥广西的区位优势，才能真正实现广西经济的发展。

### 6.2.1 中国－东盟博览会

2003 年 10 月 8 日，国务院总理温家宝在第七次中国与东盟（10 +1）领导人会议上倡议，从 2004 年起每年在中国广西南宁举办中国－东盟博览会，作为中国推进自由贸易区建设的实际行动，建议得到了各国领导人的普遍欢迎，并写入会后发表的主席声明。随后由中国与东盟 10 国协商确定，中国－东盟博览会每年在南宁举办，由中华人民共和国商务部、文莱工业和初级资源部、柬埔寨商务部、印度尼西亚工贸部、老挝贸易部、马来西亚工贸部、缅甸商贸部、菲律宾工贸部、新加坡工业贸易部、泰国商务部、越南贸易部、东盟秘书处共同主办，广西人民政府承办。由此，这场国家级、国际性经贸交流盛会，永久落户广西南宁。中国－东盟博览会自 2004 年开始举办，到 2018 年已经连续成功举办了 15 届。

根据国务院批准，中国－东盟博览会定位为以促进中国－东盟自由贸易区建设为宗旨；以自由贸易区内的经贸合作为重点，同时面向全球商界开放；以货物贸易、投资合作、服务贸易、高层论坛、文化交流为主要内容；将进口与出口相结合，投资与引资相结合，货物贸易和服务贸易相结合，展销推介与专题论坛相结合，经贸活动与文化交流相结合，即“一个宗旨、一个重点、五大内容、五个结合”。围绕这个定位，中国－东盟博览会必会加速中国－东盟自由贸易区的建立，进而在贸易区内促进优势互补，深化经贸合作，共享合作与发展机遇，共同实现本地区的普遍繁荣。

中国－东盟博览会在广西南宁举行，加强了广西与东盟各国的合作，促进了广西的对外开放程度，快速拉升了广西的经济发展水平与速度。广西 GDP 从 2004 年的 3320. 10 亿元提高到 2018 年的 20352. 51 亿元，增长了 5. 93 倍，年均增长率 14. 07%，比中国－东盟博览会落户南宁前 5 年（1999—2004 年）的年均增长率 11. 40%，提高了 2. 67 个百分点；财政收入由 2004 年的 403. 68 亿元提高到 2018 年的 2790. 35 亿元，增长了 6. 91 倍，年均增长率 15. 03%。全社会固定资产投资额由 2004 年的 1254. 86 亿元，提高到 2018 年的 22713.01 亿元，增长了 18.10 倍，年增长率 23.80%，比中国－东盟博览会落户南宁前 5 年的年均增长率 15.07%，提高了 8.73 个百分点。详见表 6－5。

表 6－5　2004—2018 年广西经济运行基本数据

| 年份 | GDP/亿元 | 增长率/% | 财政收入/亿元 | 增长率/% | 全社会固定资产投资额/亿元 | 增长率/% |
|---|---|---|---|---|---|---|
| 2004 | 3320.1 | — | 403.68 | — | 1254.86 | — |
| 2005 | 4063.3 | 22.38 | 475.37 | 17.76 | 1775.94 | 41.52 |
| 2006 | 4801.98 | 18.18 | 568.08 | 19.50 | 2246.03 | 26.47 |
| 2007 | 5885.88 | 22.57 | 703.88 | 23.91 | 2970.47 | 32.25 |
| 2008 | 7171.58 | 21.84 | 843.56 | 19.84 | 3778.1 | 27.19 |
| 2009 | 7700.36 | 7.37 | 966.89 | 14.62 | 5706.7 | 51.05 |
| 2010 | 9502.39 | 23.40 | 1228.75 | 27.08 | 7859.07 | 37.72 |
| 2011 | 11714.35 | 23.28 | 1524.49 | 24.07 | 10143.45 | 29.07 |
| 2012 | 13031.04 | 11.24 | 1810.07 | 18.73 | 12635.18 | 24.56 |
| 2013 | 14378 | 10.34 | 2000.51 | 10.52 | 11907.67 | －5.76 |
| 2014 | 15672.97 | 9.01 | 2162.4 | 8.09 | 13843.21 | 16.25 |
| 2015 | 16803.12 | 7.21 | 2332.96 | 7.89 | 16227.78 | 17.23 |
| 2016 | 18245.07 | 8.58 | 2454.05 | 5.19 | 18236.78 | 12.38 |
| 2017 | 20396.25 | 11.79 | 2604.21 | 6.12 | 20499.11 | 12.41 |
| 2018 | 20352.51 | －0.21 | 2790.35 | 7.15 | 22713.01 | 10.80 |
| 年均 | — | 14.07 | — | 15.03 | — | 23.80 |

数据来源：《广西国民经济和社会发展统计公报》。

2018 年，广西对外贸易进出口总额达 4106.71 亿元，是 2004 年 355.00 亿元的 11.57 倍，14 年来增长了 1056.82%。广西致力于东盟合作，从 2006—2015 年，广西与东盟的贸易额从 18.3 亿美元增加到 290.1 亿美元，年均增长 37.2%，10 年来翻了四番。广西成为中国与东盟交流合作最活跃、平台机制最完善、发展潜力最大的先行区。广西坚持促进海洋资源优势与产业转型升级和开放型经济发展需要相结合，以创新驱动发展为战略，全力打造向海经济，2017 年，全区海洋经济生产总值首次突破 1300 亿元大关，同比增长 9% 左右。海洋经济已成为广西经济可持续发展的蓝色引擎。

通过举办博览会，可以把大量优质且高科技的东盟各国及国内商品物资、技术设备汇集到南宁展销，从此促进广西经济的快速发展。同时，博览会吸引大量的投资项目，带来大量的经贸信息等，这些都会促进广西进一步与东盟各国的合作。2018 年，第 15 届中国 - 东盟博览会上，中外企业参展积极性高，柬埔寨、印尼、老挝、马来西亚、缅甸、菲律宾、泰国、越南 8 个东盟国家包馆。区域外国家申请展位超出计划的 43%，坦桑尼亚、斯里兰卡、巴基斯坦、尼泊尔、澳大利亚、德国、意大利、西班牙等 19 个中国 - 东盟区域外的“一带一路”沿线国家的 114 家企业参展。参会的知名企业多，专业观众多。第 15 届中国 - 东盟博览会共有 2780 家企业参展，比上届增长 2. 6%。一批世界 500 强企业、行业龙头企业、品牌企业、知名民营企业参展。有组织的专业观众数量超过 1. 1 万人，比上届增长 10%，区域外国家的国际专业买家达到 700 人，主要来自坦桑尼亚、埃及、埃塞俄比亚、伊朗、印度、俄罗斯、乌克兰和英国等国家和地区。

中国 - 东盟博览会加快了广西交通建设与物流建设的步伐。2018 年，广西完成交通固定资产投资达 942 亿元，公路、水路、铁路、民航等一大批重大项目稳步推进。2018 年，广西公路总里程达 12. 54 万千米，高速公路通车里程达 5563 千米，普通国省干线公路接近 2 万千米；铁路营运里程达 5202 千米，其中高铁动车营运里程达 1771 千米，位居全国前列；新增沿海和内河货物年综合通过能力 850 万吨；全区机场年旅客保障能力提升至 3500 万人次。运输服务方面，全区铁路客货发送量双双破亿。公路货运量突破 15 亿吨，水路货运量突破 3 亿吨。规模以上港口货物吞吐量增长 9. 9%，其中北部湾港集装箱吞吐量增速位居全国前列，内河港口集装箱吞吐量突破百万标箱；长洲枢纽船闸货物通过量突破 1. 3 亿吨，与长江三峡船闸过闸货运量持平。民航实现欧洲航线零突破，东盟航线旅客吞吐量突破 110 万人次。全年邮政行业业务总量、业务收入完成量增速分列全国第一位、第二位。2019 年，广西将着力补短板、强弱项、上项目、增投资，开工建设 8 条约 550 千米高速公路，续建 26 条高速公路，加快推进钦州东航道扩建二期工程、南宁国际空港综合交通枢纽等铁路、公路、水运、机场相关重大项目建设，确保全年交通固定资产投资突破1100亿元，高速公路通车里程接近6000千米，力争实现全区规模以上港口吞吐量突破4亿吨，集装箱吞吐量接近450万标准箱，加快建设现代化综合交通运输体系，推动交通强区建设取得阶段性成果。

近年来，在中国－东盟博览会的积极带动下，中国－东盟旅游合作不断深入发展。双方已建立多层次、多渠道旅游合作机制和交流平台，中国与东盟已互为最大海外旅游目的地和客源地，中国已是泰国、越南、印尼、柬埔寨的最大旅游客源国，中国主要旅游客源市场国家中，有6个是东盟国家。广西与东盟的旅游合作发展也驶入快车道，东盟国家入境广西的过夜游客从2004年的31.94万人次增至2017年的125.92万人次，同比增长2.9倍，中国－东盟跨境旅游成为广西旅游业发展新亮点。

中国－东盟博览会在广西举办，极大地改善了广西各个城市的基础设施建设和广西交通基础设施建设，进而为中国－东盟博览会创造了良好的投资环境和经济运行环境。为了更好地服务中国－东盟博览会，南宁市及广西各市的城市基础设施不断完善，城市面貌焕然一新，城市管理和服务水平大幅提升。自2004年中国－东盟博览会举办以来，广西相关的城市维护建设资金支出呈现快速上升趋势，在中国－东盟博览会的影响效应下，广西的基础设施建设得到改善。

当然，中国－东盟博览会带来积极影响的同时，也存在一定的问题，主要体现在下面四点。

首先，引进外资的实际效果不理想。作为对外开放的窗口与平台，中国－东盟博览会在广西经济的引进与利用外资方面具有强劲的优势。作为国际性的博览会，广西在利用中国－东盟博览会引进外资方面具有不可比拟的优势，但是实际效果并不理想。每届中国－东盟博览会上，广西签约的外资数额都比较高，但实际上每年的到位资金量都与签约量大相径庭，相距甚远。以2013年为例，广西在第十届中国－东盟博览会上签约的外资数额是86亿美元，到位外资34.17亿美元，履约率仅为39.28%。因此，如何促使签约资金尽可能多地转化为到位资金，是广西在利用中国－东盟博览会更好地服务于引进外资方面需要认真思考与对待的问题。

此外，在东盟10国中，除新加坡是新兴工业国之外，其他几个国家都是发展中国家，其中越南、柬埔寨、缅甸和老挝等多个东盟国家的发展水平比中国要低，这从整体上就决定了这10个国家的对外投资相关项目规模不会很大。自中国－东盟博览会举办以来，广西与东盟国家的互利合作搭建了平台，东盟国家即便是参与了泛北部湾经济区的合作，积极性也不高，投资领域从制造业、农业及农产品加工转向基础设施等建设，导致相关项目投资数额不足。

其次，广西与东盟国家农业贸易竞争大。中国－东盟博览会的举办，扩大了广西农业招商引资的规模和农业资源总量，提高了广西农产品在东盟市场上的份额。同时，广西也面临着与东盟各国农业贸易的巨大竞争。广西农业产品结构性矛盾比较突出，农产品的品种和质量难以满足市场需求，再加上农业生产成本过高，使得农产品的市场竞争力较弱。而东南亚许多东盟国家都是农业国，气候、土壤等农业发展条件比广西好，生产成本低，与广西的农业结构比较接近，给广西农业的贸易带来很大竞争，同时也制约了广西农业经济的发展。

再次，北上西联方面发展缓慢。中国－东盟博览会既然是连接中国与东盟各国经济贸易的交流平台，那么它对于广西的作用就不仅是南下与东盟国家互利贸易，东联与广东、香港、澳门、台湾互通，而是更全面的西联与北上，即西边与云南增强交流，北上与贵州、四川、重庆互通有无。显然在南下与东联上，广西取得了较好的效果，但是在西联北上方面则差强人意，不仅关注不够，而且还有弱化的趋势。其重要的标志是东联和南下通道的快速建成通达与北上和西联通道衔接的迟缓梗阻。这种通道建设上的巨大反差，正说明广西经济在发展中存在一定程度的“嫌贫爱富”、重外轻内的思想。如果不能正视上述问题，将会逐渐弱化中国－东盟博览会对广西经济发展的拉动作用，甚至造成停滞不前的局面。

最后，经济增长方式未根本转变。作为商品交流的重要平台，中国－东盟博览会按理应该成为促使广西经济增长结构合理化的重要手段，但是这么多年来广西经济增长主要依赖投资的方式并没有得到有效的改观。例如，2004—2018年15年间广西GDP的年均增长率为14.07%，而全社会固定资产年均增长率则是它的1.69倍，达23.80%。其中最高的一年是2009年，当年GDP的增长率仅为7.37%，而全社会固定资产的增长率则达到51.05%，后者是前者的6.93倍。增长方式不改变，广西经济结构的不合理性就不可能得到根本解决，经济就不可能持续健康地发展。

回顾中国－东盟博览会与广西经济发展的15年历程，既有成功的经验，也有失败的教训。及时总结长处，不回避短处，才能在今后的发展中走得更平稳。展望未来，机遇与挑战并存。基本的原则是：抓住机遇，迎难而上；不畏挑战，从容应对。

对于投资不足，广西政府应实行连续性的政策，增加其有效性，平稳地开放市场。建立符合国际通行的规则和适应广西经济发展的贸易体制，完善相关税法，为促进广西与东盟国家的投资和贸易，保持广西政策的连续性和增加政策的有效度，为东盟各国在广西投资创造更好的投资、生产和经营环境。利用多重的优惠政策叠加，努力成为中国开放政策最富集的经济区域和不可多得的优惠政策区域，成为中国和东盟国家投资的热土，广西的经济发展应该利用其特有的多重优惠政策，吸引国外投资。

对于农业贸易带来的竞争问题，应充分利用博览会带来的发展机遇，承接国际国内产业转移，利用农业资源，调整农业结构，培育壮大优势产业群，促进广西经济的快速发展。对贸易竞争问题，广西政府应发展特色效益农业，调整农业结构，提升产业化水平，加快传统农业向现代化农业转变。相关的农业部门应推进农业产业化经营，建立生产、加工、销售结合的市场化农业贸易体系，建立保护农民利益的机制，扩张农产品销售信息网络，解决农产品“难卖”的问题，给农民带来实惠，促进农民从事农业的积极性和创造性。同时，拓展资金投入渠道，加大对农业投入，增强支农力度，提高农业产出效果和效益。

对于东联南下，广西应当针对当前“海上丝绸之路”新战略构想的机遇，最大化地发挥自己在中国－东盟博览会地理位置上的优势，更好地融入中国－东盟自由贸易区和珠三角经济区中，积极谋划尽早参与到“海上丝绸之路”经济带的国际大通道经济的建设中来。对于西进北上，广西应当摈弃旧有的观念，强化“弱弱联合”的意识，通过中国－东盟博览会平台，加强与云南、贵州、重庆、四川等周边省区市的协作，最终形成弱弱联合的区域融合的新关系，充分挖掘该区域的资源，人力与人文优势，共同加快各自的经济发展速度，增强市场竞争力，赶上并且最终超越发达地区。

随着各个省区国家规划经济区与区域内中心经济区的建立与运作，处于各个省区偏远地带的一些地方不可避免地会产生被边缘化的现象。鉴于此，广西应当利用中国－东盟博览会积极探索搭建滇黔桂三角经济区的交流平台，通过构建滇黔桂三角新型合作经济区来提升。

不可否认，投资作为拉动经济增长的重要方式，具有见效快、规模大的特点。但是如果总是依赖投资，投资一旦出现失误，则不仅会迟滞经济的发展并且会带来极大的负面经济效益，因此，未来广西在利用中国－东盟博览会平台吸引资金时，必须注意经济增长方式的问题。广西的经济增长需要投资推动与消费拉动并行，只有这样，未来广西经济的发展才能健康与持久。

在引进资金时，另一点值得注意的是正确对待签约与履约的关系问题。签约的数量虽是显示每届中国－东盟博览会举办成果的重要数据，但真正能够成为社会再生产要素的是履约实际到位的资金额，唯有到位的资金才能成为资本，构成社会再生产要素，最终形成社会生产力，创造物质与精神财富。

可以围绕优势产业和重点行业，依托中国（南宁）跨境电子商务综合试验区，做大做强跨境电子商务产业，建设服务东盟贯通中国西南的贸易新通道。广西南宁市于2018年7月获批国家跨境电子商务综合试验区。截至2018年末，中国（南宁）跨境电子商务综合试验区已完成各项前期工作，并开区运营，海外仓集团、中大门网络公司等一批跨境电子商务企业签约落户南宁。

当前，南宁市以中国－东盟（南宁）跨境电子商务产业园为核心，建设南宁跨境贸易中心、南宁空港跨境电子商务产业园等一批跨境电商产业集聚区，面向东盟的跨境电子商务线下综合园区体系逐步形成。广西是中国面向东盟开放合作的前沿和窗口。近年来，广西发挥区位、物流、小语种人才等优势，大力实施“电商广西、电商东盟”工程，着力打造中国－东盟跨境电子商务基地。广西电子商务交易额由2013年的1266亿元增长到2017年的7056亿元，年均增长53.3%以上。广西力争到2020年，实现全区电子商务交易总额突破1万亿元。

目前，阿里巴巴－达通外贸综合服务平台、谷歌广西体验中心等一批世界知名跨境电商企业纷纷落户广西，带动广西1000多家中小企业开展跨境电商贸易。《广西电子商务发展三年行动计划》提出，2018—2020年，广西将加快中国－东盟跨境电子商务发展，吸引跨境电商企业落户广西，设立面向东盟的电子商务总部。

南宁海关正在积极探索跨境电商监管模式创新，将以南宁综合保税区、钦州保税港区、凭祥综合保税区为主体组建立体化口岸网络，通过开展海陆空铁多式联运，加快构建“海陆空三位一体”物流综合服务体系，全面推进广西跨境电商发展。

### 6.2.2 中国－东盟自由贸易区

中国－东盟自由贸易区于2010年1月1日正式启动，标志着由中国和东盟10国组成、接近6万亿美元国民生产总值、4.5万亿美元贸易额的区域，开始步入零关税时代。人们普遍认为，随着自贸区的建立，中国和东盟各国的国家关系、经贸往来将进一步发展。广西是中国与东盟海陆距离最近的省区，与东盟国家的交通、物流、投资、贸易、教育合作和人员往来更加频繁和密切，经济发展受自由贸易区规则的影响进一步放大，广西面临着新的发展机遇。建立中国－东盟自由贸易区是中国21世纪对外开放的重大战略举措，随着中国－东盟自由贸易区的启动和推进，极大地提升了广西在国家战略格局中的地位，进而为广西的经济发展创造一次极其重要的历史机遇。

#### 6.2.2.1 提供更广阔的市场，为广西带来对外经贸发展的新机遇

首先，中国－东盟自由贸易区建立标志着由中国和东盟10国组成，接近6万亿美元国民生产总值，4.5万亿美元贸易额的巨大市场的产生。其

次，中国－东盟自由贸易区建成将对各成员国产生贸易创造、转移和扩大，贸易条件改善和规模经济等积极效应。广西企业可以抓住中国－东盟自由贸易区提供的更大更广阔的市场，积极利用中国－东盟自由贸易区内部取消关税和数量限制等优惠条件，增加对东盟国家出口低成本的产品，从东盟国家进口生产性原材料和能源等初级产品。例如，东盟国家钢材、汽车、机电产品生产成本较高，产能不足，为广西该类商品的出口提供了广阔的市场空间。最后，从东盟进口的原油、成品油、塑料原料、天然橡胶、铁矿砂和煤炭等能源型商品，可以缓解广西缺煤少油无气的能源供给问题。此外，由于出口市场的扩大，广西企业可充分利用其生产能力，扩大生产规模，从而降低成本，实现规模经济的效益。

#### 6.2.2.2　促进各种外部资源向广西聚集

从动态方面来看，中国－东盟自由贸易区建成以后，广西区域内的各种生产要素、科学技术及经济结构将会随之发生重要变化。一方面，中国—东盟自由贸易区的内部市场趋于统一，生产要素流动性得到提高，得到更加合理的配置；另一方面，生产要素的流动将促进区域内新技术、新的管理方式和新观念的移动和最优配置。广西地处东部、中部和西部三大区域结合部，是西南地区最便捷的出海大通道，在中国－东盟自由贸易区中处于我国内地和东盟各国的经贸投资集散地的特殊地位，具有较好的辐射作用，中国－东盟自由贸易区的合作平台将促进各种外部资源向广西聚集。这主要体现在：广西南宁市入驻的具有总部特征的企业广泛分布于制造、物流、商贸等十多个行业。已有马来西亚、柬埔寨、越南、泰国、老挝、缅甸6个东盟国家在南宁市设立总领事馆，东盟10国、日本、韩国及中国香港、澳门在南宁市建立了商务联络部。南宁国家高新技术产业开发区设立了面向东盟的中国－东盟企业总部基地。每年举办的中国－东盟博览会正是各种外部资源向广西聚集的优良载体，中国－东盟博览会是服务全国、服务东盟、面向世界的综合性、国际性会议，可以吸引大量优质的、高科技的、种类繁多的中国各地和东盟各国的商品物资、技术设备到广西展销，吸引大批高层次的政府官员，商会代表、企业家到广西来进行商贸洽谈，将带来大量的投资项目，带来大量的经贸信息，在广西汇集。

广西南宁市成为中国－东盟博览会永久承办地更为广西赢得了历史性机遇。

### 6.2.2.3 广西可在多个行业与东盟各国展开合作

加强与东盟国家在纺织业方面的合作。中国－东盟自由贸易区的构建，使纺织行业面临重大发展机遇。广西和东盟纺织产业相对较弱的国家进行合作，在东盟国家开展纺织品加工，可以规避贸易摩擦、降低贸易风险。广西的纺织业有着自己无与伦比的特点，例如壮锦。广西投资家可以到一些发展中国家投资设厂、销售，也可以帮助输入国解决就业、税收等问题，壮大其纺织产业结构。

加强与东盟国家在农业机械方面的合作。在东盟10国中，8个国家是农业国，工业基础薄弱，农机生产能力有限，对农机需求大。目前，东盟许多国家农机产品仍主要靠进口。广西由于地处亚热带，在农业生产特点方面与东盟国家有较多的相似性，应该加强与东盟国家在农业机械方面的大力合作。

加强与东盟国家在医药方面的合作。东盟国家医药市场蕴藏巨大商机。菲律宾人口增长速度较快，对各类医药的需求呈稳定增长的趋势。但菲律宾医药制造产业十分薄弱，目前正在寻求价格较低、性能能够满足市场需要的进口产品来源。泰国天然药物越来越受欢迎，尤其是治病类、保健类以及美容类中成药。泰国承认中药为一种医学，而且泰国政府已允许中药作为药品合法进口。新加坡深受中国传统养生保健文化影响，对中药材和中药制品颇为推崇，一直是中国中药材及中成药传统的出口市场之一，政府鼓励中医药发展，已允许中药作为药品合法进口。另外，新加坡政府决定大力发展生化医疗科学产业，希望该产业能够成为新加坡经济第四个重要产业。印度尼西亚华人多，滋补品消费量大，中药年销售额约960亿印尼盾，约合1103万美元，来自中国的中成药名牌、老牌产品长销不衰。此外，化学药、生物制品等在印度尼西亚也有较大的市场空间。广西是我国医药生产大省区，有相当多的名牌中药产品，应该抓住大好的发展机遇，与东盟国家展开医药方面的全面合作。

加强与东盟国家在矿产业方面的合作。广西经济快速发展，对资源的需求日益增长。东盟国家有着丰富的各种矿产资源。中国－东盟自由贸易区为中国与东盟企业矿产资源开发合作提供了有利条件，越来越多的中国企业看好东盟矿产业合作商机。广西应该利用各种有利条件同东盟各国展开矿产资源方面的合作，势必有着巨大的市场潜力。

加强与东盟国家在建材方面的合作。东盟各国是建材需求的重要市场，在建材需求方面大多依赖于进口，每年各国建材进口需求额已经超过100亿美元。目前，建材行业已成为中国面对东盟国际市场最具竞争力的市场之一，“把建材生意做到东盟去”已成为更多中国商人的目标。广西有着丰富的建材资源，由于紧邻东盟国家，因此在价格和质量方面有着自己的优势，应该展开这方面的合作。

广西具有参与国际国内区域合作的有利区位条件，面临加快发展的重大机遇，广西正处于工业化、城镇化加快发展的重要时期，存在经济基础薄弱、综合实力不强等问题，在中国－东盟自由贸易区框架下将遇到严峻的挑战。

广西经过长期的发展和积累，经济社会发展奠定了一定的基础，但由于各种原因，目前在总体上尚处于工业化初期向中期过渡阶段，经济社会发展的一些主要指标落后于全国平均水平。广西在交通、能源、水利、信息等基础产业和基础设施建设方面滞后，长期以来严重制约广西经济社会发展，也阻碍了广西对内对外开放合作的步伐。中国－东盟自由贸易区的建成对广西的基础设施建设提出了更加严峻的考验。

从广西对东盟的贸易对象结构来看，广西外贸存在结构不合理的现象。第一，广西对外贸易地区结构过于集中，使得广西对贸易风险的抵抗力有所欠缺，同时又削弱了其灵活性和竞争力。第二，从广西和东盟的对外贸易地区结构看，广西和东盟均以美国、日本、欧盟为主要的贸易伙伴，贸易目的地市场相似，在中国－东盟自由贸易区框架下，不具有比较优势的产品和产业必将受到冲击。第三，从广西对东盟出口的商品结构来看，广西的出口商品大部分是劳动密集型产品，机电产品和高新技术产品出口比重偏低，科技含量和附加值较低。中国－东盟自由贸易区框架下，劳动密集型货物贸易格局将面临来自国际国内高科技、高附加值货物贸易的猛烈冲击。第四，中国－东盟自由贸易区建成之后，广西原来的优势产业，如经济作物产业、牲畜业、渔业等将失去竞争优势。

建立中国－东盟自由贸易区，对广西是机遇，对周边其他省区也同样是机遇。全国各地掀起了与东盟对接的热潮。为了吸引外商、加快发展，云南、广东、福建等加大了对基础设施建设的投入，经济发展环境不断改善，对东盟的经贸合作进一步加强。广西与东部发达省份在对东盟出口贸易方面还有不少差距。邻省和地区竞相发展无疑给广西带来巨大的压力。

经过多年的发展，广西服务业发展取得了一定成就，但总体上仍然供给不足，存在结构不合理、服务水平不高、企业规模偏小、竞争力不强、对外开放程度不高等问题。广西服务业的进出口贸易更为薄弱，对外承包工程和劳务出口零敲碎打，难以形成规模；通信服务、保险服务、金融服务、计算机和信息服务、技术咨询服务业、特许权使用和许可、专业服务等高附加值的现代服务贸易刚刚起步。相比东盟中新加坡、马来西亚等经济发展较好的国家，广西在金融、通信和专业服务等方面不具备比较优势。

在充分发挥中国－东盟自由贸易区作用时，广西需要改革创新，夯实自身，增强自身的核心优势和吸引力。为此，要抓紧做好以下几点。

《国务院关于进一步促进广西经济社会发展的若干意见》中将广西定位为“面向东盟的重要门户和前沿地带，西南地区最便捷的出海大通道”，对广西当前和今后一个时期经济社会发展作出了战略规划，对广西实现跨越式发展有十分重要的意义。广西应深入贯彻落实中央部署的战略规划，用实用好中央扶持政策，积极开展对接东盟基础设施建设，尤其是国家和自治区重点支持的领域，如交通、物流、口岸等方面加大建设力度，以夯实经济发展的基础。

广西资源丰富，矿产资源种类多，有色金属矿尤为丰富，水电资源充足，形成了优势产品如机电产品、纺织品、特色农产品、钢材和矿产品等，市场开发前景广阔。广西应将资源优势和区位优势相结合，培育和壮大具有市场竞争优势的产业，扩大优势产品的出口贸易。

中国－东盟自由贸易区建设启动以来，我国沿边地区各省都只注重本地经济的发展、本地经济与东盟的对接，很少涉及共同协作，削弱了整个区域参与国际经济的竞争力。广西应主动整合国内区域经济资源，充分发挥本地特色产业优势和企业集聚效应。一方面，吸引东部省份大集团、大公司、大企业前来投资办厂，促进和推动优势产业集群的形成与发展；另一方面，以广西的优势或特色产业为基础与载体，整合国内的先进技术或管理方法等，以整合后的实力与水平来建立与东盟的分工体系，更有力地提高广西产业在东盟的实际竞争力。

要充分利用东盟各国的要素资源禀赋，依靠自贸区平台，实现优质资源的最优配置。资源禀赋与经济发展具有良好的互补共生性。广西与东盟在资源禀赋方面的差异与互补性很明显，包括自然条件所形成的差异、自然资源富缺所带来的互补，因劳动力素质、工资水平、科学技术水平和生产经营管理水平等带来的互补性等。此外，广西和东盟各国的经济发展处在不同的阶段，具有发展水平及其内在经济结构上的互补性。这些都是广西可以加以运用、促进产业结构优化与提高产业竞争力的有利因素。广西要把握时机，广泛牵引国际性、产业集群性的资金等生产要素流入广西，引进东盟各国尤其是老东盟成员国中外向型企业相对“富裕”的人才、技术与设备，将先进的技术、管理模式和观念吸收并用，推动优势产业和生产要素的集聚，促进广西中小企业的技术进步与经济发展。

服务贸易方面，广西不具备比较优势，但在旅游、交通运输业、工程承包、劳务合作等传统服务业发展具有良好基础，可进一步加强与东盟国家在传统服务业方面的交流与合作，甚至鼓励具有优势的企业进入东盟合作开发目标国家的服务行业。同时，依据《服务贸易协议》，东盟承诺分别在金融、电信、教育、旅游、建筑、医疗等行业向中国作出市场开放，广西应积极把握机遇，加强与新加坡等发达地区和国家的服务企业的合资合作，大力引进外资投向基础设施、金融保险、现代流通、旅游设施等服务领域，加快服务业的国际化进程，促进广西服务产业结构的升级。此外，广西应加快开发培育面向东盟各国的特色服务业，如面向东盟的国际会展服务、翻译服务、顾问服务、公共关系服务、咨询服务等。

总部经济是国内企业的总部暨为总部服务的相关组织在特定的区域聚

集，形成分工协作关系而产生经济效益的现象或者经济形态。根据《国务院关于进一步促进广西经济社会发展的若干意见》中提出在广西“发展面向东盟的商务总部经济”的战略部署，广西各级政府加大了对总部经济发展的政策决定和财政扶持力度，选择南宁市建设并发展面向东盟的商务总部经济。总部经济的特点决定了南宁市要在未来3—5年之内建设起面向东盟的中国－东盟企业总部基地及由一批面向东盟市场的窗口贸易公司、商品交易中心、商会联络中心组成的商务总部经济多元体系，并加快特色产业以及金融、物流、软件、中介、商贸、服务产业聚集，增强总部经济发展的集群支持。一旦总部经济在广西运转成熟，广西将更进一步发挥好承接东部启动西部的作用，实现构筑国际区域经济合作新高地目标，在中国－东盟自由贸易区中发挥更大作用。

广西应该利用中国－东盟自由贸易区经贸合作的平台，加大对开放型经济的政策支持力度，扩大对外贸易规模，提高利用外资水平，实施“走出去”战略。一是要优化进出口结构，重点支持优势产品扩大出口，重点开拓东盟市场，加大区内短缺能源、原材料进口。二是要创新利用外资方式，吸引外商投资特色优势产业，扩大基础设施、教育卫生、生态环保、扶贫开发等领域利用外资规模。三是要推动企业在国外建立资源开发和农产品加工基地，开展境外资源合作开发、工程承包、劳务合作、合作办厂，增强参与国际经济合作和竞争的能力，提升经济国际化水平，构建内外联动、互利共赢、安全高效的开放型经济体系。

## 6.3 “一带一路”建设的成就

2013年9月和10月，中国国家主席习近平先后提出建设“新丝绸之路经济带”和“21世纪海上丝绸之路”的合作倡议。此后，广西积极参与到“一带一路”建设中，截至2018年，广西列入国家“一带一路”项目库项目总数在全国各省区中位居前列。由推进“一带一路”建设工作领导小组办公室指导、国家信息中心“一带一路”大数据中心编著的《“一带一路”大数据报告（2017)》显示，在“一带一路”省区综合参与度指数上，广西居全国第7位、西部省区第1位。

在参与“一带一路”建设过程中，广西注重国际合作平台的搭建，注重国际人文交流，注重与其他省区的合作共建，取得了丰硕的成果。自2004年起，中国－东盟博览会永久落户南宁，同期举办中国－东盟商务与投资峰会。到目前为止，博览会与峰会已连续成功举办15届，成为广西亮丽的名片，开辟了我国与东盟多领域合作的“南宁渠道”。广西积极打造双边和多边合作平台，丰富中国－东盟博览会、商务与投资峰会等服务平台，助力政策沟通。2017年举办的第14届中国－东盟博览会和商务与投资峰会，参会国家首次延伸至哈萨克斯坦等丝绸之路经济带国家，促进了“一带一路”有机衔接，助推中国－东盟自贸区升级版建设。

2018年1月17日，中欧班列从钦州港火车东站驶出，前往波兰马拉舍维奇。这是首趟由广西发出直达欧洲的中欧班列，开辟了一条从东盟国家经广西、连接我国西南中南地区直至中亚和欧洲的国际陆海贸易新通道，为广西深度参与“一带一路”建设“提挡加速”。此外，广西通过推进包括中新互联互通南向通道在内的“一道两港”等项目，促进海陆通道衔接。

南向通道建设正式启动后，广西积极打造海铁、陆铁等多种联运方式，海铁联运班列实现常态化运行；中国－东盟信息港建设加快，广西已建成中国－东盟信息交流中心一期、亚欧5号、亚太直达及亚非欧1号海缆等一批基础设施和公共服务平台；东盟跨境联通网络建设愈发完善，铁路、公路、跨境桥梁、航空等各领域建设项目齐头并进，特别是航空网络方面，广西机场的东盟国际航线和通航城市数位列全国第5名。

广西积极推进开放型园区体系建设。到2018年，广西正在建设和推进的园区有20多个，基本实现东盟国家合作园区全覆盖，并逐步扩大到非洲等“一带一路”其他参与地区和国家。

广西在“一带一路”建设中，不断开拓创新，通过基础设施联通和国际产能合作这两大重要引擎，对“一带一路”沿线国家投资贸易持续增长。2017年，广西外贸进出口总额为3866.3亿元，增长22.6%，其中对

"一带一路"沿线国家进出口达2100.2亿元，增长5.2%。

此外，不断推动资金融通。截至2017年，广西跨境人民币结算总量连续8年保持中国西部和边境省区第1位；人民币对越南盾银行间市场区域交易稳步推进。2017年，人民币对柬埔寨瑞尔银行间市场区域交易在广西正式启动。

2014年4月26日，广西、云南首个在边境一线口岸设立的东盟业务中心——中国农业银行（东兴试验区）东盟货币业务中心挂牌成立，以"一日多价"的形式，向外界公布人民币对越南盾最新官方汇率，印度尼西亚卢比、马来西亚林吉特、菲律宾比索、新加坡元、泰国铢、老挝基普、缅甸缅币、柬埔寨瑞尔等9个东盟币种汇率的挂牌交易相继完成，业务中心在清算、结算、融资、投资、资金交易五个方面提供服务。同年，个人跨境贸易人民币结算试点区域由东兴拓展至整个沿边金融综合改革试验区，将业务种类拓展至跨境电子商务结算业务，并进一步简化结算手续。

2014年，防城港核电公司通过建设银行广西分行成功从海外引进广西第一笔"跨境资金池资金"10亿元人民币，资金综合成本大大低于国内一般融资成本。截至2017年末，广西沿边金改试验区已有14家企业从新加坡、泰国等境外银行融入低成本资金，贷款签约项目22个，合同金额59亿元，提款金额57亿元。近年来，广西多家银行企业人民币境外放款和银行境外项目人民币贷款业务稳步起航，为企业参与"一带一路"建设和"走出去"发展注入新的动力。截至2017年末，广西成功办理59笔全口径跨境融资业务，签约金额累计18.74亿美元，提款金额累计17.23亿美元。在"铺一条路"的构想下，以广西为枢纽的区域性跨境人民币业务平台成功搭建，标志着辐射港澳、东盟和南亚国家的广西—东盟跨境人民币资金汇划高速路基本建成。

2017年8月30日，中国银行崇左分行和越南投资与发展银行谅山分行合作，启动广西与越南首次越南盾现钞跨境调运业务，结束了广西与越南"隔河相望"却无法实现两国货币现钞直接调运的历史。2017年9月13日，人民币对柬埔寨瑞尔银行间市场区域交易在南宁正式启动。

广西积极推动国际人文交流，至2017年底，广西已缔结国际友城104对，居全国第4位，其中东盟52对，居全国第1位。广西开展实施“留学广西计划”，2017年来桂留学生近1.5万人，其中东盟留学生逾万人。广西还积极与“一带一路”国家在科技、文化、体育、旅游、医疗卫生等领域的人文交流全方位深化，进一步系紧了“一带一路”民心相通的纽带。

近年来，在经历了21世纪初加入WTO最初的井喷式爆发增长后，进出口贸易出现了高位平台整理的现象。从国际环境看，一方面，人员往来更加频繁，信息共享更加充分；另一方面，各种政治的经济的壁垒五花八门，尤其国际产业分工体系调整，商品与服务竞争更加激烈。为研究对外开放的情况，我们选取了货物贸易进出口总额、实际利用外商直接投资、国际旅游外汇收入、对外承包工程营业额以及非金融类对外直接投资总额五项指标，作为反映对外开放程度的参考指标，它直接表明了地区经济的活跃程度和境内外相互交流依存度。我们针对西部沿边六省区近年来对外开放的相关经济往来指标作了统计（见表6－6、图6－4）。

**表6－6　2017年西部沿边六省区的对外开放情况**　单位：亿美元

| 项目 | 广西 | 云南 | 新疆 | 甘肃 | 内蒙古 | 西藏 | 合计 |
|---|---|---|---|---|---|---|---|
| 进出口总额 | 526.00 | 213.90 | 303.90 | 50.00 | 158.90 | 6.10 | 1258.80 |
| 出口总额 | 144.00 | 96.60 | 162.50 | 16.90 | 58.10 | 0.00 | 478.10 |
| 进口总额 | 382.00 | 117.30 | 141.40 | 33.10 | 100.80 | 6.10 | 780.70 |
| 实际利用外商直接投资 | 8.23 | 9.63 | 1.96 | 3.96 | 31.50 | — | 55.27 |
| 国际旅游外汇收入 | 23.96 | 35.50 | 8.11 | 0.21 | 12.46 | 1.98 | 82.22 |
| 对外承包工程营业额 | 6.88 | 17.03 | 8.26 | 2.35 | 0.01 | — | 34.52 |
| 非金融类对外直接投资 | 6.37 | 14.74 | 7.85 | 4.84 | 5.49 | 2.28 | 41.56 |
| 合计 | 1097.44 | 504.70 | 633.98 | 111.35 | 367.25 | 16.46 | — |

数据来源：根据《根据中国统计年鉴》《中国贸易外经统计年鉴》《中国对外直接投资统计公报》商务部对外投资和经济合作司、各省区统计年鉴和统计公报公布的数据整理得出。

注：“—”表示未获得数据，实际利用外商直接投资合计与对外承包工程营业额合计为不完全统计。

从西部沿边省区之间的横向比较来看，广西的对外开放程度最高，新疆排第二位，云南排第三位。

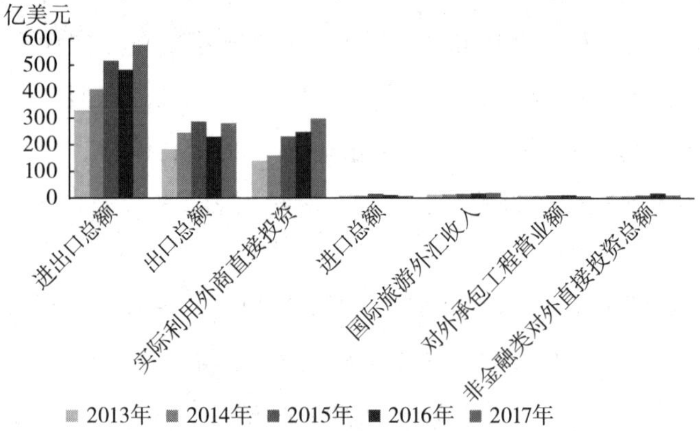


图 6-4　2013—2017 年广西对外开放指标

数据来源：《广西统计年鉴》《广西统计公报 2018》《中国贸易外经统计年鉴》《中国对外直接投资统计公报》。

# 第 7 章　广西 70 年的扶贫脱贫

民族地区是脱贫攻坚的主战场，加快民族地区脱贫攻坚步伐，对推动民族团结进步具有重要作用。广西以兴边富民行动与乡村振兴战略，巩固提升脱贫攻坚成效。

## 7.1　扶贫历程

中国共产党的宗旨是全心全意为人民服务，因此，成立以来，始终贯穿着扶贫工作，只是在不同的时期，扶贫工作的目标和措施有所区别。新中国成立以来，广西和全国其他地区一样把扶贫工作贯穿在政府日常工作中。

（1）“一五”计划时期平均每年抚恤和社会救济费增长 29.3%，从 1953 年的 584 万元增长到 1957 年的 1808 万元，5 年共计投入 5295 万元。从 1953 年起，调整了因公牺牲病故、残废人员抚恤金的标准，对贫苦烈、军属给予实物补贴费，有 5100 多烈军属得到补助；1954 年，对无依无靠的烈士遗孤每人每月在 10—15 元范围内适当补助；1955 年，对现有烈、军属中 16.5%、复员军人中的 14.3% 生活确有困难的，全区集中 70 万元的优抚事业费适当解决，当年全区烈军属、复员军人得到补助达 43.5 万多人次；1956、1957 年两年全区享受定期定量补助的烈属 3352 人，临时补助 59.24 万人次。广西几乎每年都遭受不同程度的旱、水、风灾，较大程度的有：1954 年遭受水灾，受灾面积 226 万亩，受灾人口 860 万多人，全年使用灾害救济70万元；1956年遭受严重旱灾，受灾面积1673万亩，受灾人口603万人，全年发放灾害救济款562万多元；1957年水灾较大，受灾面积235万亩，受灾550万人，支出救济款839万元。

（2）改革开放以来，特别是进入21世纪以来，广西扶贫工作不断得到加强，救助人口和救助资金均有大幅增长。2007—2011年，全区各级财政仅一般预算扶贫支出就达86.03亿元。同时，各级财政整合各方面的资金，通过支持整村扶贫、扶贫搬迁、扶贫培训、产业扶贫、大石山区五县基础设施建设大会战、桂西五县基础设施建设大会战、边境0—20千米基础设施建设大会战等，进一步改善了贫困地区生产生活基础设施，提高了贫困人口素质和自我发展能力，全区贫困人口大幅减少，2000—2010年，全区农村贫困人口从800万减少到388万人（按2010年1274元的贫困标准），占全区户籍人口的9.1%，累计解决了412万贫困人口的温饱问题。详见表7-1。

表7-1 主要年份广西社会救助情况统计

| 项目 | 2000年 | 2005年 | 2010年 | 2013年 | 2014年 | 2015年 | 2016年 | 2017年 |
|---|---|---|---|---|---|---|---|---|
| 城镇居民最低生活保障人数/人 | 108173 | 568957 | 601935 | 494366 | 448016 | 385308 | 226134 | 190843 |
| 城镇居民最低生活保障家庭数/户 | — | 273349 | 306368 | 252800 | 228360 | 198698 | 121741 | 102814 |
| 城镇临时救济人次数/人次 | 31226 | 67043 | 4732 | 7164 | 5088 | 7402 | — | — |
| 农村居民最低生活保障人数/人 | 204293 | 42745 | 3156789 | 3458922 | 3289710 | 2921414 | 2905689 | 2539255 |
| 农村居民最低生活保障家庭数/户 | — | 26019 | 1296975 | 1334863 | 1294495 | 1179258 | 1019010 | 890723 |
| 农村传统定期定量救济人数/人 | 50292 | 470169 | 6308 | 111153 | 117691 | 118118 | 112853 | 111903 |
| 农村临时救济人次数/人次 | 1298570 | 2058208 | 6308 | 251163 | 76608 | — | — | — |
| 农村五保户供养人数/人 | — | — | 327349 | 294670 | 289490 | 280486 | 269643 | 250418 |

续表

| 项目 | 2000 年 | 2005 年 | 2010 年 | 2013 年 | 2014 年 | 2015 年 | 2016 年 | 2017 年 |
| --- | --- | --- | --- | --- | --- | --- | --- | --- |
| 农村五保户供养户数/户 | — | — | 320567 | — | — | — | — | — |
| 医疗救助/人 | — | — | — | — | — | — | — | — |
| 民政部门资助参保人数/人 | — | — | — | 250598 | 211705 | 148784 | — | — |
| 民政部门资助参合人数/人 | — | — | — | 2439585 | 2326681 | 1860604 | — | — |
| 民政部门直接救助人次数/人次 | — | — | — | 413584 | 373903 | 931603 | 595218 | 282881 |
| 住院救助人次数/人次 | — | — | — | 295485 | 337638 | 908789 | 258213 | 260198 |
| 门诊救助人次数/人次 | — | — | — | 118099 | 36265 | 22814 | 337005 | 22683 |

数据来源：《广西统计年鉴 2018》。

（3）“两不愁三保障”是贫困人口脱贫的基本要求和核心指标。近年来，广西按照“六个精准”要求，聚焦薄弱环节和突出问题，狠抓责任、政策、工作落实，进一步完善特殊群体保障体系。截至 2016 年，广西有县级行政区 111 个，据统计广西 2016 年确定的贫困县为 54 个，占 48.65%。广西贫困县名单见表 7 -2。

表 7 -2　广西贫困县名单

| 序号 | 类别 | 县数 | 县名 | 备注 |
| --- | --- | --- | --- | --- |
| 1 | 片区县 | 29 | ★马山县、★上林县、★隆安县、★三江侗族自治县、★融水苗族自治县、▲融安县、★龙胜各族自治县、▲资源县、▲田阳县、★隆林各族自治县、★乐业县、★靖西县、★西林县、★田林县、★凌云县、★德保县、★那坡县、★都安瑶族自治县、★大化瑶族自治县、★巴马瑶族自治县、★罗城仫佬族自治县、★环江毛南族自治县、★东兰县、★凤山县、▲宁明县、★天等县、▲大新县、★龙州县、★忻城县 | 标★的为国家扶贫开发工作重点县 24 个，标▲的为自治区扶贫开发工作重点县 5 个 |

续表

| 序号 | 类别 | 县数 | 县名 | 备注 |
| --- | --- | --- | --- | --- |
| 2 | 片区规划县 | 6 | ★田东县、平果县、▲右江区、▲金城江区、▲天峨县、南丹县 | 标★的为国家扶贫开发工作重点县1个，标▲的为自治区扶贫开发工作重点县3个，未标的为面上县2个 |
| 3 | 国家扶贫开发工作重点县 | 28 | ◆马山县、◆上林县、◆隆安县、◆三江侗族自治县、◆融水苗族自治县、◆龙胜各族自治县、田东县、◆隆林各族自治县、◆乐业县、◆靖西县、◆西林县、◆田林县、◆凌云县、◆德保县、◆那坡县、◆都安瑶族自治县、◆大化瑶族自治县、◆巴马瑶族自治县、◆罗城仫佬族自治县、◆环江毛南族自治县、◆东兰县、◆凤山县、◆天等县、◆龙州县、◆忻城县、金秀瑶族自治县、富川瑶族自治县、昭平县 | 标◆的为片区县共24个，未标的为不纳入片区县4个（田东、金秀、富川、昭平） |
| 4 | 自治区扶贫开发工作重点县 | 21 | ●金城江区、●天峨县、◆田阳县、●右江区、◆宁明县、◆大新县、灌阳县、◆资源县、武宣县、◆融安县、苍梧县、藤县、邕宁区、八步区、钟山县、蒙山县、博白县、兴业县、陆川县、桂平市、上思县 | 标◆的为片区县5个，标●的为片区规划县3个，未标的为不重叠的13个县 |
| 5 | 享受国家扶贫开发工作重点县 | 1 | 合山市 | |
| 6 | 享受自治区扶贫开发工作重点县 | 2 | 平桂区、龙圩区 | |
| 合计 | 全区扶贫开发工作重点扶持县 | 54 | 29（片区县）+6（片区规划县）+3（非片区县＜含规划县＞的国家扶贫开发工作重点县）+13（不重叠的自治区扶贫开发工作重点县）+3（享受县）=54＜含规划县＞＜含规划县＞ | 扣除重叠县后 |

资料来源：广西壮族自治区扶贫开发办公室［EB/OL］.（2016－08－12）.http：//fpb.gxzf.gov.cn/html/2016/zlk_0812/235.html.

2015年10月16日，习近平总书记在“2015减贫与发展高层论坛”上强调，中国扶贫攻坚工作实施精准扶贫方略，增加扶贫投入，出台优惠政策措施，坚持中国制度优势，注重六个精准，坚持分类施策，因人因地施策，因贫困原因施策，因贫困类型施策，通过扶持生产和就业发展一批，通过易地搬迁安置一批，通过生态保护脱贫一批，通过教育扶贫脱贫一批，通过低保政策兜底一批，广泛动员全社会力量参与扶贫。

精准扶贫战略实施以来，广西2016年实现4个自治区级贫困县（南宁市邕宁区、梧州市龙圩区、陆川县、合山市）脱贫摘帽，2017年实现1个国家级贫困县（龙州县）和6个自治区级贫困县（蒙山县、上思县、兴业县、百色市右江区、贺州市八步区、南丹县）脱贫摘帽，加上批准退出的14个县，三年累计完成25个贫困县脱贫摘帽，脱贫攻坚取得了显著成效。2018年14个脱贫摘帽县区中，龙胜、资源、田阳、田东、西林、富川、金秀、大新、宁明9个县（自治县）为国家扶贫开发工作重点县（滇桂黔石漠化片区县），为历年国定县脱贫摘帽数量之最，其他5个县区属自治区扶贫开发工作重点县区（滇桂黔石漠化片区天窗县）。

河池市少数民族人口占85%，辖区有7个深度贫困县，超过广西总数20个的1/3；430个深度贫困村占全区总数的28.9%。2016—2018年，全市实现48.68万人脱贫，378个贫困村出列，南丹、金城江、天峨实现整县（区）摘帽，贫困发生率由20.06%下降到8.19%。“十三五”期间，全市将搬迁4.3万户18.32万人，1155个屯3.82万人纳入整屯搬迁。现在，累计易地扶贫搬迁入住16.62万人，为全区最多，已完成“十三五”搬迁任务的90%。

党的十八大以来，广西持续打好产业扶贫、易地扶贫搬迁、村集体经济、基础设施建设、粤桂扶贫协作等“硬仗”，针对20个深度贫困县、30个深度贫困乡镇、1490个深度贫困村，先后出台《关于支持深度贫困地区脱贫攻坚的实施意见》《决战极度贫困地区脱贫攻坚支持政策》等，给予更为特殊、更大力度的扶持，攻克深度极度贫困堡垒。全区2012—2017年累计减少贫困人口704万人，建档立卡贫困人口从2015年底的452万人减少到2018年的151万人，贫困发生率从10.8%降至3.7%。

（4）百色市的“田东模式”促进了扶贫工作与农村金融综合改革成果的有效结合。田东县2816平方千米土地上，盆地面积只占6.7%，丘陵面积占71.28%；土地多是以岩溶为特征的石山地带。贫困人口主要集中在祥周镇南部布兵片区、思林镇南部坡塘片区、北部龙邦片区、作登瑶族乡片区这四个石漠化片区。2008 年 12 月，田东县成为全国农村金融综合改革试点县。“农金村办”与“在农村建立信用体系”是“田东模式”的两个核心。2009 年、2010 年连续两年被评为“中国十佳金融生态城市”。2011 年 10 月，田东成为我国第一个“信用县”。2011 年 12 月，田东获批国家农村改革试验区，试验主题为“深化农村金融体制改革”。以创建“金融扶贫示范县”为抓手、以增加贫困群众收入为目标、以发展优势特色产业为依托，结合“区域发展带动扶贫开发、扶贫开发促进区域发展”基本思路，创新金融扶贫思路。农村金融改革“田东模式”成为全国先进典型。

2015 年 11 月，在中央召开扶贫开发工作会议上，习近平总书记高度肯定了田东金融扶贫工作取得的成效。他指出，“广西田东县通过建设机构、信用、支付、保险、担保、村级服务组织六大金融服务体系，有效缓解了贫困户资金缺、贷款难问题，农户贷款覆盖率达到百分之九十”。2015 年田东模式和经验部分内容融入《中共中央国务院关于打赢脱贫攻坚战的决定》（中办发〔2015〕34 号）；2016 年中央一号文件又一次体现了田东农村金融改革综合经验。此外，《国务院关于开展农村承包的土地经营权和农民住房财产抵押贷款试点的指导意见》《农村承包土地的经营权抵押贷款试点暂行办法》等中央行业文件也部分吸纳田东经验做法，田东各项农村改革成果进一步得到推广转化。

2016 年，田东获批“全国农村产业融合发展试点示范县”，田东扶贫成果得到了国务院督查检查组和国务院委托的第三方评估小组的充分肯定，被认为对全区脱贫攻坚工作具有重要的示范和引领作用。近年来，“田东模式”又将农村金融改革成果与脱贫攻坚创新结合，建立了长效机制，其成功经验的部分内容先后被写进中央扶贫攻坚、农村改革等文件中，并向全国推广。

（5）广西扶贫的“五个创新”。在建立组织保障体系、精准管理模式、“一户一册一卡”模式、贫困退出和脱贫摘帽激励机制，以及实施督查、通报、协调“三项制度”五个方面进行创新，推动全区脱贫攻坚开展。“十三五”期间实施易地扶贫搬迁建档立卡贫困人口 71 万人，通过“一户一策”“一户一帮”“一户一档”，确保群众搬得出留得住能就业。2018年，广西有18.67万搬迁贫困劳动力，在当地政府帮助下在安置区实现了就业，每月有稳定的工资收入。

（6）广西探索创新出了九大产业扶贫模式（见图7-1），将产业扶贫作为重中之重。集中项目、资金、技术等要素资源投入，推进县级“5+2”、村级“3+1”特色产业发展。截至2018年底，有扶贫开发工作任务的县（市、区）“5+2”特色产业覆盖建档立卡贫困户约113万户，覆盖率80%以上，实现了扶贫工作由“输血型”向“造血型”转变。

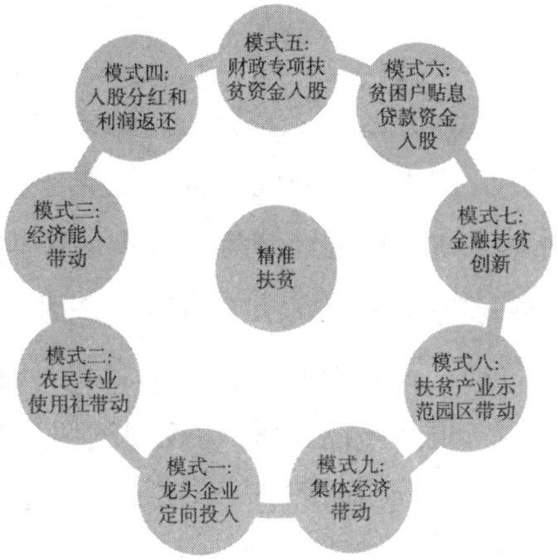


**图7-1　九大模式引领广西产业扶贫**

资料来源：根据相关资料绘制。

广西把产业扶贫作为脱贫攻坚的根本之策，坚持因地制宜，强化机制创新，走出了一条独具特色的产业精准扶贫之路。目前，全区产业扶贫覆盖了91.3%有劳动能力的贫困户，形成了“县有扶贫支柱产业，村有扶贫主导产业，户有增收致富项目”的产业扶贫格局，一半以上贫困人口依靠发展特色产业实现了快速、稳定和可持续脱贫。2018年被评为“全国产业扶贫十大机制创新典型”。据统计，2018年全区106个有扶贫开发任务的县（市、区）招商引资到位资金共计6215亿元，占全区招商引资到位资金的78.1%，其中54个贫困县招商引资到位资金2073.5亿元，占全区招商引资到位资金的26.1%。

目前，广西还有29个贫困县尚未脱贫，其中，国家扶贫开发工作重点县（滇桂黔石漠化片区县）23个，自治区扶贫开发工作重点县（享受自治区扶贫开发工作重点县待遇县）6个。脱贫攻坚任务依然艰巨。2019年是打赢脱贫攻坚战、全面建成小康社会的决定性之年，全力打好义务教育保障、医疗卫生保障、住房安全保障、饮水安全“四大战役”，完成105万建档立卡贫困人口脱贫、1150个贫困村出列、21个贫困县摘帽的总目标。2020年将完成剩余的贫困县退出。

## 7.2 兴边富民

兴边富民行动是党中央和国务院于世纪之交作出的重要战略决策，自实施以来，有力推动了边境地区经济持续发展、民生显著改善、民族团结进步、社会和谐稳定、边防巩固安宁。2000年2月，国家民委在人民大会堂召开“兴边富民行动”新闻发布会，正式启动实施兴边富民行动。2001年，国家民委印发《全国兴边富民行动规划纲要（2001—2010年）》，并附交通运输、农业发展、水利建设、生态环境建设4个专项行动规划。2007年、2011年、2017年，国务院办公厅连续印发兴边富民行动“十一五”“十二五”“十三五”专项规划。

2000年以来，广西党委、政府紧紧围绕“共同团结奋斗、共同繁荣发展”的民族工作主题和“富民、兴边、强国、睦邻”的宗旨，坚持不懈实施兴边富民行动，多次集中财力、人力、物力开展边境建设大会战，广西边境地区经济社会迅速发展，1020千米边境一带的面貌发生了巨大变化。

### 7.2.1 通过强化领导，担当实干，扎实推进，兴边富民行动取得积极成效

#### 7.2.1.1 贯彻落实国家兴边富民行动出真招实招

2008年，广西开展距离边境0—3千米地区的基础设施建设第一次大会战，投入资金4.56亿元；2009—2010年，开展距离边境3—20千米地

区的基础设施建设第二次大会战，共投入资金11.7亿元，集中力量解决村屯交通、安全饮用水、茅草房改造等突出问题。为落实国务院《兴边富民行动“十二五”规划》，广西于2012年批准实施《广西兴边富民大会战实施方案》，计划用5年左右的时间，继续集中人力、物力、财力，投入资金160亿元以上，重点实施基础设施建设，民生工程建设等“十大工程”。全面解决边境地区主要困难和问题，进一步改善边境地区生产生活条件。自《国务院办公厅关于印发兴边富民行动“十三五”规划的通知》出台以来，广西人民政府贯彻落实其精神，积极实施兴边富民行动。

#### 7.2.1.2　广西边境地区实施兴边富民行动在脱贫攻坚方面取得的成效

实施兴边富民行动对边境地区打赢脱贫攻坚战具有重要意义，边境8县（市、区）2016—2017年共有19.1万贫困人口脱贫，140个贫困村出列，国定贫困县龙州县已通过自治区核验，各项工作取得明显成效。

一是广西加大了边境地区财政扶贫资金投入力度。针对边境地区的实际情况，广西不断加大财政专项扶贫资金向边境地区的倾斜支持力度。2016年，下达边境8县财政专项扶贫资金51665万元，同比增长145.5%；2017年，下达边境8县财政专项扶贫资金74180万元，同比增长43.6%；2018年，截至第二季度，共下达边境8县财政专项扶贫资金99887万元，其中，第一批财政专项扶贫资金61190万元，第二批财政专项扶贫资金38697万元。

二是广西努力提升基础设施建设水平。不断加强边境地区贫困村屯道路、饮水、电力、通信、危房改造等基础设施建设，改善生产生活条件，在下达边境地区扶贫资金的基础上，争取自治区财政下达边境各县（市、区）新增政府债券资金专门用于扶贫部分，重点加强20户以上自然村（屯）道路建设。2017年8个边境县（市、区）共修建20户以上自然村（屯）屯级道路589千米，解决4928户贫困户住房安全保障，解决7622户农户饮水困难，解决80户贫困户生活用电；修建村委会办公场所14个、宣传栏25个、篮球场及文化室共71个，新增41个村委所在地通网络宽带。

三是广西狠抓脱贫攻坚产业开发。2017年，8个边境县（市、区）从切块的第一批中央和自治区财政专项扶贫资金中安排 12170 万元发展种植业 29365. 4 亩，低产改造 76786 亩，发展家禽养殖 89959 羽、家畜养殖 13967 头、水产养殖 45027 公斤。2018 年，广西 8 个边境县（市、区）从第一批自治区财政专项扶贫资金中安排 29822. 2 万元用于产业开发扶贫项目，发展种植业 118638. 74 亩，低产改造 49430 亩，发展家禽养殖 12. 978 万羽、家畜养殖 38913 头。

四是广西扎实做好易地扶贫搬迁工作。高度重视边境地区易地扶贫搬迁工作，做好非边境一线地区符合易地扶贫搬迁条件的搬迁对象安置及住房补助工作。在住房补助标准方面，采取集中安置的，移民住房由项目所在地县级人民政府全额投资建设，中央和自治区按规定的人均补助标准对安置点建设项目进行相应补助；采取分散安置的，建档立卡贫困人口人均住房建设补助标准不低于 3. 5 万元，同步搬迁人口人均不低于 2 万元。安置到边境 0—3 千米范围内的搬迁对象，在相应档次补助标准基础上每人增加 2000 元。

### 7. 2. 2　广西实施兴边富民行动中在基础设施建设方面的主要做法和成效

#### 7. 2. 2. 1　边境地区基础设施建设取得重大突破

已实现边境地区 8 个县（市、区）通高速公路，同时加快推进崇左至水口、隆安至硕龙等高速公路建设，其中靖西至龙邦高速公路已于 2018 年底建成通车。广西在边境地区规划有 G219 等 9 条国道和 S307 等 10 条省道。龙州至凭祥、东兴至江平、防城峒中至东兴、化峒至靖西等国道公路，宁明北江至那楠东兴马路至垌中、宁明北江至板烂等省道公路，正在加快推进建设。广西在边境地区设置有友谊关、东兴、龙邦、水口、平孟、爱店 6 个国家一类公路口岸和峒中、硕龙、岳圩、科甲、平而 5 个二类公路口岸。一类口岸公路：除平孟、爱店口岸通二级公路外，其余一类口岸均已通高速或在建高速。其中已建成南宁至友谊关、防城至东兴、靖西至龙邦高速公路，正在加快推进崇左至水口高速公路建设，积极研究百色经那坡至平孟、宁明至爱店高速公路纳入广西高速公路网规划内实施。

二类口岸公路：除峒中口岸外，其余二类口岸均已形成二级及以上公路通道。广西正在加快推进东兴马路至峒中口岸二级公路建设，预计2019年建成通车。北仑河二桥已建成，水口—驮隆公路二桥、峒中—横模公路大桥等跨境桥梁境内段正在加快建设。积极推进铁路通道建设。两条重要的国际铁路建设取得实质性进展。南宁—凭祥—同登—河内铁路国内南宁至崇左段已于2017年实现开工建设；防城—东兴—芒街—下龙—海防—河内铁路国内防城港至东兴段于2018年底实现开工建设。一批重大铁路项目得到国家支持，南昆铁路百色至威舍段增建二线项目、靖西至龙邦铁路项目、云桂沿边铁路项目已获纳入国家中长期铁路网规划。

#### 7.2.2.2 完善能源建设

深入实施边境地区新一轮农网改造升级工程。根据《广西农网改造升级“十三五”规划》，“十三五”期间共规划安排投资30亿元用于边境地区农村电网改造升级工程建设，解决当前农网运行中低电压、卡脖子、设备残旧等重点问题，提高边境地区电网供电能力和供电质量，力争到2020年广西边境地区农村电网供电可靠性不低于99.77%，居民端综合电压合格率不低于97.00%，综合线损率低于11.00%。积极支持边境地区新能源建设，实施一批新能源电源项目。太阳能光伏发电方面，防城区旭日升光伏项目已建成投产，那坡县龙合乡农业光伏发电项目、龙州县120兆瓦光伏项目建设顺利，一批边境地区贫困村光伏扶贫项目已列入全区光伏扶贫“十三五”规划上报国家能源局。风电方面，已核准防城南山风电场项目，装机容量5万千瓦；宁明桐绵风电场和防城港门崖岭风电场列入2018年风电开发建设方案候选项目。生物质发电方面，宁明县生物质发电厂项目已核准，目前已进行开工前的准备工作。加快天然气推广利用。边境地区县县通天然气工程正在加快推进。广西天然气支线管网田东—德保—靖西天然气支线管道工程已通过核准。广西将多渠道筹集资金，争取国家在政策和资金补助的更大支持，加大自治区和市县财政投入，鼓励包括民营资本在内的社会资本参与基础设施建设，支持和加快广西边境地区经济社会发展。

### 7.2.3 东兴的特色扶贫兴边富民

近年来，广西东兴市充分利用国家赋予的开放合作平台和边贸等政策，结合区位优势和资源禀赋，努力走出了一条具有“东兴特色”可持续发展的边贸扶贫新路子。据统计，2018 年，东兴市计划推进 95 户 375 人脱贫，目前已全部达标并顺利通过脱贫摘帽“双认定”，实现高质量脱贫。

一是东兴市充分利用国家给予边民“每人每天交易 8000 元货物全免关税和环节税”的优惠政策，创新边民互市贸易方式。组建了以 1 个党支部领航，n 个边民互助组、每组成员 20 人以上，每组吸纳 1 户贫困户的边境贸易“1 + n20 + 1”扶贫模式，帮助边民特别是贫困户增加经营性收益，实现边境贸易稳边安边兴边富民。截至 2018 年 12 月末，通过党员干部和致富带头人的引领，边民互助组数量已达 128 个，共计 3334 人，带动贫困人员 113 人脱贫致富，贫困户年收入增加 2. 5 万元以上。

二是以建设沿边金融综合改革试验区为契机，东兴市试行农村边民融资模式，由财政按基准利率贴息在指定金融机构，给予每个边民互助组成员 2 万元授信资金，每个边民互助组 100 万元的信用贷款。对具备有能力的贫困户，再由指定银行提供 5 万元以下、3 年内免抵押免担保的小额信用贷款。2016 年以来，为边民解决创业资金 2. 66 亿元。同时，大力推动银企合作，由京华公司每月贴息 20 万元在桂林银行贷款 3600 万元，资助边民互助组开展互市贸易，解决互助组的经营资金问题。互助组的贷款资金，既可直接参与边贸获得收入，也可以免税额入股，并根据所占股份分红，实现了“边境贸易 + 金融服务”扶贫模式的良性循环。截至 2018 年 12 月，“边境贸易 + 金融服务”扶贫模式已帮助贫困人口 452 人就业，使贫困人口人均年收入达 2 万元以上。

三是东兴市依托完整的口岸边贸体系，通过实施互市商品落地加工的“落地加工合法化、通关便利化、成本最低化、落地加工企业优先化、贸工互动效益最大化”等措施，理顺了互助组和加工试点企业的“两个合法化关系”，推动互市商品落地加工，实现了“边境贸易 + 跨境加工制造业 + 扶贫工作”互动发展，解决贫困人口就业 36 人。

四是东兴市发挥区位优势，借助国内国外“两个市场、两种资源”，大力推进“农副产品、建材、海产品、机电、红木、轻纺服装、跨境电商、旅游和美食文化、互市区一级市场和大型综合零售市场”十大专业市场项目建设，有力助推了精准脱贫，带动贫困人口就业38人，人均年收入达2万元以上。

五是利用全国电子商务进农村综合示范县的契机，积极推动电子商务发展。截至2018年12月，东兴市电商企业累计达到2550多家，电子商务交易额达85.31亿元，电子商务网上零售额累计约达38.5亿元。随着电子商务的迅猛发展，有效解决了贫困人口的就业和收入，开启了“边境贸易+电子商务”扶贫新模式。截至2018年12月，东兴市已经帮扶超过100名生活困难群众从事电商相关工作，人均年收入超2万元。

广西坚持“富民、兴边、强国、睦邻”的宗旨任务，全面实施兴边富民基础设施、公共服务、产业发展等多领域建设，确保边境地区与全国全区同步全面建成小康社会。

## 7.3　乡村振兴

党的十九大报告提出乡村振兴战略，并提出“二十字”方针。广西积极贯彻执行乡村振兴战略，贯彻落实《中共中央、国务院关于实施乡村振兴战略的意见》（中发〔2018〕1号）精神，不断总结经验，创新发展，并形成了《中共广西壮族自治区委员会关于实施乡村振兴战略的决定》，以新时代中国特色社会主义思想为指导，坚持人与自然和谐共生，牢固树立新发展理念，实施质量兴村，按照产业兴旺、生态宜居、乡风文明、治理有效、生活富裕的总要求，统筹推进农村“五位一体”总体布局和党的建设，“让农业成为有奔头的产业，让农民成为有吸引力的职业”，让乡村成为经济发展、百业兴旺的美丽田园，生态良好、绿色宜居的美丽家园。多措并举推动农业全面升级、农村全面振兴、农民全面发展。

在工作中，广西按照乡村振兴战略的总体要求，持续开展“美丽广西”乡村建设活动，经过了清洁乡村、生态乡村、宜居乡村三个阶段，目前已经进入了“美丽广西·幸福乡村”建设阶段。

（1）广西狠抓现代特色农业示范区扩面、提质、增效，示范区创建效果越来越好。至2018年初，全区已启动创建1730个示范区，其中已认定自治区级示范区147个，县级示范区228个，乡级示范区310个。共带动农户近190万户（其中贫困户超过10万户），示范区内农民收入普遍比外围农民高出30%以上。

（2）广西全力推进现代特色农业产业品种品质品牌“10+3”提升行动，2017年全区粮食总产量293.54亿斤，基本实现年初制定的150亿公斤左右的目标。水果总产量2066.97万吨，蔬菜总产量2950万吨，增长2.5%，保持在全国第5位。桑园面积320万亩，蚕茧产量38.2万吨，同比分别增长3.29%和1.06%，连续12年位居全国第一。茶叶产量7.2万吨，毛茶产值45亿元，分别同比增长3%和11%。食用菌总产量128.64万吨、总产值115.26亿元，实现了喜人的“十三连增”。

（3）广西以发展富硒农业、休闲农业、生态循环农业和农产品加工业为突破口，不断拓展农业经营领域，第一、第二、第三产融合越来越紧。至2018年，全区累计建立富硒农产品生产基地309个，认定富硒农产品126个；休闲农业产业总收入230亿元，同比增长20%以上；以“一干七支”生态农业产业带建设为重点，基本完成4个自治区级试点建设；推广了稻田养鱼、稻田养螺等综合种养模式，既稳定了粮食生产，又增加了农民收入；积极引进企业发展农产品加工、冷链物流等产业，延伸了农业产业链。

（4）广西以农业农村部“农业品牌推进年”活动为载体，抓好品牌农业发展，农产品品牌影响力越来越大。中国政府与欧盟首次互认农业方面的地理标志农产品共35个，广西的“百色杧果”和“桂平西山茶”名列其中。广西的百色杧果、荔浦芋、钦州大蚝、南宁香蕉4个品牌入选2017年中国百强农产品区域公用品牌。横县茉莉花茶被首届中国国际茶叶博览会组委会授予“中国优秀茶叶区域公用品牌”称号。全国鲜食玉米大会永久落户南宁，成为我国最具影响力专业新品种品牌展示活动。

（5）广西以农民增收为目标，以产业扶贫、产业富民为平台，积极发展适销对路农产品，农民钱包越来越鼓。2017 年，农村居民人均纯收入为 11325 元。产业扶贫方面，着重在贫困地区扩大水果、桑树、食用菌、中药材种植面积，加大农民合作社、家庭农场等新型农业经营主体培育力度，对列入全区 2017 年脱贫任务的 900 个贫困村，每村组建或完善 1 个农民合作社，带动主导产业发展和农民脱贫致富。产业富民方面，统筹协调全区 14 个设区市 111 个县（市、区）和 11 个小组成员单位开展“产业富民”专项活动，安排项目资金 5.2 亿元，圆满完成“五个一”目标年度任务。

把脱贫攻坚同实施乡村振兴战略有机结合起来为巩固脱贫成果提供支撑保障。广西已修订了《脱贫攻坚旅游业发展实施方案》，计划到 2020 年，重点支持全区 150 个有资源、有条件、有意愿的贫困村开发乡村旅游新业态，培育新产品，创建新品牌。2018 年是乡村振兴的开局之年，广西把实施乡村振兴战略摆在优先位置，以乡村旅游为突破口，不断加大资金扶持力度，补齐乡村旅游设施短板，优化乡村旅游环境，挖掘乡村旅游资源潜力，培育乡村旅游品牌，取得了明显成效。据统计，2018 年，全区乡村旅游接待游客约 3.08 亿人次，同比增长约 31%，约占全区接待游客量的 45.1%；乡村旅游消费约 2064.17 亿元，同比增长约 37%，约占全区旅游总消费的 27.1%。实践证明，乡村旅游已发展成为广西旅游产业的一大亮点、旅游消费的一大热点和助力扶贫攻坚的有力抓手，成为乡村振兴不可或缺的重要力量。

# 第8章　广西70年的生态环境保护与可持续发展

## 8.1　生态环境保护历程

70年以来，广西党委、政府及全区各族人民始终深入贯彻落实党中央的方针政策，坚持改善生态环境质量，顺应绿色发展潮流，不断让广西的环保设施“强”起来，绿色发展“壮”起来，生态环境“美”起来；同时，努力协调人口、资源、环境与经济之间的关系，大力推进生态文明建设，促进广西经济持续健康发展。

### 8.1.1　生态环境内涵

“生态”一词源于古希腊语，最早是指房屋、住所或环境。19世纪中叶起，“生态”被赋予了现代科学的意义。1866年，德国生物学家恩斯特·海克尔首创“生态学”这个概念，并将“生态学”定义为：“生态学是研究有机体与其周围环境（包括非生物环境和生物环境）相互关系的一门科学。”① 随着经济和社会的不断发展，“生态”一词涉及的范畴越来越广泛，它不仅指生物和人类与环境的关系，更逐步演化为人类环境中各种关系的和谐。

① （德）汉斯·萨克塞．生态哲学［M］．文涛，佩云，译．北京：东方出版社，1991：1－2.

“环境”一词在汉语中最基本的解释有两个，一是环绕一定中心的周围，二是周围的情况和条件。在环境科学中，环境界定为以人类为中心，及其中可以直接、间接影响人类生活和发展的各种自然因素和社会因素的总和。据此，所谓环境，是环绕一个中心的客观物质的条件或情况。①

生态环境是“生态”和“环境”两个名词的组合，生态环境是指影响人类生存和发展的各种自然资源和环境因素的总称，即生态系统。而“生态系统”一词最早是由英国生态学家坦斯黎提出的，他认为生态系统是指在一定时间和空间内，由生物群落和周围环境组成的一个整体。因此，生态环境的实质是指生物圈这一大的空间，与人类的生存发展有着密切关系的各种自然资源和环境因素的总和。

### 8.1.2 生态环境分类

依据影响人类生存和发展的各种自然资源和环境要素，将生态环境划分为水环境、气候环境、地质环境、土壤环境和生物环境。

水环境是指围绕人群空间及可直接或间接影响人类生活和发展的水体，其正常功能的各种自然因素和有关的社会因素的总体。水环境以环境要素划分又可分为海洋环境、湖泊环境、河流环境等。气候环境是指以生物赖以生存的空气的物理、化学和生物学的特性。主要包括空气的温度、湿度、风速、气压和降水。地质环境是指影响人类生存、发展的地壳表层的岩石、土壤、地下水等地质体及其活动的总体，包括地球表层岩石圈和风化层两部分地质体的组成、结构和各类地质作用与现象。② 土壤环境是指连续覆被于地球陆地地表的土壤圈层。土壤生态环境是指土壤环境中围绕生物因素的物理和化学环境。生物环境与有机环境同义，是指环境因素中其他的活着的生物相对于由物理化学的环境因素所构成的非生物环境而言。

---

① 李文苑．环境法上的环境概念探析［J］．能源与环境，2007（4）：67.

② 邢永强，张璋，张洪波，等．浅谈地质环境与环境地质、生态环境的关系及其保护［M］．北京：中国地质出版社，2008.

### 8.1.3 生态环境保护和建设历程

与西方发达国家相比，我国生态环境保护事业起步较晚，在技术和管理方面差距较大，但经过多年的努力，我国环境保护事业取得了积极的进展，广西生态环境保护和建设工作经过70年的发展历程也取得了较大发展。

#### 8.1.3.1 “七五”以前（1949—1985年）

1949—1985年，是广西生态环境保护的孕育时期。在这期间，广西的环境监测、污染治理、自然保护区建设等已经开始起步。1959年，广西着手自然保护区的规划工作。1961年，经自治区人民政府批准，在龙胜各族自治县和临桂县交界的花坪林区建立了广西第一个自然保护区，标志着广西自然保护区建设和环境保护规划工作的开始。①

1974年，“三同时”（即建设项目中防治污染的设施必须与主体工程同时设计、同时施工、同时投产使用）、环境影响评价、排污收费等多项环境保护管理制度逐步在广西实施。广西全区建立了环境监测网络，对全区主要城市开展了大气、噪声、降雨酸度的环境检测工作。同时，环保领域的“宣教、法制、科技、投资”被称为环境保护工作的“四个轮子”得到了重视，引领环境保护工作向前发展；自然生态保护工作也蹒跚起步，在自然保护区建设管理、矿山生态破坏的控制及矿区生态恢复等领域开展了工作并取得成效。至1983年底，全区建立了56个自然保护区，其中国家级自然保护区2个，自然保护区面积143万公顷。②

#### 8.1.3.2 “七五”到“八五”期间（1986—1995年）

“七五”期间，广西的环保工作仍然是以污染源的末端治理为重点，同时强化工业领域的建设项目环境影响评价审批等工作。在其他领域如环境管理、自然生态保护与建设、环境法制建设等方面也做了许多工作，取得了良好成效。在自然生态保护与建设方面，开始进行生态农业试点，在

①② 《广西环境保护丛书》编委会．广西生态环境保护［M］．北京：中国环境科学出版社，2011.

12 个县及 2 个市建立了试点基地，并形成“恭城模式”等 4 种生态农业模式；公布了《广西珍稀濒危保护植物名录》（第一批），列入保护植物 124 种，表明生物多样性和生物物种保护工作已规范开展并得到重视。

1986 年，根据自治区六届人大四次会议通过的《广西国民经济和社会发展第七个五年计划纲要》和原国家环保局的要求，广西制定了第一个五年环境保护计划《“七五”环境保护计划（1986—1990 年）》。1987 年 1 月 8 日，广西党委、政府作出《关于保护森林、发展林业、力争 15 年基本绿化广西的决定》。该决定提出，从 1987 年起，力争 15 年内全区宜林荒山绿化程度达到 76.9%，森林覆盖率提高到 39%。①

1988 年 3 月 14 日，广西把第一次全国环境保护会议确定的“全面规划，合理布局，综合利用，化害为利，依靠群众，大家动手，保护环境，造福人民”的环境保护工作方针列入《广西环境保护暂行条例》。至 1988 年底，全区各类各级自然保护区发展到 61 个，面积 167.3 万公顷。这一时期，自治区关于环境保护的战略部署和工作安排以及取得的成效，充分表明自治区党委、政府领导对于环境保护的关注和战略决策紧紧跟随着中央和国家的步伐，从关注工业污染防治，到工业污染防治与生态保护并重，同时还重视森林、河流等自然资源的经济价值及其生态价值，这些转变为广西环保事业的发展、环境战略上升并向可持续发展战略的转型奠定了坚实的基础。

到 1990 年以后，广西环境保护和生态建设的理念和内涵有了进一步的深化和提升。1991 年 4 月，按照原国家环保局和广西原计划委员会的要求，广西完成了《“八五”环境保护计划（1991—1995 年）》，提出要制定城市环境整治规划、划定水环境功能区、对近海水域实行综合规划、制定乡镇环境保护规划等环境规划措施。根据广西“七五”“八五”环境保护计划目标，在这期间，广西重点开展了水资源保护方面的环境保护计划，主要有《桂东南沿海地区水资源保护规划》《广西近岸海域环境功能区划》《广西珠江水系水资源保护规划》；还开展了植树造林、沿海防护林建设和

① 中共广西壮族自治区委员会党史研究室. 广西改革开放四十年大事记［M］. 桂林：广西师范大学出版社，2018.

水土流失治理工作。截至20世纪90年代末，完成了《广西水土流失严重地区水土规划》《广西国土规划水土保护篇》《31条小流域综合治理规划》《珠江流域桂东南重点水土流失区治理规划》《桂西片水土保护“八五”治理规划》等一批规划。1992年，为保障新建国家级、自治区级自然保护区的质量，广西规范新建国家级、自治区级自然保护区的申报审批程序。其间，广西完成了《广西坡耕地治理规划》。1993年，广西成立自治区自然保护区评审委员会，负责自治区级自然保护区的评审工作和国家级自然保护区的初评工作。

#### 8.1.3.3　“九五”到“十五”期间（1996—2005年）

1996—2005年，是实施西部大开发战略、广西加快发展的重要时期，是进行经济结构战略性调整、推进工业化和城镇化进程的重要时期，也是控制污染和生态破坏，进行环境综合治理的重要时期，广西的生态环境保护也进入新的发展时期。

1996年，国务院《关于进一步加强环境保护工作的决定》提出了污染防治与生态并重，环境保护开始重视从源头遏制污染，推行清洁生产、开展循环经济探索、生态工业园区建设、提出资源节约与综合利用等明确的综合性环保工作要求。同时，生态保护与生态建设被纳入了环境保护的重要内容，得到了高度重视。广西党委、政府对于国家的这一环境保护战略的变化及时给出了相应的决策，将自然生态保护提上重要的议事日程；从1996年开始，每年参与“中华环保世纪行”活动。

1997年3月，广西人民政府批准了《广西环境保护“九五”计划和2010年远景规划》，并纳入广西国民经济和社会发展规划，对规划期间环境保护工作做出了详细规划。1997年10月25—26日，广西党委、政府在恭城召开广西生态农业现场会，总结学习推广恭城以沼气为纽带、发展生态农业的成功经验，开创广西生态农业建设的新局面。1998年，广西编制了桂东、桂南、桂北、桂西、桂中5个经济区的区域环境保护规划。1999年3月26日，广西把第二次全国环境保护会议确立的环境保护战略方针列入《广西环境保护暂行条例》。

2001年5月30—31日，广西农村生态能源建设现场会在北流召开。

会议提出“十五”期间，新建沼气池130万座，到2005年全区拥有沼气池230万座，沼气池入户率达30%。[①] 同年9月，经广西人民政府批准，广西发展计划委员会印发了《广西国民经济和社会发展第十个五年计划环境保护重点专项规划》，该规划确定了“在保持经济持续健康发展的同时，力争全区环境污染状况有所减轻、生态环境恶化有所好转、重点城市、地区和流域的环境质量得到改善”的环保规划目标。

2002年1月27日，广西党委、政府召开全区人口资源环境工作座谈会，强调要不断开创人口资源环境工作新局面，使全区的水更清、天更蓝，山川更秀美，人民生活更美好。同年10月31日，自治区政府印发《关于进一步完善退耕还林政策措施的若干意见》，强调要确保退耕还林工作顺利进行。

2003年，广西壮族自治区环境保护厅印发《广西自然保护区评审委员会组织工作制度》和《广西壮族自治区级自然保护区评审指标及赋分》，2013年，广西根据相关要求结合实际进行了修订。

2004年4月2日，广西作出《关于实现林业跨越式发展的决定》，切实把林业发展工作提到了重要议事日程，提出将全力推进国家绿色经济实验示范区建设。同年，还编制了《广西酸雨和二氧化硫污染防治规划》大气环境专项规划。2005年，广西党委、政府审时度势，在深入分析国际国内形势和广西全区情况的基础上，作出了建设生态广西的重大战略决策。

#### 8.1.3.4 “十一五”期间（2006—2010年）

“十一五”是我国全面建设小康社会承前启后的重要时期，也是广西环保事业发展最快、取得成绩最大、发挥作用最明显的时期。2006年11月，广西完成《广西环境保护“十一五”规划（2006—2010年）》的编制，“十一五”环境保护计划是继国家提出全面建设小康社会之后的第一个五年环境保护规划。同时，为了响应国家环境保护总局发出的碧海行动计划，广西也开始启动并编制完成《广西碧海行动计划》《广西海洋环境

① 中共广西壮族自治区委员会党史研究室．广西改革开放四十年大事记［M］．桂林：广西师范大学出版社，2018.

保护规划》。此外，广西于2006年底启动“绿色环保企业”的创建活动。

2007年，为推进富裕文明和谐新广西建设，广西编制了《广西生态建设“十一五”规划》《广西重要生态功能保护区建设规划（2006—2020年）》、《生态广西建设规划纲要（2006—2025年）》等生态建设规划。2008年11月，为贯彻落实中央关于加强农村环境保护的战略部署，广西环境保护局、广西财政厅在自治区人民政府的领导下编制了《广西村庄环境综合整治规划（2009—2015年）》。2009年，广西党委、政府进一步提出要努力把广西建设成为生态文明示范区。同时，2009年12月，为加快培育和发展广西节能产业与环保产业，广西制定并实施了《广西节能产业与环保产业振兴规划》。

2010年6月2日，广西政府出台《关于实施“绿满八桂”造林绿化工程的意见》，全面实施涵盖山上造林、通道绿化、城镇绿化、村屯绿化和园区绿化的国土绿化工程。此外，这一年广西还做出了推进生态文明示范区建设的决定，并命名了第一批自治区级生态村和生态乡镇，积极推进全区各级开展生态示范创建工作。

#### 8.1.3.5 “十二五”期间（2011—2015年）

“十二五”时期是全面建设小康社会的关键时期，是深化改革开放、加快转变经济发展方式的攻坚时期，也是广西加快推进“富民强桂”新跨越的时期。在此期间，广西环境质量总体保持稳定，局部有所改善，大部分指标优于全国平均水平。

2011年1月21日，广西第十一届全国人民代表大会第四次会议审议通过《广西国民经济和社会发展第十二个五年规划纲要》明确要求，提出到2015年，耕地保有量要保持在6316万亩，单位工业增加值用水量降低30%，农业灌溉用水有效利用系数提高到0.45，非化石能源占一次消费比重达到20%，确保完成国家分解下达广西的地区生产总值能源消耗降低、单位地区生产总值二氧化碳排放降低和化学需氧量、二氧化硫、氨氮、氮氧化物排放减少目标任务，森林覆盖率提高2个百分点，森林蓄积量增加到6.5亿立方米。同年10月30日，以“秀美八桂，生态龙城”为主题的第一届广西园林园艺博览会在柳州市柳东新区的园博园开幕。同年11月

11—15 日，中共广西第十次代表大会在南宁举行，大会提出了加快建设西部经济强区、民族文化强区、社会和谐稳定模范区、生态文明示范区、民族团结进步模范区的战略构想。同年 12 月 5 日，广西完成《广西环境保护和生态建设“十二五”规划》的编制。

2012 年起，广西积极组织开展生态县、生态乡镇和生态村创建工作。2012 年 10 月 31 日，自治区政府印发《关于印发桂西资源富集区发展规划的通知》，提出经过十年左右的努力，把桂西地区建设成为特色鲜明、产业发达、生态环保、富裕和谐的绿色地区，与全区同步实现全面建成小康社会的奋斗目标。

2013 年，广西壮族自治区党政主要领导率队到国家林业局，自治区人民政府与国家林业局签订《合作打造绿色生态安全体系和现代林业示范区备忘录》，而且广西被列入全国林下经济发展示范区，玉林市、贺州市被授予“国家森林城市”称号，广西山口红树林国家级自然保护区入选“2013 中国十大魅力湿地”。广西利用世界银行贷款 1 亿美元组织实施的“广西综合林业发展与保护项目”获该行最高评价等级——“非常满意”评价。此外，2013 年 5 月 2 日，自治区党委、政府还召开了“美丽广西·清洁乡村”活动电视动员大会，提出要在两年时间内对全区乡村开展“大扫除”活动，用 5—8 年时间实现天常蓝、水常绿、树常青、地常净的目标。2015 年 7 月，广西党委、政府印发《关于大力发展生态经济深入推进生态文明建设的意见》，决定以发展生态经济为抓手，深入推进生态文明建设，走出一条绿色转型、绿色崛起之路。

#### 8.1.3.6 “十三五”期间（2016—2020 年）

“十三五”时期是广西与全国同步全面建成小康社会的决胜时期，是基本建成面向东盟的国际大通道、服务西南中南地区开放发展新的战略支点、形成“丝绸之路经济带”与“21 世纪海上丝绸之路”有机衔接的重要门户的关键阶段，是深化“创新、协调、绿色、开放、共享”五大发展理念的重要时期，也是广西实施“四个全面”战略布局、履行“三大定位”新使命、实现“两个建成”目标的关键时期。

2016 年 10 月 10 日，为了营造山清水秀的自然生态，实现环境和经济协调发展，广西政府印发实施了《广西环境保护和生态建设“十三五”规划》。同年11月21—24日，中共广西第十一次代表大会在南宁召开，强调要深入实施创新驱动、开放带动、双核驱动、绿色发展战略，全力打好基础设施建设、产业转型升级、农村全面脱贫攻坚战，着力营造“三大生态”，奋力实现“两个建成”，谱写建党百年广西发展新篇章。同年12月27日，自治区召开“美丽广西·宜居乡村”活动电视动员大会，全面启动宜居乡村建设，重点实施“产业富民”“服务惠民”“基础便民”三个专项活动。组织桂林市和马山县积极开展国家第二批生态文明先行示范区建设。

2017年6月23日，广西印发了《广西节能减排降碳和能源消费总量控制“十三五”规划》。同年8月，自治区党委、政府印发了《广西生态文明体制改革实施方案》，明确提出到2020年，构建起由自然资源资产产权制度等八项制度构成的广西特色生态文明制度体系。2018年7月24日，广西党委、政府召开全区生态环境保护大会，强调要坚决打好污染防治攻坚战，大力推进生态文明建设和生态环境保护，坚定不移走具有广西特色的绿色发展道路。

2019年以来，为保护和改善九洲江流域水环境质量，保障饮水安全，广西政府、广东省政府双方本着互惠互利、合作共赢的原则，签订了九洲江流域上下游横向生态补偿的协议（2018—2020年）；此外，广西还编制了《2019年度大气污染防治攻坚实施计划》《广西现代林业产业高质量发展三年行动计划（2019—2021年）》《桂林漓江流域山水林田湖草生态保护与修复工程实施方案（2019—2023年）》等一系列生态环境保护计划方案。自改革开放以来，广西生态环境部门始终扎实推进生态环境保护建设，努力做到让绿色发展“壮”起来、生态环境“美”起来。

广西各阶段环境保护主要措施见图8－1。

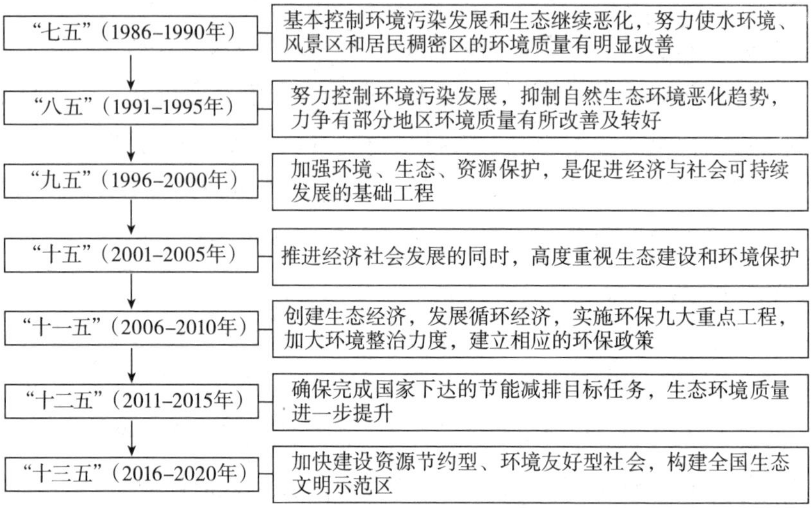


**图8–1　改革开放以来广西生态环境保护和建设历程简图**

数据来源：根据广西生态环境厅网站环保规划中广西“七五”环境保护计划——广西环境保护和生态建设“十三五”规划目标内容绘制所得（http：//sthjt. gxzf. gov. cn/xxgkml/ztfl/ghjg/hbgh/）。

## 8.2　生态环境保护成效及存在问题

广西森林面积达2.2亿亩，植被生态质量和植被改善程度居全国首位，森林覆盖率达62%，城市空气质量优良率达88%，地表水国控断面水质优良率达96%，北部湾海域水质持续保持优良纪录和向好趋势。

### 8.2.1　生态环境保护成效

中华人民共和国成立70年以来，在党和政府的正确领导下，在广西全体干部和广大群众的不懈努力下，广西生态环境保护与生态文明建设在多方面都取得了显著成效。全区大力发展生态工业、生态农业、生态服务业，2012—2018年万元GDP能耗累计下降24.1%，打造国家级循环经济品牌30多个，生态环境优势加快转化为发展优势。

#### 8.2.1.1　生态环境质量得到较大改善

据广西2017年环境状况公报数据统计，至2017年底，广西生态环境状况级别为良，生态环境状况指数为74.7。全区市域生态环境状况指数为65.7—84.7，其中，7个市为优，7个市为良；全区县域生态环境状况指数范围为53.7—92.1，其中46个县（市、区）为优、60个县（市、区）为良、3个县（市、区）为一般。桂东北和桂东区域生态环境状况指数较高，中部较低，同比总体变好。①

#### 8.2.1.2　环境污染整治稳步推进

70年来，广西生态环保基础设施建设不断加强，污染防治能力明显提升。至2018年，全区城市生活污水日处理能力达405.9万吨，城镇生活垃圾无害化处理率为99.1%，建成污水管网超过9292千米；全区共建成生活垃圾无害化处理设施87座，处理垃圾能力为2.47万吨/日，其中焚烧处理能力9100吨/日，全区近1/3的生活垃圾都可以实现清洁焚烧。通过这些污水垃圾处理厂的运行，每年可减少直排江河的污水近14亿吨，无害化处理垃圾644万吨。目前，全区106个自治区级以下工业集聚区已超过一半完成污水集中处理设施建设。②

#### 8.2.1.3　环境风险得到有效控制

近年来，广西加速整改重点问题，及时消除环境风险隐患。2018年，广西扎实开展“小散乱污”企业清理整治，共排查发现4628家“小散乱污”企业，已完成清理整治2003家。严厉打击非法跨省转移倾倒固体废物行为，高效运用“两法衔接”机制，会同司法机关妥善处置4起跨省非法转移倾倒废物事件，强化刑责治污的惩戒和警示作用。其中，广西处置藤县“3·16”跨省非法倾倒危险废物案件的做法得到生态环境部通报表扬。截至2018年底，全区市级集中式饮用水水源地环境问题400个，已全

---

① 广西壮族自治区环境保护厅.2017年广西壮族自治区环境状况公报［N］.广西日报，2018-06-04：006.

② 绘就“壮美广西”生态环境新画卷——广西重大环境保护项目建设成效综述［N］.广西日报，2019-01-17：002.

部完成整治；此外，广西积极运用环境保护法及其配套办法查办环境违法案件，全区共出动环境执法人员约5.6万多人次，检查企业2.1万家次，查处案件2698件。①

#### 8.2.1.4 生态文化体系持续完善

至2018年，广西新增16个“自治区级生态县”、88个“自治区级生态乡镇”。2018年12月，在南宁举办的第八届中国生态文明论坛年会上，蒙山县、凌云县、邕宁区获国家级第二批生态文明示范县市和第二批“绿水青山就是金山银山实践创新基地”称号。自2010年以来，全区的自治区级生态县（市、区）、乡镇、村已分别达25个、457个和2763个。通过推进生态示范区创建工作，全区的生态保护制度进一步完善，生态环境质量得到有效改善，特色生态农业、生态旅游效果显现，较好地实现社会、经济和环境的协调发展。

#### 8.2.1.5 执法监管能力逐步提升

为提升固定污染源监测管理与信息化水平，满足环境管理要求，广西积极推进重点污染源自行监测数据联网，对排污企业装上了“千里眼”和“紧箍咒”。自治区生态环境厅公布的数据显示，截至2018年12月底，全区14个设区市有500多家已发放排污许可证企业进入全国污染源监测信息管理与共享平台，“数据联网率”和“任务完成率”均位列全国第一。精心组织伴生放射性矿普查，率先在全国完成伴生放射性矿普查中期评估。全面完成4036家企业的普查任务，获取10万多个监测数据。纳入详查企业292家，采集和分析874个固体样品、23个水样，获得近万个分析数据，普查工作得到生态环境部肯定。建成运行全国首套免费辐射安全和防护网络培训系统，日均访问量9000人次。建成并运行300平方米的全国首座核与辐射安全监管科普展厅，通过展板、视频、模型展示、游戏互动等多重手段向公众普及核与辐射基础知识。

---

① 让绿色发展“壮”起来 生态环境“美”起来——2018年广西生态环境保护工作亮点纷呈[N]. 广西日报，2019-01-21：008.

### 8.2.2　存在的主要生态环境问题

1949 年以来，广西生态环境保护与建设取得巨大成就的同时，仍存在着许多生态环境问题，这些问题对广西生态文明建设是极为不利的。

#### 8.2.2.1　环境污染形势仍然严峻

近年来，广西环境污染事件突发仍然比较频繁。2001—2018 年，广西环境污染事故发生的起数和环境污染造成的直接经济损失来看，2001 年发生环境污染事故起数最多，达到 383 起，其中废水污染 222 起，废气污染 148 起，其他污染 13 起；而 2012 年环境污染造成的直接经济损失最大，高达 6447 万元。从发生年份的趋势来看，广西环境污染总体呈下降趋势，废水污染和废气污染得到有效整治。但综合来看，广西 2001—2018 年年均污染事故 81 起，其中，废水污染事故 42 起，废气污染事故 32 起；与此同时，2014—2018 年广西其他污染事故呈上升趋势，且平均每年发生 7 起其他污染事故，这个数字还是比较大，说明广西环境污染仍比较严重（见表 8 – 1）。

表 8 – 1　2001—2018 年广西环境污染事故及造成的损失

| 年份 | 污染事故合计/起 | 废水污染/起 | 废气污染/起 | 其他污染/起 | 直接经济损失/万元 |
|---|---|---|---|---|---|
| 2001 | 383 | 222 | 148 | 13 | 428.90 |
| 2002 | 241 | 133 | 89 | 19 | 416.20 |
| 2003 | 162 | 69 | 84 | 9 | 521.86 |
| 2004 | 221 | 79 | 123 | 19 | 473.85 |
| 2005 | 125 | 52 | 67 | 6 | 321.06 |
| 2006 | 97 | 46 | 40 | 11 | 535.10 |
| 2007 | 68 | 45 | 16 | 7 | 160.60 |
| 2008 | 39 | 30 | 9 | 0 | 323.60 |
| 2009 | 11 | 9 | 0 | 2 | 291.3 |
| 2010 | 4 | 3 | 1 | 0 | — |
| 2011 | 31 | 29 | 2 | 0 | 11.6 |
| 2012 | 20 | 17 | 1 | 2 | 6447 |

续表

| 年份 | 污染事故合计/起 | 废水污染/起 | 废气污染/起 | 其他污染/起 | 直接经济损失/万元 |
|---|---|---|---|---|---|
| 2013 | 16 | 15 | 1 | 0 | — |
| 2014 | 8 | 4 | 0 | 4 | — |
| 2015 | 7 | 1 | 0 | 6 | — |
| 2016 | 8 | 0 | 0 | 8 | — |
| 2017 | 8 | 0 | 0 | 8 | — |
| 2018 | 10 | 2 | 0 | 8 | — |
| 年均 | 81 | 42 | 32 | 7 | — |

数据来源：根据《广西环境管理》中有关资料及2009—2018年广西生态环境厅中的环境污染事故与应急管理信息统计（http：//sthjt. gxzf. gov. ex2. www. ipv6. gxzf. gov. cn/xxgkml/ztfl/hjglywxx/wryyj/index. html）相关资料整理所得。

注：直接经济损失2010年、2013—2018年的数据未查到。

此外，从突发环境事件的分级情况来看，近年来广西重大和较大污染事故较少，从2014年至今没有发生重大和较大污染事故，这与广西环境监管执法部门多年的努力密不可分；然而，从事件分级数量来看，2012—2018年广西一般污染事件数仍比较多，平均每年发生11起，且有上升趋势。详见表8－1、图8－2①。

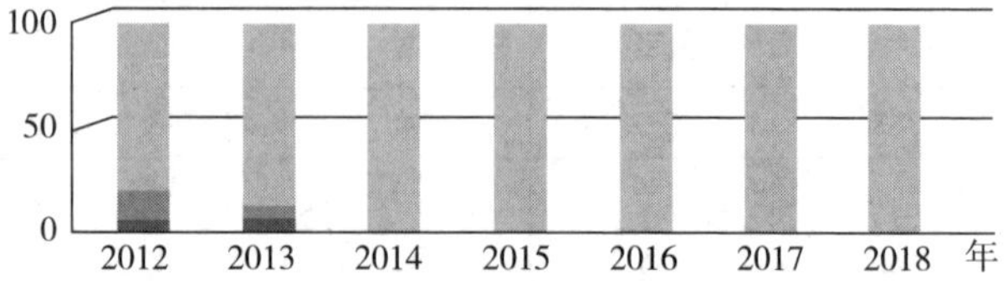


| | | | | | | | |
|---|---|---|---|---|---|---|---|
| 一般污染事故 | 16 | 14 | 8 | 7 | 8 | 8 | 10 |
| 较大污染事故 | 3 | 1 | 0 | 0 | 0 | 0 | 0 |
| 重大污染事故 | 1 | 1 | 0 | 0 | 0 | 0 | 0 |

■一般污染事故 ■较大污染事故 ■重大污染事故

**图8－2 2012—2018年广西突发环境事件次数统计**

数据来源：广西生态环境厅中的环境污染事故与应急管理（http：//sthjt. gxzf. gov. ex2. www. ipv6. gxzf. gov. cn/xxgkml/ztfl/hjglywxx/wryyj/index. html）、国研网统计数据库中的资源环境数据库（http：//edu－data. drcnet. com. cn/web/OLAPQuery. aspx? databasename＝RESandENV&cubeName＝NaturalDisasters&channel＝462&nodeId＝476&uid＝99540307）。

① 广西壮族自治区环境保护厅．广西环境年鉴2016［M］．南宁：广西人民出版社，2017：134.

### 8.2.2.2　工业化和城镇化快速推进，生态环境破坏日趋严重

从广西高速推进工业化、城市化过程中，城市扩建、老城区改造、新城区建设、工业园区建设、房地产开发、修桥筑路、矿山开采等行为，对耕地、山体、水体、植被、生物等造成严重破坏和危害，并由此引发水土流失、环境污染、自然灾害和生物多样化丧失等多种生态环境问题。

1949—1957 年，广西城镇化处于恢复起步阶段，城镇化率低于 10%；1958—1978 年，广西城镇化率维持在 10%—15% 左右；改革开放以后，广西城镇化率稳步增长，从 1982 年的 11.83% 增长到 2003 年的 29.1%；2004 年至今，广西城镇化率从 31.7% 上升至 2018 年的 50.22%，城镇化步伐加快。[①] 土地调查面积中建设用地从 2003 年的 87.66 万公顷上升至 2017 年的 125.28 万公顷，比 2003 年增加了 37.62 万公顷。此外，广西工业化率（工业增加值占 GDP 比重）从 2003 年的 28.80% 上升至 2016 年的 37.20%；工业废水排放量近几年来呈下降趋势，从 2003 年的 119291 万吨下降至 2017 年的 35950 万吨；但工业废气排放量从 2003 年的 6636 亿标立方米上升至 2017 年的 14158 亿标立方米，上升趋势明显。详见表 8－2、图 8－3、图 8－4、图 8－5。

**表 8－2　2003—2017 年广西工业化与城镇化相关指标**

| 年份 | 人均 GDP/元 | GDP 中工业增加值/% | 土地调查面积中建设用地/万公顷 | 工业废气排放量/亿标立方米 | 工业废水排放量/万吨 |
|---|---|---|---|---|---|
| 2003 | 6169 | 28.8 | 87.66 | 6636 | 119291 |
| 2004 | 7461 | 30.4 | 89.01 | 10656 | 122731 |
| 2005 | 8590 | 31.7 | 91 | 8339 | 145609 |
| 2006 | 10121 | 33.5 | 93.3 | 8969 | 128932 |
| 2007 | 12302 | 35.9 | 94.4 | 12724 | 183981 |
| 2008 | 14689 | 37.4 | 95.4 | 11643 | 205745 |
| 2009 | 16098 | 36.9 | — | 13184.2 | 161596.4 |
| 2010 | 20292 | 40.3 | — | 14520 | 165211 |
| 2011 | 25424 | 41.4 | — | 29853 | 101234 |

① 杨一虹．广西城镇化发展回顾梳理与分析［J］．广西城镇建设，2014（7）：1.

续表

| 年份 | 人均 GDP/元 | GDP 中工业增加值/% | 土地调查面积中建设用地/万公顷 | 工业废气排放量/亿标立方米 | 工业废水排放量/万吨 |
|---|---|---|---|---|---|
| 2012 | 28069 | 40. 5 | — | 27611 | 110671 |
| 2013 | 30873 | 39. 99 | 118. 1 | 29051 | 89508 |
| 2014 | 33237 | 38. 7 | 120. 02 | 18631 | 72936 |
| 2015 | 35190 | 37. 8 | 121. 77 | 16773 | 63253. 4 |
| 2016 | 38027 | 37. 2 | 123. 37 | 13485 | 32554 |
| 2017 | 38102 | — | 125. 28 | 14158 | 35950 |

数据来源：中国经济社会大数据研究平台（http：//data. cnki. net/YearData/Report/9ee5d93310a78213）。

注：土地调查面积中建设用地 2009—2012 年数据未查到，GDP 中工业增加值 2017 年数据未查到。

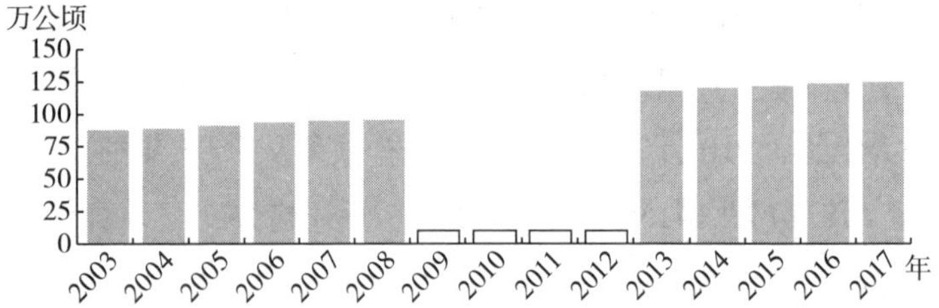


**图 8－3　2003—2017 年广西土地调查面积中建设用地柱状图**

数据来源：中国经济社会大数据研究平台（http：//data. cnki. net/YearData/Report/9ee5d93310a78213）。

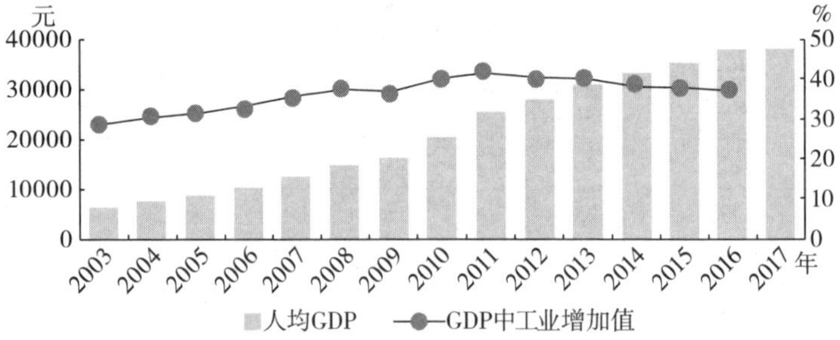


**图 8－4　2003—2017 年广西人均 GDP 和 GDP 中工业增加值变化**

数据来源：中国经济社会大数据研究平台（http：//data. cnki. net/YearData/Report/9ee5d93310a78213）。

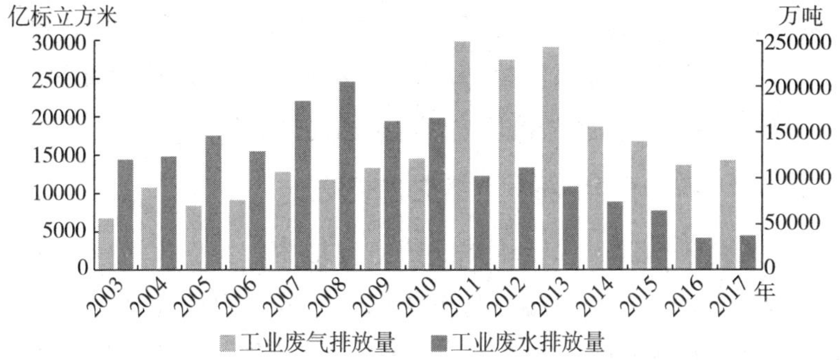


**图 8－5 2003—2017 年广西工业废气和废水排放量柱状图**

数据来源：中国经济社会大数据研究平台（http：//data. cnki. net/YearData/Report/9ee5d93310a78213）。

### 8. 2. 2. 3 土地退化仍在持续

广西水土流失较严重，同时优质耕地面积在减少，潜在危害程度严重，土地退化仍是广西经济社会发展与生态环境建设的重要制约因素和不利环境条件。截至 2017 年 12 月，广西全区土地面积为 23. 76 万平方千米，耕地面积为 438. 92 万公顷，占全区土地总面积 18. 47%，其中水田面积 195. 28 万公顷，较 2016 年增加了 0. 06 万公顷；旱地面积 243. 32 万公顷，水浇地面积 0. 32 万公顷，分别较 2016 年减少了 0. 65 万公顷和 0. 0012 万公顷。石漠化面积为 2298 万亩，比 2005 年全国第一次石漠化监测减少 1269 万亩。① 总体来看，广西党委、政府坚持进行土地整治，防治土地退化有明显成效。然而，据《水土保持研究》2018 年第 25 卷第 2 期报道，李翠漫等人对“广西西江流域土壤侵蚀估算及特征分析”结果表明，2015 年广西西江流域平均土壤侵蚀模数为 135. 22t/（$km^2$ · a），年总侵蚀量为 2737. 72 万吨，坡耕地是土壤侵蚀的主要来源，8°—25°的坡度范围是土壤侵蚀的易发区。② 说明广西土地退化问题仍在持续。作为我国石漠化最严重的省区之一，广西实施了一系列林业重点生态工程项目，建设 100 多个

① 广西壮族自治区环境保护厅 . 2017 年广西壮族自治区环境状况公报［N］. 广西日报，2018－06－04：006.

② 李翠漫，卢远，刘斌涛，等 . 广西西江流域土壤侵蚀估算及特征分析［J］. 水土保持研究，2018，25（2）：34.

石漠化综合治理示范点，岩溶地区生态环境明显改善。截至 2016 年底，广西岩溶地区石漠化土地总面积为 153.29 万公顷，比 2011 年净减少 38.72 万公顷，净减面积超过 1/5，治理成效居全国前列。

#### 8.2.2.4 生态环境脆弱，自然灾害频发

广西地处我国南疆，属于山地丘陵盆地地貌，其中山区、丘陵区地形复杂，坡陡谷深，土层浅薄且易被腐蚀，岩溶区山地森林生态系统敏感而脆弱，所以经常引发自然灾害。2007—2014 年，广西自然灾害受灾人口较多，到了 2015 年，自然受灾人口呈下降趋势，由 768.3 万人次减少至 357.4 万人次，其中森林火灾伤亡人数由 2007 年的 15 人减至 2017 年的 4 人，而地质灾害死亡人数仍然较多，2014—2017 年还有上升趋势；自然灾害直接经济损失总体也一直处于较高水平，截至 2017 年，达 99 亿元。详见表 8－3。

**表 8－3　2007—2017 年广西自然灾害概况**

| 年份 | 地质灾害死亡人数/人 | 森林火灾伤亡人数/人 | 自然灾害受灾人口/万人次 | 自然灾害直接经济损失/亿元 |
|---|---|---|---|---|
| 2007 | 23 | 15 | 1583.1 | 49.1 |
| 2008 | 82 | 11 | 3494.5 | 356.5 |
| 2009 | 18 | 16 | 2337.1 | 66.2 |
| 2010 | 83 | 6 | 2560.7 | 108.7 |
| 2011 | 31 | 1 | 1473.4 | 76.5 |
| 2012 | 11 | — | 844.1 | 45.6 |
| 2013 | 35 | 2 | 764.8 | 63.1 |
| 2014 | 12 | 10 | 1100.5 | 191.7 |
| 2015 | 17 | 5 | 768.3 | 48.5 |
| 2016 | 24 | 4 | 301.6 | 28.5 |
| 2017 | 29 | 4 | 357.4 | 99 |

数据来源：中国经济社会大数据研究平台（http：//data.cnki.net/YearData/Report/5a9f12328960ca95）。

注：森林火灾伤亡人数 2012 年数据未查到。

#### 8.2.2.5 外来物种入侵，危害当地生物多样性

广西检验检疫局 2013 年 9 月 29 日提供的统计数据显示，2003 年以来，广西检验检疫局共截获外来入侵物种 719 批次。此外，2017 年 8 月 28 日，中国环境保护部和中国科学院联合制定并发布的《中国自然生态系统外来入侵物种名单（第四批）》统计数据显示，新发现外来入侵物种共 18 个，其中有 10 个已入侵广西。外来物种入侵造成严重的经济损失，还导致森林、水域和农田生态系统遭到破坏。[①]

#### 8.2.2.6 贫困与生态环境恶化的恶性循环

广西经济发展水平落后，贫困人口多、贫困程度深。2017 年，广西的人均 GDP 为 38102 元，远低于 59660 元的全国平均水平。贫困主要发生在生态恶化、自然条件差的地区，这些地区生态环境脆弱、土壤贫瘠、水土流失严重、自然灾害频繁发生，易导致生态系统失衡，使本来就脆弱的生态环境更加恶化，直接影响人们的生产和生活。

#### 8.2.2.7 北部湾海洋生态环境压力增大，威胁海洋生物多样性

近年来，北部湾地区发展迅速，工业废水、废渣和城市中有害物大量排入海洋，使沿岸水质遭到不同程度的污染。广西海洋和渔业厅监测数据显示，2017 年，广西近岸海域海水冬、春、夏和秋季达到第一、二类海水水质标准的海域面积比例分别为 95.1%、89.2%、84.4% 和 88.5%，污染区域主要分布在钦州湾、大风江口和防城港（湾）等局部海域；陆源入海排污口的监测达标率为 50%，比上年有了提高，但重点入海排污口临近海域水质状况比上年有所下降。实时监测的 5 个典型海洋生态系统中，4 个处于健康状况，1 个处于亚健康状况。此外，北部湾海域过度捕捞导致渔业资源枯竭，渔业资源枯竭与过度捕捞成了互为因果的恶性循环，使生态系统日趋衰落，生物多样性明显降低，海洋生物不断减少。详见表8－4。

---

① 中国环境保护部，中国科学院．中国自然生态系统外来入侵物种名单（第四批）[Z]．2017－08－28.

表 8 -4　2017 年广西海洋生态系统健康状况

| 生态系统类型 | 生态监控区名称 | 健康状况 |
|---|---|---|
| 珊瑚礁 | 涠洲岛珊瑚礁生态系统 | 健康 |
| 红树林 | 山口红树林生态系统 | 健康 |
| | 北仓河口红树林生态系统 | 健康 |
| 海草床 | 北海海草床生态系统 | 亚健康 |
| | 防城港珍珠湾海草床生态系统 | 健康 |

## 8.3　沿边生态文明示范区建设

### 8.3.1　生态文明及生态文明建设的内涵

美国海洋生态学家切尔·卡逊 1962 年出版的《寂静的春天》一书被认为是近代生态文明发展的里程碑，之后美国生态学家罗依·莫里森 1995 年出版的《生态民主》一书明确提出“生态文明”这一概念，从此，人们逐渐了解这个词；我国最早使用“生态文明”一词的学者是叶谦吉教授，他从哲学辩证统一关系的角度对生态文明进行阐述。“生态文明”的概念自提出以来一直备受争议，但总的来说，都是关于人与人、自然、社会之间关系的解释。何林在《广西生态文明建设的理论与实践研究》一文中提道：生态文明就是指人类在认识世界和改造世界过程中，遵循经济社会和自然生态环境可持续发展规律以及人的自由全面发展规律，在促进人与自然、人与人、人与社会以及人自身和谐发展的实践过程中所取得的物质、制度与精神成果的总和。①

生态文明建设的含义可用党的十八大报告内容解释，即“坚持节约资源和保护环境的基本国策，坚持节约优先、保护优先、自然恢复为主的方针，着力推进绿色发展、循环发展、低碳发展，形成节约资源和保护环境的空间格局、产业结构、生产方式、生活方式，从源头上扭转生态环境恶

① 何林. 广西生态文明建设的理论与实践研究［M］. 北京：中国社会科学出版社，2017.

化趋势，为人民创造良好生产生活环境，为全球生态安全作出贡献”。①

### 8.3.2 我国沿边生态文明示范区建设概况

边疆地区的发展还存在着共建的问题，除了口岸、经贸、旅游、文化交流等领域的共建，还包括生态环境治理领域的共建。2017 年 5 月 28 日，国务院印发《兴边富民行动“十三五”规划》，实施的范围为我国陆地边境地区，包括内蒙古、辽宁、吉林、黑龙江、广西、云南、西藏、甘肃、新疆 9 个省区的 140 个陆地边境县（市、区、旗）和新疆生产建设兵团的 58 个边境团场（以下统称“边境县”）。该规划中对沿边地区的生态要求是“围绕生态护边加强边境地区生态文明建设，实现生态良好绿色发展”，沿边生态文明示范区建设对兴边富民有重要推进作用。自实施兴边富民行动以来，沿边各地区生态文明建设均取得显著成效。

在西南地区，截至 2017 年底，广西沿边地区成功创建了 1 个自治区级生态市（凭祥市）、6 个自治区级生态乡镇、76 个自治区生态村。② 云南省有 4 处国际重要湿地、15 处省级重要湿地，申报建设国家湿地公园 18 个，建立各种级别的湿地类型自然保护区 17 处。已建各种类型、不同级别的自然保护区 161 个，总面积约 286 万公顷，占全省总面积的 7.3%。③ 西藏建立各类自然保护区 47 个（其中，国家级 11 个，自治区级 12 个，地市县级 24 个），保护区总面积 41.22 万平方千米，占全区总面积的 34.35%；建立各类生态功能保护区 22 个（其中，国家级 1 个），纳入国家重点生态功能保护区转移支付县达 36 个。玛旁雍错成功晋升国家级自然保护区，色林错国家级自然保护区功能区调整通过国家批准。④

在西北地区，截至 2017 年底，内蒙古自治区有鄂尔多斯市额多克前旗、兴安盟阿尔山市等 5 个旗县市区已经开始进行生态文明建设示范区的创建。⑤ 甘肃省各级各类自然保护区共 60 个，总面积 8832467 公顷，约占

---

① 坚定不移沿着中国特色社会主义道路前进 为全面建成小康社会而奋斗——在中国共产党第十八次全国代表大会上的报告［M］. 北京：人民出版社，2012：39.

② 广西实施兴边富民行动新闻发布会在南宁市召开［N］. 广西民族报，2018－12－07：02.

③ 云南省环境保护厅. 2017 年云南省环境状况公报［Z］. 2018－06－06.

④ 西藏自治区生态环境厅. 2017 年西藏自治区生态环境状况公报［Z］. 2018－06－01.

⑤ 内蒙古自治区生态环境厅. 2017 年内蒙古自治区生态环境状况公报［Z］. 2018－06－01.

全省土地总面积的20.74%。其中，国家级自然保护区21个，面积6928300公顷；省级自然保护区35个，面积1791817公顷；县级自然保护区4个，面积112350公顷。[①] 新疆维吾尔自治区全疆自治区级以上自然保护区29个，其中国家级自然保护区15个，自治区级自然保护区14个，总面积19.68万平方千米，占全疆面积的11.8%。全疆已创建国家级生态县（区）1个，创建国家生态文明建设示范县1个、生态乡镇35个、生态村7个。创建自治区级生态县11个、生态乡镇214个、生态村1562个。[②]

在东北地区，截至2017年底，辽宁省创建省级生态镇20个，省级生态村200个，盘锦市大洼区被评为全国首批生态示范区。[③] 吉林省通化县获得环保部全国第一批生态文明建设示范县命名，且吉林省完成通化市东昌区、二道江区、长春市莲花山旅游开发区生态市、县（区）创建的规划论证，完成和龙市省级生态县以及30个省级生态乡镇和73个省级生态村的验收、命名工作。[④] 黑龙江已建成国家级生态乡（镇）126个、生态村16个，省级生态市5个、生态县（市、区）70个、生态乡（镇）835个、生态村5942个。[⑤]

生态文明示范区建设是确保边疆稳定的重要内容，也是体现我们国家优势的重要支柱。

## 8.4 广西的可持续发展

### 8.4.1 可持续发展概念

可持续发展是指经济、社会、资源和环境保护协调发展，《我们共同的未来》（1987）中将可持续发展定义为："既能满足当代人的需要，又不

① 甘肃省环境保护厅.2017年甘肃省环境保护状况公报［Z］.2018-06-05.

② 新疆维吾尔自治区生态环境厅.2017年新疆维吾尔自治区生态环境状况公报［Z］.2018-06-05.

③ 辽宁省环境保护厅.2017年辽宁省环境状况公报［Z］.2018-06-06.

④ 吉林省环境保护厅.2017年吉林省环境状况公报［Z］.2018-06-05.

⑤ 黑龙江省生态环境厅.2017年黑龙江省环境状况公报［Z］.2018-06-05.

对后代人满足其需要的能力构成危害的发展。”①

### 8.4.2　可持续发展的分析

#### 8.4.2.1　优势方面的分析

①区位优势独特。广西地处我国大陆东、中、西三个地带的交汇点，是华南经济圈、西南经济圈与东盟经济圈的结合部，是西南乃至西北地区最便捷的出海通道，也是联结粤港澳与西部地区的重要通道。特别是在建立中国－东盟自由贸易区和北部湾经济开发区、推进泛珠三角区域合作中，广西将成为连接中国西南、华南、中南和东盟大市场的枢纽，具有重要战略地位。②自然资源丰富。广西土地总面积23.76万平方千米，占全区总面积的2.5%，在各省、自治区、直辖市中居第9位。矿产资源种类多、储量大，尤以铝、锡等有色金属为最，是全国10个重点有色金属产区之一。③河流众多，水力资源丰富。广西南临北部湾，天然港湾众多，沿海可开发的大小港口21个，滩涂面积约10万公顷，其中有面积占全国40%的红树林，总面积5654平方千米。陆栖脊椎野生动物1149种（含亚种），约占全国总数的43%。旅游资源得天独厚，截至2014年，广西拥有国家5A级旅游景区4个、4A级旅游景区112个，14个地级市均有分布。列为国家级风景名胜区的有桂林漓江、桂平西山和宁明花山②。

#### 8.4.2.2　劣势方面的分析

①生态环境脆弱。广西多山地丘陵，生态系统敏感而脆弱，遭破坏后难以恢复。这些自然因素会在一定程度上影响广西的经济发展，制约生态经济建设。②贫困问题突出。广西贫困人口多，贫困面大，贫困程度深，是全国脱贫攻坚的主战场之一。截至2017年底，广西有246万贫困人口，总数在全国排第四位，有43个贫困县、3001个贫困村，其中有20个深度贫困县、30个深度贫困乡镇和1490个深度贫困村；此外，建档立卡贫困

① 世界环境与发展委员会．我们共同的未来［M］．王之佳，柯金良，等译．长春：吉林人民出版社，1997：52.

② 数据来源：广西壮族自治区人民政府门户网站，http：//www.gxzf.gov.cn/mlgx/gxrw/zrdl/index.shtml。

人口中，因病因残致贫贫困户有19.2万户、占比达27.4%；缺劳力的贫困户有9万户、占比达12.9%；65岁以上老人有33.7万人、占比达12.6%①。③虽然国家对脱贫方面的政策资金扶持力度大，广西政府及人民也一直在努力脱贫，但贫困问题仍然比较严峻，这也会制约广西的经济可持续发展。

#### 8.4.2.3 机遇方面的分析

首先，党的十八大提出“必须更加自觉地把全面协调可持续作为深入贯彻落实科学发展观的基本要求，全面落实经济建设、政治建设、文化建设、社会建设、生态文明建设五位一体总体布局，促进现代化建设各方面相协调，促进生产关系与生产力、上层建筑与经济基础相协调，不断开拓生产发展、生活富裕、生态良好的文明发展道路”。党的十九大也提出“必须树立绿水青山就是金山银山的理念，坚持节约资源和保护环境的基本国策，像对待生命一样对待生态环境”。这一系列方针政策为广西经济平稳健康可持续发展提供了强大动力。其次，随着国家”一带一路”倡议深入实施，中国－东盟自由贸易区升级版建设进程加快，国家扶持中西部地区培育新的增长点，广西的区位优势越加明显，“一带一路”建设、北部湾经济区建设、泛珠三角区域合作、西江经济带合作等等，这些也为广西的经济发展带来很多新的机遇。最后，在广西政府及全体人民对生态环境保护及经济建设工作不懈努力下，全区基础设施支撑能力持续增强，产业结构和消费结构加快升级，全面深化改革红利持续释放，市场活力不断增强，保持经济持续稳定增长的空间广阔、潜力巨大，这也为广西今后的可持续发展创造机遇。

#### 8.4.2.4 威胁方面的分析

长期以来，由于人口过度增长、城市化与工业化的快速推进、生态环境意识淡薄、历史性生态债务等方面原因，广西的生态环境不断恶化，如今面临土地退化、生物多样性减少、自然灾害多发等严重的问题，使广西

① 吕翠丽，邱汉明．广西脱贫攻坚过程中存在问题与路径选择［J］．区域经济，2018，29（18）：146.

面临着经济发展与环境保护的困境，也对广西的可持续发展造成威胁，所以，正确处理经济社会发展和生态环境的关系，推进广西可持续发展是必要的。

### 8.4.3　推进广西可持续发展的建议

（1）持续开展生态文明教育，培养生态文明意识。生态环境遭受破坏与人们生态保护意识淡薄有一定关系，所以应重视生态文明教育，从家庭教育、学校教育、社会教育等多种渠道普及生态文明知识，培养人们的生态文明意识，促进广西生态文化的传承与发展。

（2）坚持经济发展与环境保护协调并进。在推进新型城镇化进程中，必须坚持在促进经济发展的同时，也要控制人口增长限度、提高资源利用效率、注重生态环境承载能力问题，对受到损害的生态系统及时采取保护和修复措施。依靠科技进步发展节能环保新技术，减少对各类资源、能源的消耗总量，使经济发展和生态保护协调共生、互利共赢。

（3）继续优化产业结构，发展生态经济、循环经济、低碳经济和绿色经济。长期以来，粗放型的发展方式已成为制约广西经济可持续发展的瓶颈。所以，广西要认真落实可持续发展战略，继续调整经济结构，优化产业结构，大力发展生态产业和新兴产业，建立能促进广西可持续发展的绿色集约产业机制和经济生产方式。

（4）更加注重农村环境问题，加快建设美丽乡村。中国是农业大国，农业、农村、农民问题的解决，关系到人民的切身利益、社会的安定和整个国民经济的发展。所以，注重农村环境保护和生态建设，改善人居环境，统筹推进城乡发展，加快建设“美丽乡村”，建设“美丽广西”事关广西可持续发展。

（5）完善制度，依法治理。强化法治观念和思维，建立更加健全的可持续发展制度和法律体系，推动完善保护生态环境、节能减排、设立技术标准等方面的法规政策。以体制机制创新和法律法规为保障，实行最严格的制度、最严密的法治、依法促进创新、保护资源、治理环境，推进广西可持续发展与生态保护有机结合、良性互动、协调共进。

# 第 9 章　广西经济发展的战略构想

习近平总书记在2014年中央民族工作会议上的讲话中，对民族地区进行了全新定位，民族地区是我国的资源富集区、水系源头区、生态屏障区、文化特色区、贫困地区、边疆地区。改革开放以来以经济建设为中心的发展，实施西部大开发、对口支援、区域差别化政策、扶持人口较少民族、兴边富民、乡村振兴、扶贫攻坚、全面建成小康社会等政策组合，都体现了加快少数民族和民族地区经济社会发展的基本要求。伴随着沿边开放城市、边境经济合作区、综合保税区、沿边金融综合改革试验区、国家重点开发开放试验区的相继出现，广西已成为开放发展的试验田和最前沿。

以习近平同志为核心的党中央高度重视广西发展，亲自赋予“三大定位”新使命（见图1），提出“五个扎实”新要求，作出“建设壮美广西 共圆复兴梦想”重要题词。坚定不移贯彻落实创新、协调、绿色、开放、共享发展理念，按照习近平总书记对广西提出的“四个下功夫”要求，着力在推动产业优化升级上下功夫，在转变发展方式上下功夫，在提高创新能力上下功夫，在深化改革开放上下功夫，走创新驱动发展的路子，不断开创经济高质量发展新境界。

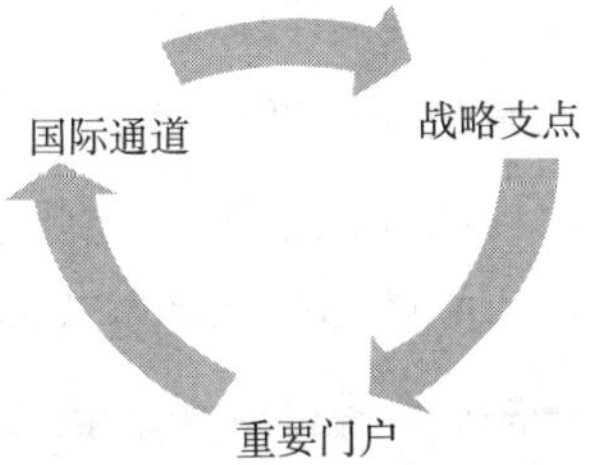


图 9－1　广西发展“三大定位”

## 9.1 沿边经济发展的战略构想

边境地区和有关部门应按照国务院的安排部署，紧密围绕“强基固边、民生安边、产业兴边、开放睦边、生态护边、团结稳边”六大任务，扎实落实《兴边富民行动“十三五”规划》，着力建设繁荣稳定和谐边境，巩固祖国边防，确保边境地区与全国同步全面建成小康社会，实现“富民、兴边、强国、睦邻”的宗旨目标。

### 9.1.1 沿边国际政治关系背景分析

在“一带一路”建设中，边境地区发挥着重要的桥梁通道作用。党的十九大强调，要形成陆海内外联动、东西双向互济的开放格局，边境地区无疑是其中重要的一极。特别是推进周边命运共同体建设，边境地区更是不可替代的前沿和基地。沿边地区的功能定位，主要取决于两个因素：周边邻国的状态与自然地理条件。由于国际历史政治的原因，过去广西在较长时间都处于军事对峙的前沿。20 世纪 90 年代以后，战火逐渐平息。现在，随着中越两国对陆地边境线的确认，边境两边都走上了以发展经济为主的和平道路，但是关于海域的争议还相当激烈，大国博弈的背景下，我们不能完全排除地区出现局部动荡的可能性。

东南亚地区错综复杂的历史渊源、反复不定的政治局势、民族之间以及对待华人特有的警惕与间歇性排华事件都在提醒我们，在总体的和平发展环境下，在一定时期内，东南亚地区局部的民族、国家矛盾与冲突还难以完全避免。战争带来的民族心理创伤修复，可能还需要几代人甚至更长的时间。对外商业交往，尤其是中长期固定资产投资，应该适度谨慎。尤其是东南亚地区的商业法治环境和诚信精神一直存在缺陷。但是，主体基调判断还是以和平发展为主，间歇局部小冲突为辅。

“一带一路”倡议是中华民族爱好和平、谋求全人类共同文明进步的包容、大度、负责任的大国胸怀和气度的体现，经济发展中的互助互利和守望相助能够开辟各民族和平友好交往的新时代。

### 9.1.2　沿边地区发展中的问题

#### 9.1.2.1　广西沿边地区发展还存在不少基础性、综合性困难

从全区情况看，广西是我国少数民族人口最多的省区，区内自然条件与发展状态极不平衡，既有沿海条件好、潜力大的地区，又有大石山区等集中连片的贫困地区；区内东部与西部、沿边与内陆发展差距极大；自然资源丰富，但交通、人才存在短板，[①] 特别是缺乏专业技术与经营管理领军人才。广西典型的喀斯特地貌区域比例大，山多地少，虽然有利于发展旅游业，但是却给城镇间的交通通信等基础设施建设造成很大的困难；广西的总人口较多，人口密度大，人均耕地少，土地对人口的承载能力有限，这些客观条件制约了经济和社会的发展，成为改善提高人民生活水平的不利因素。

#### 9.1.2.2　广西沿边地区不宜发展大型工业

在工业产业方面，广西存在基础薄弱，规模不大，结构不优，产业链短，配套能力差，产品附加值低；先进制造业规模小、占比低、发展水平不高；战略性新兴产业发展滞后等问题，在全国新一轮工业转型升级竞争中，并没有突出的竞争能力。正是基于以上认识，本书认为，广西边境民族地区不具备发展现代工业体系的比较优势。如果没有特殊的机缘，不宜将发展工业作为主导产业方向。

#### 9.1.2.3　广西参与东盟投资合作应该保持必要的风险意识

一些东盟国家面临政治、经济发展转型压力，加上恐怖主义和国内分裂势力的存在，政局动荡，经济外交政策连续性差，经济合作受政治影响大，国际合作具有极大的不稳定性。东盟国家经济结构不完整，缺乏竞争力，经济发展的内生动力不强，过于依赖外资，抗外部冲击能力较弱，经济波动较大，各个国家均面临现代经济建设人才缺失的现象。在复杂的国

① 国务院关于进一步促进广西经济社会发展若干意见［EB/OL］.［2014－12－02］. http：//www.gov.cn/zwgk/2009－12/11/content_1484887.htm.

际政治军事背景下，部分东盟国家周期性出现反华排华现象，这对建立长期稳定的互利共赢合作机制、互补互换型经济结构形成了障碍。因此，沿边地区还必须正视这个波动的外部环境，抓住阶段性的有利时机，趋利避害，以商品贸易为主，谨慎参与境外直接投资，立足自身发展经济，掌握国际经济交流的主动权。

#### 9.1.2.4 广西经济发展与环境资源保护的矛盾突出

虽然广西生态环境质量保持全国前列，植被生态质量和植被生态改善程度居全国首位，石漠化治理成效显著。但是，经济开发与生态环境保护始终存在着矛盾。脆弱的生态环境和贫乏的自然资源使当地居民面临着巨大的生存压力，掠夺式开发和破坏式经营随处可见，造成生态环境的调节能力和自我恢复能力不断下降，脆弱的生态环境反过来又加剧了对人类生产和生活行为的制约，形成恶性循环。[①] 因此，广西必须注意在发展中保护、保护中发展，打断贫困与生态环境恶化的恶性循环链。

#### 9.1.2.5 广西边境贸易存在的问题

广西互市贸易多为“过路式”“通道式”贸易格局，落地加工少、附加值不高，与越南产品存在同质性、竞争性，缺乏产业链支撑。推动边贸转型升级，努力实现贸易货物落地加工增值，加快“通道经济”向流通加工并举的“口岸经济”转型升级，是发展边境贸易和边境小城镇建设应该关注的问题。

### 9.1.3 对沿边民族地区推进城镇化的再认识

#### 9.1.3.1 认清广西沿边民族地区城镇化的现实短板

广西作为中国—中南半岛国际通道的一个关键节点，又是欠发达、后发展的边疆民族地区，改善民生，全面建成小康社会，经济发展压力较大。习近平总书记视察广西时强调“广西生态优势金不换”，生态环境优势是广西最大的优势和特点。经济发展必须建立在生态环境保护之上，不

① 王高阳，李永前，马雅娟，等. 关于云南省生态扶贫的思考［J］. 经济研究导刊，2014（12）.

能再走“先污染，再治理”的老路了。

沿边民族地区的经济社会发展，与内陆地区相比，既有优势也有劣势。从地理条件看，边境地区基本都是山地，并不适合大型城镇建设。而且，过去较长时期处于军事对抗一线，第二产业发展受限，县域经济整体竞争力不强、增长速度偏慢，区域发展不均衡。具体而言，仍存在不少亟待解决的瓶颈和短板问题，例如城镇化发育程度较差，城镇少而小，教育、医疗等社会基础公共服务水平低，贫困人口较多且分布广，口岸及边民互市贸易点基础设施建设落后、功能单一，边境地区公路路网稀疏、路面质量差，进出口产品就地加工业科技含量低、工艺装备落后，旅游业配套设施不足、宣传造势差，国际环境多变等。

在推进边境地区城镇化的过程中，受内地中心城市虹吸效应影响，边境地区边民内迁趋势明显，尤其是相对经济发展状态好一些的地区。这直接导致劳动和生产要素流失严重，边境一线地区乡镇人口空心化、产业空心化加剧，边境地区道路交通、商业设施退化，安全隐患增多。从发展质量看，农业规模化、集约化、产业化有待加强，县域工业产业链急需配套完善，第三产业需要以城镇化为基础带动培育，成为地区发展的内生动力点。

#### 9.1.3.2 沿边地区城镇缺乏与内陆大城市的联动效应

广西沿边地区普遍远离自治区首府南宁（全区唯一的Ⅰ型大城市），距离通常都在200千米以上。而相对距离较近的地级市现有规模都较小（基本都为中小城市），产业带动及配套功能与城市辐射力都较差，缺乏对边疆地区的产业关联支持作用。

由于历史的原因，沿边地区城镇工业体系底子薄，配套差，特色不明显，发展难度大。县级城镇化水平普遍较低，城镇功能不全，市政设施落后，经济实力偏弱，对乡镇辐射力不强。加上中小城镇普遍交通不便，产业结构单一，地方政府财力弱，发展面临诸多困难。边境地区绝大多数小城镇局限于为三农提供配套服务，缺乏带动性强的龙头企业及支柱产业，就近吸纳农村剩余劳动力的能力有限。

同时，乡镇与县城发展分散，各集镇基础设施建设和公共服务体系构建是独立进行的，如果空间距离较远，则相互之间难以形成有效的人流物流往来，城镇功能难以做到相互优势互补，导致小城镇都在拼力实现小而全，而不是努力做到小而精、小而优。由此，城镇在集聚人口、提供公共服务、促进产业发育方面就无法发挥中小城镇集群的联动效应。

#### 9.1.3.3 以人为本的眼光理解“三农”问题及乡村变迁，追求人与自然的和谐共生

长期来看，城镇化的动力来源于人口集聚带来的城镇第二、第三产业的发展，乡村富余劳动力在城镇找到新的非农产业的就业机会。随着现代规模化农业产业的推广，未来需要留在乡村、直接从事农业产业的人口数量，可能低得难以想象。但需要的数量并不等同于实际可以容纳的数量。不一定是农业需要那样多的从业人员，而是很多人员需要找到力所能及的职业。在相当长时期内，农业仍是农村大量低技能劳动力和老弱人群的蓄水池，有助于保持社会的稳定。而农村低技能劳动力和老弱人群若有机会从事力所能及的职业，能赋予个体以尊严。

随着城镇化的推进，内地农村出现了大量空心村、废弃村，传统村落衰败在自然条件较差、偏远欠发达地区大面积出现。未来边境民族地区，随着城镇化进程的加快，是否也会出现类似情况？本书的看法是：会的，一定会出现，但这不一定是坏现象。人口空间分布的调整，必然带来聚落的变化。不能因对“物”的留恋而忽视“人”的需求。边境民族地区城镇化，首先的功能是改善民生，让民众分享现代公共服务和公共保障，分享国家进步的成果。另外，聚集一定带来第三产业的发展。所以，本书提出，以第三产业的发展推动边境民族地区城镇化。

现在，从国家层面提出了“乡村振兴”计划。本书认为，一定要全面正确理解乡村振兴的内涵。乡村振兴不是与城镇化对立的事情，不是要“逆城镇化”，乡村振兴不是要继续把大量人口尤其是青壮年劳动力留在农村。乡村振兴的实质，应该是提高农村地区的人均收入，提高乡村人口的福利保障水平。乡村人口适度集中，让土地休养生息，让乡村回归应该有的产业分工体系，宜农则农，宜林则林，宜水则水，宜草则草，让乡村发展工业经济的事情，留给城市，乡村不是发展工业的地方，这是产业分工

的必然要求。人与自然的和谐共生，才是我们应该追求的目标。成为大自然生态涵养恢复的地方。

### 9.1.4 沿边地区发展的战略定位及发展方式设想

(1) 大和平、小冲突是广西沿边地区一段时期内的经常状态，尤其是北部湾地区，不能排除再次发生局部军事对抗的可能性。经济上全面开放，军事上保持威慑力量，这是边境政策的核心。边境地区必须建立保卫国家的军事安全缓冲地带，应有应对常规、小冲突小摩擦的准备，应对特殊时期可能发生的境外难民问题，这是保证和平安宁的必须有效手段。稳边固边、保卫国防仍是边境地区的第一定位。

(2) 以保护生态、改善民生为沿边地区发展重点。围绕提高边民生活福利水平这一中心，重点建设商贸物流基地及通道，将当地政府的考核指标与内陆地区区别开来。

(3) 在经济产业选择上应该有所侧重。第一产业必须与生态保护相结合，适度开发，注重质量；第二产业应侧重于初级农副产品、工矿产品的初级加工和民族特色轻工业，不能发展重工业、大工业、污染工业；第三产业优先发展、大力扶持。

(4) 以“第三产业推动小城镇化”作为经济社会发展的载体。政府引导、规划先行，下力气发展贴近农村的小城镇。政府财政引导支持投资城镇公共基础设施和公共服务设施，鼓励边民就地城镇化，扶持第三产业，以第三产业的发展推动城镇化，提高边境地区民众的教育、医疗、社会福利保障水平，让边民共享国家发展的成果。“工业化带动城镇化”的常规发展路径走不通，就要走“第三产业推动小城镇化”的新路。

(5) 主动规划建设小城镇集群，解决小城镇公共设施效率低下问题。小城镇的公共基础设施及公共服务保障体系客观存在建设难、运行效率低下的问题，如果没有足够的人口聚集规模，亏损是大概率事件。因此，一方面，需要政府扶持；另一方面，在一定地理空间范围内选择多个已有集镇或自然基础条件较好的村庄，扩大升级建设为集镇或建制镇，整体上形成较小空间范围内的小城镇集群，优化相互空间交通联系，合理分配公共服务保障体系，形成联系紧密、功能相互补充、相互配套的小城镇集群的空间布局，相对提高集中度，改善公共设施的运行效率。

（6）以分散式就地城镇化为主。沿边民族地区应以就地城镇化为主，具体到广西，考虑到相对较好的地理条件及相对较高的人口密度，分散式就地城镇化应是可行的方式，即以现有乡镇为基础，扩大建设为中心镇，各乡镇农村居民尽量向中心镇及周边大村聚集，不必大量撤乡并镇。

## 9.2 经济发展的动力源与战略构想

广西继续发挥与东盟国家陆海相邻的独特优势，加快北部湾经济区和珠江—西江经济带开放发展，构建面向东盟区域的国际大通道，打造西南、中南地区开放发展新的战略支点，形成与“丝绸之路经济带”与“21世纪海上丝绸之路”有机衔接的重要门户，广西未来的经济活动空间布局将更加开放、合理、有序。

### 9.2.1 经济发展的动力源

广西沿边、沿江又沿海，独具“海”“江”“边”的魅力，拥有发展“向海经济”的独特优势，打造成为中国－东盟地区发展的“核心驱动区”。依托国家北部湾经济区、珠江—西江经济带这两大核心增长极，广西要敢于打破原有的行政格局，与广东经济捆绑联动、与粤港澳大湾区相呼应，与云南融入澜沧江—湄公河次区域经济中心，奋力形成“双核驱动”“多区域融合”发展新动力。广西是内地唯一与东盟国家陆海相连的省区，是粤港澳和其他内地企业通往东盟以及欧洲市场的重要窗口。广西与大湾区的对接，要采取创新的方式，注重政策沟通、设施连通、贸易畅通、资金融通、民心相通。

全力实施开放带动战略，抓住国家加大西部开放的有利机遇，推动引进来和走出去，完善四维支撑、四沿联动开放新格局。广西要全面深化“一带一路”建设，以国际化视野加快北部湾经济区和珠江西江经济带开放发展，构建面向东盟区域的国际通道，打造成为西南、中南地区开放发展新的重要战略支点。

### 9.2.2　大力实施产业强桂战略

依托沿边地区的各类优势产业，开展产业链上下游之间的跨境合作，探索与“一带一路”境外经济合作区建立新的合作关系。鼓励边境地区进口加工与邻国能源资源富集地的相关产业开展跨境合作，建立境内外一体化上下游产业链分工合作体系，推进境内外产销一体化。完善双向投资格局，在区域合作中优化区域供应链、产业链、价值链，提高对外开放的质量。坚持强龙头、补链条、聚集群和抓创新、创品牌、拓市场，一手抓糖、铝、冶金、机械、建材等传统优势产业转型升级，一手抓电子信息、高端装备制造、新能源汽车、生物医药、新材料等战略性新兴产业加快发展，使工业真正成为广西经济发展的硬支撑，充分发挥富民之本、兴桂之基的作用。精心做好现代特色农业发展文章，以构建现代农业产业、生产、经营“三大体系”为抓手，深入开展现代特色农业产业提升行动，推动现代特色农业示范区建设增点扩面提质升级，提高农业综合效益和竞争力，加快实现由农业大区向农业强区转变。大力补齐现代服务业发展短板，以建设现代服务业集聚区为抓手，大力发展现代物流、电子商务、现代金融、旅游与运动休闲、健康养老等现代服务业，让现代服务业成为广西经济发展新引擎。广西在《广西健康养老产业发展专项行动计划(2019—2021年)》中提出，计划到2021年，全区将建成100个养老服务示范机构、100个区域性农村养老服务中心；创建100个老年人宜居社区、30个养生养老小镇；建设100个投资额在5000万元以上的健康养老产业项目，引进培育一批养老服务品牌，形成20个自治区级健康养老产业集聚区。

### 9.2.3　发挥绿色生态优势战略

2017年4月，习近平总书记指出，广西生态优势金不换，要坚持把节约优先、保护优先、自然恢复作为基本方针，把人与自然和谐相处作为基本目标，使八桂大地青山常在、清水长流、空气常新，让良好生态环境成为人民生活质量的增长点，成为展现美丽形象的发力点。优先选择生态环境良好、经济发展水平相对较高、社会稳定的地区，建设“生态文明示范区”，推动创新、协调、绿色、开放、共享五大发展理念，形成可复制、可推广的生态文明建设典型模式，为沿边地区和邻国人民树立生态文明、绿色发展的新形象。

绿色发展是应用绿色技术、绿色模式实现人与自然和谐、环境友好的发展，是“两高三低”型，即低投入、高产出、高效益、低消耗、低污染的发展方式。绿色发展理念是将生态文明建设融入经济、政治、文化、社会、环境建设各方面和全过程的全新发展理念。沿边地区生态文明建设应合理控制开发强度，调整空间结构，优化空间开发格局，保护生态空间山清水秀，给自然留下更多修复空间，给子孙后代留下天蓝、地绿、水净的美好家园。从生态环境承载能力角度看，广西沿边地区整体生态仍比较脆弱，产业选择宜谨慎，第二产业应以适度发展加工型轻工业和民族特色手工业为主，大力发展民生服务类第三产业。推进沿边地区有条件的地区优先建设国家生态文明示范区。统筹考虑将符合条件的边境县优先纳入国家重点生态功能区。坚持“广西生态优势金不换”，始终将绿色发展理念贯穿到产业转型升级发展全过程，坚决摒弃先污染后治理的“老路”和高消耗、粗放式增长的“弯路”，变“绿”为“宝”、点“绿”成“金”，走出一条具有广西特色的产业优、百姓富、生态美、人民群众幸福感高的绿色发展道路。

新中国成立70年来，发展不平衡不充分仍是广西最突出的问题，2018年，广西GDP总量排全国第18位，增速排第15位，人均GDP长期排在第28位左右。2018年，全区城镇居民人均可支配收入32436元，农村居民人均可支配收入12435元，分别比全国平均水平低6815元、2182元，排全国第23位、第21位。广西还有151万建档立卡贫困人口，相当一部分生活在极度贫困地区，实现脱贫奔小康难度很大。党的领导下地处祖国，南疆的广西在将自身发展紧紧融入国家大局，以大开放引领大发展，持续顽强地展开脱贫攻坚战，全面发起义务教育保障、基本医疗保障、住房安全保障和饮水安全“四大战役”，计划利用一年左右时间集中力量、尽锐出战，全力打赢脱贫攻坚战。摒弃以牺牲生态环境换取一时经济增长的做法，围绕生态产业发展、生态环境治理、生态环保基础设施建设、生态城乡建设等深入实施生态经济重点工程，生态文明建设和产业转型升级比翼齐飞，坚守生态底线推动绿色发展。广西最大的优势在区位，最大的潜力在开放。广西着力打造“南向、北联、东融、西合”全方位开放发展新格局，东盟是广西对外开放合作首要方向，广西正处在实现“建设壮美广西，共圆复兴梦想”的新征程中。

# 参考文献

[1]中共中央宣传部．习近平新时代中国特色社会主义思想三十讲[M]．北京：学习出版社，2018.

[2]程必定，陈栋生．区域科学发展论[M]．北京：经济科学出版社，2009.

[3]段艳，周建明，陆吉康．广西壮族自治区经济史[M]．太原：山西经济出版社，2016.

[4]夏飞，王业斌，唐红祥．节能减排政策压力下资源富集区产业转型发展研究——以桂西地区为例[M]．北京：中国社会科学出版社，2015.

[5]广西壮族自治区统计局．数说广西[M]．南宁：广西人民出版社，2018.

[6]赵其国，黄国勤．广西生态[M]．北京：中国环境出版社，2014.

[7]黄志勇．广西沿边地区开发开放报告[M]．南宁：广西人民出版社，2014.

[8]广西北部湾发展研究院，等．广西北部湾经济区开放开发报告(2006—2010)[M]．北京：中国社会科学文献出版社，2010.

[9]广西社会科学院课题组．西江区域发展的选择[M]．北京：中国社会科学文献出版社，2012.

[10]中共广西壮族自治区委员会党史研究室．广西改革开放四十年大事记[M]．桂林：广西师范大学出版社，2018.

[11]乐长虹，刘永佶，张志刚．兴边富民——兴边富民行动理论研讨会论文集[C]．北京：中国经济出版社，2010.

[12]刘秀玲．FDI与沿边民族省区特色外向型产业集群发展研究[M]．北京：民族出版社，2016.

[13]陈林杰，张家寿，赵禹骅．广西北部湾经济区产业布局优化研究[M]．北京：人民出版社，2011.

[14]廖东声,熊娜. “一带一路”倡议与中越沿边开发开放经济带建设研究[M]. 北京:经济管理出版社,2015.

[15]梁双陆. 边疆经济学:国际区域经济一体化与中国边疆经济发展[M]. 北京:人民出版社,2009.

[16]梁书民. 中国城镇化与土地资源开发战略[M]. 北京:中国农业出版社,2011.

[17][美]钱纳里,塞尔昆. 发展的格局1950—1970[M]. 北京:中国财政经济出版社,1989.

[18]宋敏. 边疆发展中国论坛文集(2010)——区域民族卷[C]. 北京:中央民族大学出版社,2012.

[19]世界环境与发展委员会. 我们共同的未来[M]. 王之佳,柯金良,等译. 长春:吉林人民出版社,1997.

[20]张丽君. 毗邻中外边境城市功能互动研究[M]. 北京:中国经济出版社,2006.

[21]张庆安. 中国民族地区经济发展与差距问题研究[M]. 北京:中国经济出版社,2013.

[22]郑汕. 中国边防史[M]. 北京:社会科学文献出版社,1995.

[23]郑长德. 中国西部民族地区的经济发展[M]. 北京:科学出版社,2009.

[24]陈武. 砥砺奋进谱华章　不忘初心再起航——庆祝广西壮族自治区成立60周年[N]. 经济日报,2018-11-26.

[25]吕翠丽,邱汉明. 广西脱贫攻坚过程中存在问题与路径选择[J]. 区域经济,2018,29(18):146.

[26] 杨一虹. 广西城镇化发展回顾梳理与分析[J]. 广西城镇建设,2014(7):1.

[27] 张红璐. 开发性金融支持广西沿边金融改革试验区建设[N]. 人民网,2018-12-07.

[28]周平. 陆地边疆治理面临资源困境[J]. 云南师范大学学报(哲学社会科学版),2017.

［29］国家发展改革委，外交部，商务部．推动共建丝绸之路经济带和21世纪海上丝绸之路的愿景与行动［Z］．2015－3－28.

［30］广西壮族自治区人民政府．广西沿边地区开发开放“十三五”规划［Z］．2017－01－17.

［31］广西壮族自治区统计局，国家统计局广西调查总队．2016年广西壮族自治区国民经济和社会发展统计公报［Z］．2017－04－17.

［32］广西壮族自治区人民政府．广西壮族自治区新型城镇化规划（2014—2020年）［Z］．2014－7－30.

［33］新疆维吾尔自治区生态环境厅．2017年新疆维吾尔自治区生态环境状况公报［Z］．2018－06－05.

［34］辽宁省环境保护厅．2017年辽宁省环境状况公报［Z］．2018－06－06.

［35］吉林省环境保护厅．2017年吉林省环境状况公报［Z］．2018－06－05.

［36］黑龙江省生态环境厅．2017年黑龙江省环境状况公报［Z］．2018－06－05.

［37］世界环境与发展委员会．我们共同的未来［M］．王之佳，柯金良，等译．长春：吉林人民出版社，1997.

［38］中国环境保护部，中国科学院．中国自然生态系统外来入侵物种名单（第四批）［Z］．2017－08－28.

［39］国务院办公厅关于印发兴边富民行动“十三五”规划的通知［EB/OL］．（2017－06－06）［2017－07－02］．http://www.gov.cn/zhengce/content/2017－06/06/content_5200277.htm.

［40］国务院关于支持沿边重点地区开发开放若干政策措施的意见［EB/OL］．（2016－01－07）［2017－06－02］．http://www.gov.cn/zhengce/content/2016－01/07/content_10561.htm

［41］国家新型城镇化规划（2014—2020年）［EB/OL］．（2014－03－16）［2014－05－05］．http://www.gov.cn/zhengce/2014－03/16/content_2640075.htm.

# 图索引

# 表索引

# 后　记

本书是西南民族大学中国西部民族经济研究中心组织的《跨越的 70 年——民族地区经济发展研究》丛书之一，在编委会的统筹组织指导下完成。

本书的主要撰稿人为涂裕春、韩佩玉、曹正忠、卢玲、林炫彤、柳惠书、王世行、肖天虹、肖娟、熊良梦等。其中：涂裕春、韩佩玉负责全书的统稿等工作。涂裕春撰写了前言、第二章、第三章、第六章、第九章、后记的主要内容。曹正忠、韩佩玉撰写了导论、第二章、第七章的主要内容。卢玲参与了第二章的撰写。林炫彤参与了导论、第一章、第六章与第七章的撰写。柳惠书参与了第一章与第四章的撰写。王世行参与了第一章、第六章的撰写。肖天虹、熊良梦参与了第一章与第五章的撰写。肖娟参与了第八章的撰写。

书稿采用或引用了相关作者前期开展的系列有关课题研究成果，并根据最新数据进行了更新。我们力求反映地区最新的发展情况。

本书的出版得到“中央高校建设世界一流大学（学科）和特色发展引导专项资金”和“国家民委人文社科重点研究基地——西南民族大学中国西部民族经济研究中心 2019 年项目‘跨越的 70 年——民族地区经济发展研究’”的资助。时任西南民族大学发展规划与学科建设处处长刘兴全教授对丛书的出版给予了大力支持。本书的顺利出版得到了中国经济出版社李煜萍编审及其同事们的努力和付出，在此一并表示感谢！

由于我们水平有限，错漏难免，真诚欢迎各位读者批评指正。

广西是一片神奇的土地。物产丰富，山水秀丽，人民勤劳勇敢。人说“桂林山水甲天下”，八桂大地，甲天下的又岂止是桂林山水呢！掩卷之时，遥望南天，回想着在广西调研的日日夜夜，我们深深地怀念这片土地，怀念这里的人民。

是为记。

涂裕春

2019年7月于蓉城